新世纪高等学校教材·金融学核心课系列

U0645789

固定收益证券

第②版

张戡　徐晟◎编著

本书配套数字资源

北京师范大学出版集团
BEIJING NORMAL UNIVERSITY PUBLISHING GROUP
北京师范大学出版社

图书在版编目(CIP)数据

固定收益证券 / 张戡，徐晟编著. —2 版. —北京：北京师范大学出版社，2021.6

（新世纪高等学校教材·金融学核心课系列）

ISBN 978-7-303-26514-5

Ⅰ. ①固… Ⅱ. ①张… ②徐… Ⅲ. ①固定收益证券－高等学校－教材 Ⅳ. ①F830.91

中国版本图书馆 CIP 数据核字(2020)第 224751 号

营 销 中 心 电 话	010-58802181　58805532
北师大出版社科技与经管分社	www.jswsbook.com
电 子 信 箱	jswsbook@163.com

出版发行：北京师范大学出版社　www.bnupg.com
　　　　　北京市西城区新街口外大街 12-3 号
　　　　　邮政编码：100088

印　　刷：	天津中印联印务有限公司
经　　销：	全国新华书店
开　　本：	787 mm×1092 mm　1/16
印　　张：	17.25
字　　数：	356 千字
版　　次：	2021 年 6 月第 2 版
印　　次：	2021 年 6 月第 4 次印刷
定　　价：	43.80 元

策划编辑：陈仕云		责任编辑：陈仕云
美术编辑：李向昕		装帧设计：李向昕
责任校对：段立超		责任印制：赵非非

第 2 版前言
Preface

固定收益证券是现代金融市场中的重要金融工具和基础性金融资产。一方面，固定收益证券以其品种多样性、条款复杂性和对利率的敏感性而在交易定价、风险管理和产品设计等方面存在诸多难点；另一方面，固定收益证券市场是金融市场体系的重要组成部分，无论从融资、流动性和经济调控等市场功能上看，还是从交易规模和产品种类等市场特征上看，固定收益证券市场都已成为金融市场的基石之一。因此，掌握固定收益证券的基础理论和专业知识，熟悉固定收益证券市场的运行机制和运行规律，把握固定收益证券专业领域的发展趋势，既是高等院校金融、投资等相关专业人才培养的重要目标，也是从事或准备从事金融实务的人士应具备的基本素质。

本书的特点是在保持传统课程体系优势的同时，在内容的编排上构建了一个完整统一框架：在理解并掌握固定收益证券基本概念的基础上，从利率与固定收益证券之间的关系入手，介绍固定收益证券的定价方法和风险管理手段，并与具体的固定收益证券品种相联系，帮助学生形成清晰的理论体系，掌握正确的分析思路，具备较强的动手能力。上述写作思路在本书各章节的设计中均得到了贯彻，体现了应用经济学学科规范与管理学实用业务技能有机结合的价值取向，不仅将固定收益证券的前沿理论和创新业务纳入体系，而且坚持了教材内容的系统性、完整性和相对稳定性。为了适应应用经济学各专业的学生需求，本书在各章节中添加了较多专栏和背景资料，并专门设计相关章节详细介绍如何运用 Excel 和 Python 软件实现固定收益证券的定量分析，以训练学生的综合分析与实际操作能力。

在本书的编写过程中，我们从立德树人根本任务出发，根据教育部课程教学改革的最新要求，力求在体系、内容和形式上推陈出新，寓价值观引导于知识传授和能力培养之中，将思政教育与课程教学有机融合，围绕固定收益证券的基础理论和业务运作，主要阐述了固定收益证券领域最新的理论发展，详细介绍了固定收益证券的种类和特点、固定收益证券市场的运行机制、固定收益证券定价原理、固定收益证券收益评估与风险管理，努力做到既较为全面地反映海外成熟金融市场的运作机制和运行规律，又紧密结合中国金融市场改革和发展的实际，引导学生深刻理解中国特色的固定收益证券市场。

在编写方式上，本书力求深入浅出、行文规范。为方便教学，每一章都设有学习目标、引导案例、本章小结、关键词、练习题、思考题和本章参考文献。同时，每章最后都配有视频讲解，读者可扫码收看，巩固所学知识点。

本书体系完整、覆盖全面，既可作为金融、投资、保险等专业的核心课教材，也适用于经济学、管理学各专业的相关课程教学，还可作为理论研究人员和相关金融从业者的参考书。

本书大纲由张戡、徐晟共同拟定，张戡负责第 3 章、第 4 章、第 5 章、第 8 章和第 9 章的编写，徐晟负责第 1 章、第 2 章、第 6 章和第 7 章的编写。

感谢北京师范大学出版社的信任和支持，感谢各位编辑为本书的最终出版所付出的心血。中南财经政法大学金融学院的部分研究生在本书的编写过程中协助进行了资料收集和整理工作，在此一并致谢。

由于编者水平有限，加之时间紧迫，本书难免存在疏漏和不当之处，恳请各位读者不吝赐教，以便我们及时予以修订和完善。

中南财经政法大学金融学院

张戡　徐晟

目录
Contents

第 1 章
固定收益证券概论

【学习目标】

- 掌握货币时间价值的含义和计算方法。
- 充分认识固定收益证券的基本特征。
- 掌握固定收益证券的多种计息与计价方法。

【引导案例】

24 美元买下曼哈顿！这并不是荒唐的痴人说梦，而是一个流传已久的故事。

1626 年，荷属美洲新尼德兰省总督彼得·米努伊特(Peter Minuit)用一箱玻璃珠(价值大约 24 美元)从印第安人手中换取了整个曼哈顿岛的使用权。到 2000 年 1 月 1 日，曼哈顿岛的价值已经达到了约 2.5 万亿美元。以 24 美元买下曼哈顿，米努伊特无疑占了一个天大的便宜。

但是，转换一下思路，米努伊特也许并没有占到便宜。如果当时的印第安人拿着这 24 美元去投资，按照 11%(美国近 70 年股市的平均投资收益率)的投资收益率复利计算，到 2000 年，这 24 美元将变成约 2 142 917 万亿美元，远远高于曼哈顿岛的价值 2.5 万亿美元，几乎是后者价值的 86 万倍。

如此看来，米努伊特是吃了一个大亏。是什么神奇的力量让资产实现了如此巨大的倍增？

1.1 货币的时间价值

1.1.1 货币时间价值的概念

定义 1.1 所谓货币的时间价值，是指货币在不同的时点上具有不同的价值。具体是指当前持有的一定数量的货币比未来获得的等量货币具有更高的价值，是货币资金在周转使用中由于时间因素而形成的差额价值。

西方经济学用边际效用理论把货币的时间价值解释为：货币的所有者要进行以价值增值为目的的投资，就必须牺牲现时的消费，因此，他要求得到推迟消费时间的报酬，这种报酬的量应该与推迟的时间成正比，货币的时间价值就是对暂缓现时消费的补偿。

货币之所以具有时间价值，至少有四个方面的原因：①货币可用于投资获得收益，从而在将来拥有更多的货币量。②货币的购买力会受通货膨胀的影响从而随着时间改变。③一般来说，未来的预测收入具有不确定性。④对于将来的消费而言，个人更喜欢即期的消费，因此必须在将来提供更多的补偿，才能让人们放弃即期的消费。

从量的规定性来看，货币资金的时间价值在经济上表现为利息形式，它是在没有风险的条件下社会平均的资金利润率。由于竞争，在没有风险的条件下，市场经济中各部门的投资利润率趋于平均化。由于不同时间的资金价值不同，在进行价值大小的比较时，必须将不同时间的资金折算为同一时间的资金。举例来说，如果不进行折算，你将无法比较现在的100元和明年的103元何者具有更高的价值。

在生产经营活动过程中，公司投入生产活动的资金经过一定时间的运转，其数额会随着时间的持续而不断增长，从而实现价值创造，带来货币的增值。资金的这种循环与周转以及因此实现的货币增值，需要一定的时间。随着时间的推移，资金不断周转使用，时间价值不断增加。

1.1.2 货币时间价值的计算

定义 1.2 现值（Present Value，PV），顾名思义，是指资金现在的价值。终值（Future Value，FV），又称本利和，是指资金经过若干期后包括本金和时间价值在内的未来价值。

为了计算货币的时间价值，我们首先引入"现值"和"终值"两个概念来表示不同时期的货币时间价值。通常使用的有单利终值与现值、复利终值与现值、年金终值与现值。

1. 单利终值和现值的计算

所谓单利是只计算本金所带来的利息，而不考虑利息再产生的利息。终值是指现在的一笔收、付款项未来的本利和。现在的1元钱，年利率为10%，从第1年到第3年各年年末的单利终值可计算如下：

$$1 年后的终值 = 1 \times (1 + 10\% \times 1) = 1.1(元)$$

$$2 年后的终值 = 1 \times (1 + 10\% \times 2) = 1.2(元)$$

$$3 年后的终值 = 1 \times (1 + 10\% \times 3) = 1.3(元)$$

因此，可推算出单利终值的一般计算公式为：

$$V_n = V_0 \times (1 + i \times n) \tag{1-1}$$

式中：V_0——现值，即第1年年初的价值；

V_n——终值，即第 n 年年末的价值；

i——利率；

n——计息期数。

现值是指未来的一笔资金现在的价值，即由终值倒求现值，一般称为贴现或折现，所使用的利率为折现率。

单利现值的一般计算公式为：

$$V_0 = V_n \times \frac{1}{1 + i \times n} \qquad (1\text{-}2)$$

式中符号的含义同上。

【例1.1】假设你将 1 000 元存入银行，年利率为 8%。如果 5 年之内你不动用这笔钱，用单利方式计算 5 年后你将得到的金额，也就是 1 000 元的单利终值。

解：在以单利计息的条件下，利息不再另外计息，那么终值应该等于本金加上各期利息之和。

第 1 年的利息的计算：1 000×8%=80(元)

因为利息不再计息，以后各年的利息均为 1 000×8%=80(元)，所以 5 年期的利息和为 400 元，终值为 1 400 元，即：

$$FV = 1\ 000 \times (1 + 8\% \times 5) = 1\ 400(元)$$

2. 复利终值和现值的计算

定义1.3 所谓复利，即本能生利，利息在下期也转做本金并与原来的本金一起再计算利息，如此随计息期数不断下推，即通常所说的"利滚利"。

复利终值，是在"利滚利"基础上计算的现在的一笔收、付款项未来的本利和。现在的 1 元钱，年利率为 10%，从第 1 年到第 3 年各年年末的终值可计算如下：

1 年后的终值=1×(1+10%)=1.1(元)

2 年后的终值=1×(1+10%)²=1.21(元)

3 年后的终值=1×(1+10%)³=1.331(元)

因此，可推算出复利终值的一般计算公式为：

$$V_n = V_0 \times (1 + i)^n \qquad (1\text{-}3)$$

式中符号的含义同上。其中 $(1+i)^n$ 称为复利终值系数。当计息期数较多时，为简化计算，在 i 和 n 已知的情况下，可通过查复利终值系数表(见本书附录1)求得。这样复利终值即为复利现值与复利终值系数的乘积。

【例1.2】条件同例1.1，运用复利方式计算该存款 5 年后的价值。

解：在复利条件下计息。

第 1 年年末终值=1 000×(1+8%)=1 080(元)

如果将 1 080 元再存一年，那么：

第 2 年年末终值＝1 080×(1+8%)＝1 166.40(元)

为了更好地理解复利的含义，我们可以将 1 166.40 元分为三个部分：第一部分为本金 1 000 元；第二部分为本金的利息，每年各为 80 元，共 160 元；第三部分为第一年的利息在第二年投资所获得的利息 6.40 元。

同理，第 5 年的年末终值＝1 000×(1+8%)^5＝1 469.33(元)。

表 1-1 列出了 5 年中存款的增长过程，有助于我们更好地理解复利计息的结果。

表 1-1　终值与复利　　　　　　　　　　　单位：元

年　　数	期初金额	利息所得	期末金额
1	1 000.00	80.00	1 080.00
2	1 080.00	86.40	1 166.40
3	1 166.40	93.31	1 259.71
4	1 259.71	100.78	1 360.49
5	1 360.49	108.84	1 469.33
所获的利息总额	469.33＝1 469.33−1 000		

复利现值是指未来发生的一笔收、付款项其现在的价值。具体地说，就是将未来的一笔收、付款项按适当的折现率进行折现而计算出的现在的价值。

若年利率为 10%，从第 1 年到第 3 年，各年年末的 1 元钱，其现在的价值计算如下：

$$1 \text{年后的现值} = \frac{1}{(1+10\%)} = 0.909(\text{元})$$

$$2 \text{年后的现值} = \frac{1}{(1+10\%)^2} = 0.826(\text{元})$$

$$3 \text{年后的现值} = \frac{1}{(1+10\%)^3} = 0.751(\text{元})$$

因此，可推算出复利现值的一般计算公式为：

$$V_0 = V_n \times \frac{1}{(1+i)^n} \tag{1-4}$$

式中符号的含义同上。其中，$\frac{1}{(1+i)^n}$ 为复利现值系数。为简化计算，在 i 和 n 已知的情况下，可直接通过查复利现值系数表(见本书附录 2)求得。复利现值也可理解为复利终值与复利现值系数的乘积。

很多情形下，我们需要得到一系列现金流的现值而不是终值。例如，假设你在 1 年后需要 500 元的资金，2 年后又需要 1 000 元的资金。如果年利率为 10%，为了满足上述要求，你现在需要将多少钱存入银行账户？

在该例中，我们需要计算两笔现金流的现值，如图 1-1 所示。

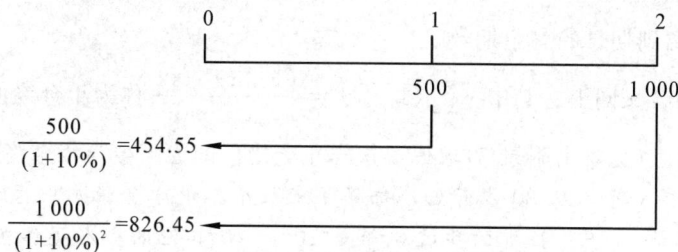

图 1-1　复利现值的计算

因此，总现值为：454.55＋826.45＝1 281(元)。

3. 年金终值和现值的计算

定义 1.4　最初，年金(Annuity)定义为每年定期支付一次的款项。随着经济活动的扩大，现在的年金概念已推广为一定时期内定期支付的系列款项。年金每次支付的金额既可以是相同的，也可以是变化的，如以等比级数或等差级数变化。

在年金期末时，所有复利终值的和就称为年金终值，而在年金期初时所有复利现值的和就称为年金现值。一般意义上的年金(通常指等额年金)有等额性、定期性、系列性的特点。

一般来说，折旧、租金、利息、保险金、分期付款等都会构成年金。根据年金的不同特点，年金按付款时点和期限的不同可以分为普通年金(后付年金)、预付年金(先付年金)、递延年金和永续年金等。

普通年金也称后付年金，它是在每期期末等额的系列收款、付款的年金。预付年金也称先付年金，它是在每期期初等额的系列收款、付款的年金。通常不加说明即指后付年金。递延年金是间隔一定期间后才发生的每期期末等额的系列收款、付款的年金。永续年金是指无限连续的等额系列收款、付款的年金。

(1)普通年金终值和现值的计算

定义 1.5　普通年金(Ordinary Annuity)是指每期期末收、付款的年金。

普通年金的终值是一定时期内每期期末收、付款项的复利终值之和。从这个意义上讲，年金终值实质上是复利终值的特殊形式，如图 1-2 所示。

图 1-2　普通年金

因此，普通年金终值的一般计算公式为：

$$V_n = A \times \sum_{t=0}^{n-1} (1+i)^t = A \times \frac{(1+i)^n - 1}{i} \tag{1-5}$$

式中：A——年金；

$\quad t$——距离到期日的剩余期数。

其他符号的含义同上。其中，$\sum_{t=0}^{n-1} (1+i)^t = \frac{(1+i)^n - 1}{i}$ 称为年金终值系数，可通过查年金终值系数表(见本书附录3)求得，这样年金终值即为年金与年金终值系数的乘积。

【例1.3】假定一个人从20岁开始，每年年末往个人退休金账户中存入3 000元，他预期的退休年龄是60岁。投资的年收益率是10%。计算他的个人退休金账户在退休时的价值。

解： $\quad 3\,000 \times \left[\frac{(1+0.1)^{40} - 1}{0.1} \right] = 1\,327\,777.67(元)$

普通年金现值是一定时期内每期期末发生等额收、付款项的复利现值之和。从这个意义上说，年金现值实质上是复利现值的特殊形式。每年存款1 000元，年利率8%，存期3年，普通年金现值的计算可用图1-3表示。

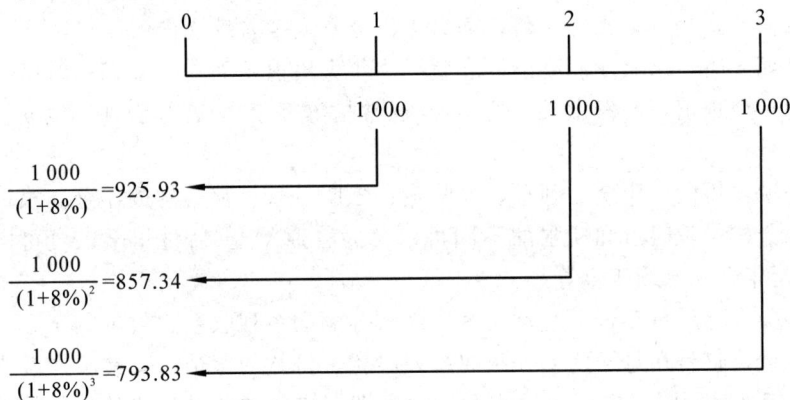

图1-3 普通年金现值的计算

该年金现值为：925.93+857.34+793.83=2 577.10(元)。

因此，可推算出普通年金现值的一般计算公式为：

$$V_0 = A \times \sum_{t=1}^{n} \frac{1}{(1+i)^t} = A \times \frac{1 - (1+i)^{-n}}{i} \tag{1-6}$$

式中：t——第t期。

其他符号的含义同上。其中，$\sum_{t=1}^{n} \frac{1}{(1+i)^t} = \frac{1 - (1+i)^{-n}}{i}$ 称为年金现值系数，可通

过查年金现值系数表(见本书附录4)求得。这样，年金现值的计算即为年金与年金现值系数的乘积。

【例1.4】某生产线市价为80 000元，可使用5年，假定使用期满后无残值。如采取租赁取得，每年年末要支付租金20 000元，租期5年，市场资金的利率为8%，问：是投资购买还是租赁划算？

分析：该题实际上是先计算出租金的现值，然后再同设备的市价进行比较，然后选择数值较低的方案。

解：租金的计算满足后付年金现值的计算公式：

$$V_0 = 20\,000 \times \sum_{t=1}^{5} \frac{1}{(1+8\%)^t} = 79\,854.20(元) < 80\,000(元)$$

因此，选择租赁较为划算。

【例1.5】年利率为8%，要想在未来的5年中，每年年末能获得2 000元，问现在要向银行存入多少元钱？

解： $$V_0 = 2\,000 \times \sum_{t=1}^{5} \frac{1}{(1+8\%)^t} = 2\,000 \times 3.992\,7 = 7\,985.40(元)$$

(2)预付年金终值和现值的计算

定义1.6 预付年金又叫即期年金(Annuity Due)和先付年金，是指在一定时期内每期期初发生的系列相等的收、付款项。先付年金与后付年金并无实质性的差别，两者之间的差别仅在于收、付款时间的不同。

为便于理解先付年金和后付年金，可将n期先付年金和n期后付年金之间的关系用图1-4比较。

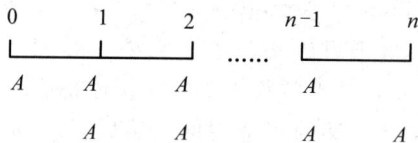

图1-4 预付年金和普通年金的比较

从图1-4可以看出，先付年金和后付年金两者的付款期数相同，先付年金仅比后付年金多1年计算期。

先付年金终值的计算公式可表示为：

$$V_n = A \times \sum_{t=1}^{n}(1+i)^t = A \times \frac{(1+i)^n - 1}{i} \times (1+i) \tag{1-7}$$

其中，t是距离到期日剩余的期数，下同。先付年金的现值计算公式如下：

$$V_0 = A \times \sum_{t=0}^{n-1} \frac{1}{(1+i)^t} = A \times \frac{1-(1+i)^{-n}}{i} \times (1+i) \qquad (1\text{-}8)$$

银行零存整取即是典型的先付年金终值的计算问题。现实生活中，采取按揭贷款形式购买住宅或汽车也属于这种情形。

【例 1.6】 每年年初向银行存入 3 000 元，连续存入 5 年，年利率为 8%，则第 5 年年末的本利和为多少？

解：这是一个先付年金的终值计算问题。

$$V_n = A \times \frac{(1+i)^n - 1}{i} \times (1+i)$$
$$= 3\,000 \times \frac{(1+8\%)^5 - 1}{8\%} \times (1+8\%)$$
$$= 19\,007.78(\text{元})$$

【例 1.7】 某商店房价款总计 200 万元，银行同意向客户提供 6 成 20 年的按揭贷款，即客户在首次支付房价的 40% 后，其余部分向银行贷款，贷款本息分 20 年且每年等额向银行偿付。问：在年利率为 6% 的情况下，该客户每年初应向银行支付多少款项？

解：已知先付年金现值为 200×(1−40%)=120 万元，$i=6\%$，$n=20$，即有：

$$120 = A \times \sum_{t=1}^{20} \frac{1}{(1+6\%)^t} \times (1+6\%)$$
$$A = \frac{120}{\sum_{t=1}^{20} \frac{1}{(1+6\%)^t} \times (1+6\%)} = 9.87(\text{万元})$$

(3)递延年金现值的计算

定义 1.7 递延年金(Deferred Annuity)也称延期年金，是指间隔若干期后才发生系列等额的收、付款项。若某项等额的收、付款项发生在 m 期之后，即在 m 期没有收、付款项，从 $m+1$ 期到 $m+n$ 期发生等额的系列收、付款项。

递延年金实质上是先求出 n 期的年金现值，然后再求 m 期的复利现值。为便于理解，间隔 m 期后，在 n 期发生系列收、付款项递延年金用图 1-5 表示如下。

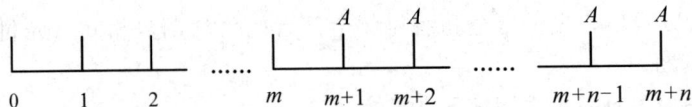

图 1-5 递延年金

根据图 1-5，延期年金现值的计算公式为：

$$V_0 = A \times \sum_{t=1}^{n} \frac{1}{(1+i)^t} \times \frac{1}{(1+i)^m} \tag{1-9}$$

或者，先求出 $m+n$ 期后付年金现值，减去没有付款的前 m 期的后付年金现值，即为延期 m 期后的 n 期后付年金现值。计算公式如下：

$$V_0 = A \times \sum_{t=1}^{n+m} \frac{1}{(1+i)^t} - A \times \sum_{t=1}^{m} \frac{1}{(1+i)^t} \tag{1-10}$$

【例1.8】某公司用基建贷款购置一条生产线，建设期3年，3年内不用还本付息，从第4年年末开始，该生产线用其产生的收益，在10年内每年能偿付贷款的本息和为20万元，银行贷款年利率为6%，问该公司最多能向银行贷款多少？

解：已知 $A=20$，$i=6\%$，$m=3$，$n=10$，代入公式，得：

$$V_0 = 20 \times \sum_{t=1}^{10} \frac{1}{(1+6\%)^t} \times \frac{1}{(1+6\%)^3}$$
$$= 20 \times 7.360\,1 \times 0.839\,6$$
$$= 123.59(万元)$$

或者：

$$V_0 = 20 \times \sum_{t=1}^{10+3} \frac{1}{(1+6\%)^t} - 20 \times \sum_{t=1}^{3} \frac{1}{(1+6\%)^t}$$
$$= 20 \times 8.852\,7 - 20 \times 2.673\,0$$
$$= 123.59(万元)$$

(4)永续年金现值的计算

定义1.8　永续年金(Perpetual Annuity)是指无限期发生的等额系列收、付款项。

可以从一般年金的计算公式来推导永续年金的计算公式。

$$V_0 = \lim_{n \to \infty} A \times \sum_{t=1}^{n} \frac{1}{(1+i)^t} = \frac{A}{i} \tag{1-11}$$

现实生活中，完全意义上的永续年金形式并不多见，对那些收、付期限较长的年金，或者收、付期限长到无法估计的情形，在计算时，可把它近似地看作永续年金来处理。例如，某些基金、只分享固定股利而不参与剩余盈余分配的优先股股利、股利稳定的普通股股利、商誉等无形资产等，其产生的收益都可近似地看作永续年金问题。

【例1.9】某公司优先股每年可分得股息0.5元，要想获得每年10%的收益，股票的价格最高为多少时才值得购买？

解：$P = \dfrac{A}{i} = \dfrac{0.5}{10\%} = 5(元)$

因此，当股价不高于5元时才可购买。

1.2 Excel 和 Python 在货币时间价值计算中的应用

1.2.1 复利终值的计算

以例 1.2 为例,计算该存款 5 年后的价值,步骤如下。

第一步,将例题数据列表(如图 1-6 所示)。

	A	B
1	利率	0.08
2	期限	5
3	本金	−1 000
4	终值	

图 1-6　数据列表 1

其中第一年本金是"存入"银行的金额,故应该取负值。

第二步,选择要计算的"终值"栏,单击"公式"—"插入函数",在打开的"插入函数"对话框中依次选择"财务"(选择类别)和"FV"(选择函数)(如图 1-7 所示)。

第三步,单击"确定"按钮,出现如图 1-8 所示的"函数参数"对话框,设置参数。其中,Rate 为每期利率;Nper 为年金处理中的总期数;Pmt 为年金;Pv 为现值、初始值,省略时其值为零;Type 为年金类型:0(普通年金)、1(先付年金)。根据例题,设置参数如下。

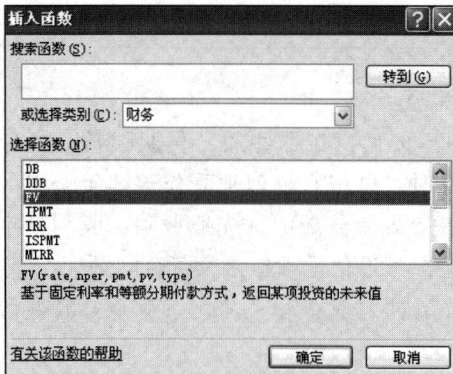

图 1-7　选择 FV 函数

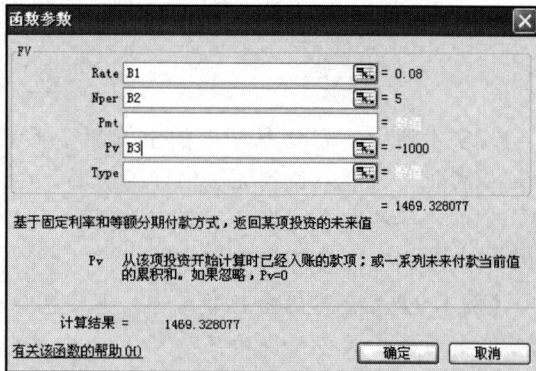

图 1-8　设置 FV 函数参数

单击"确定"按钮,得到计算结果(如图 1-9 所示)。

	A	B
1	利率	8%
2	期限	5
3	本金	−1000
4	终值	￥1 469.33

图 1-9　计算结果 1

例 1.2 如果使用 Python 计算，可采用以下两种方法。

第一种方法，用 numpy 模块内置函数：

```
In [1]：import numpy as np        ＃导入 numpy 模块
   ...：np. fv(0.08,5,0,−1000)        ＃用 numpy 模块函数计算
Out[1]：1469. 3280768000006
```

第二种方法，自己定义函数。

第一步，定义一个终值计算函数：

```
In [1]：def fv(r,t,pv):
   ...：    """
   ...：    r    利率
   ...：    t    期限
   ...：    pv    本金
   ...：    """
   ...：    fv ＝pv ＊ (1＋r) ＊ ＊ t    ＃计算终值
   ...：    print('终值＝',fv)    ＃把结果呈现出来
   ...：    return fv    ＃函数返回值
```

第二步，用定义的函数计算终值：

```
In [2]：fv(0.08,5,1000)    ＃用定义好的函数进行计算
终值 ＝1469. 3280768000006
Out[2]：1469. 3280768000006
```

1.2.2　复利现值的计算

假设你在 5 年后需要 10 000 元钱，现在需要存入多少元钱才能满足 5 年后的需要？银行年利率为 8％。

计算过程如下。

第一步，将例题数据列表(见图1-10)。

	A	B
1	利率	8%
2	期限	5
3	终值金	10 000
4	现值	

图1-10　数据列表2

第二步，选择要计算的"现值"栏，单击"公式"—"插入函数"，在打开的"插入函数"对话框中依次选择"财务""PV"(如图1-11所示)。

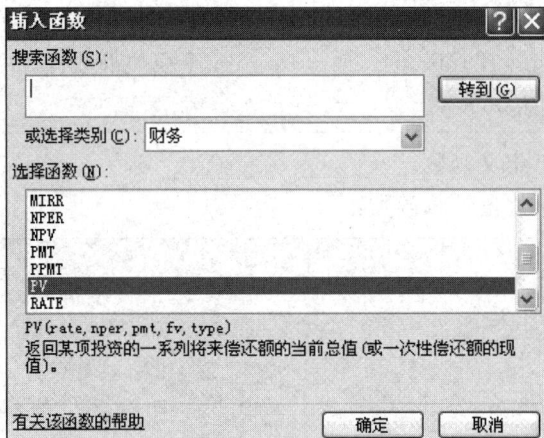

图1-11　选择PV函数

第三步，单击"确定"按钮，出现如图1-12所示的"函数参数"对话框，设置参数如下。

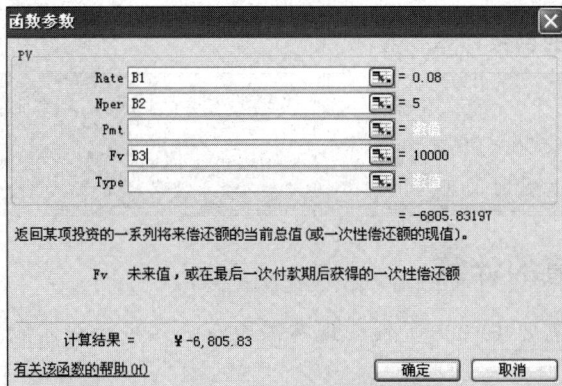

图1-12　设置PV函数参数

单击"确定"按钮，得到计算结果（如图 1-13 所示）。

	A	B
1	利率	8%
2	期限	5
3	终值金	10 000
4	现值	￥-6 805.83

图 1-13　计算结果 2

这里的现值为负，表示期初要向银行"存入"的金额。

如果使用 Python 计算，可采用以下两种方法。

第一种方法，用 numpy 模块内置函数：

```
In [1]: import numpy as np        #导入 numpy 模块
   ...: np.pv(0.08,5,0,10000)     #用 numpy 模块函数计算
Out[1]: -6805.831970337529
```

第二种方法，自己定义函数。

第一步，定义一个复利现值计算函数：

```
In [1]: def pv(r,t,fv):
   ...:     """
   ...:     r     利率
   ...:     t     期限
   ...:     fv    终值
   ...:     """
   ...:     pv=10000/(1+r)**t      #计算终值
   ...:     print('现值=',pv)       #把结果呈现出来
   ...:     return pv              #函数返回值
```

第二步，用定义的函数计算：

```
In [2]: pv(0.08,5,10000)          #用定义好的函数进行计算
现值= 6805.831970337529
Out[2]: 6805.831970337529
```

1.2.3　普通年金终值的计算

以例 1.3 为例，在"函数参数"对话框中设置 FV 函数的参数（如图 1-14 所示）。

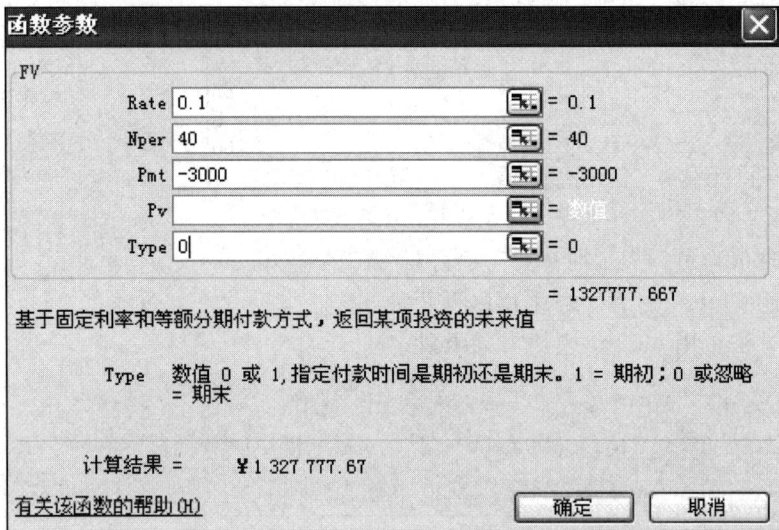

图 1-14　设置 FV 函数参数

单击"确定"按钮，得到结果(如图 1-15 所示)。

图 1-15　计算结果 3

对于在期初支付的先付年金终值，只需要将 Type 设置为 1，其他不变。这里不再赘述。

如果使用 Python 计算，可采用以下两种方法。

第一种方法，用 numpy 模块内置函数：

```
In [1]: import numpy as np        #导入 numpy 模块
   ...: np.fv(0.1,40,-3000,0)        #用 numpy 模块函数计算
Out[1]: 1327777.667045283
```

第二种方法，自己定义函数。

第一步：

```
In [1]: def pension_fv(r,n,pmt):
   ...:     """
   ...:     r      利率
   ...:     n      期限
   ...:     pmt     年金
   ...:     """
   ...:     a=[]
   ...:     fv=0
   ...:     for i in range(n):
   ...:         cf=pmt*(1+r)**(n-i-1)       #计算每一期现金流的终值
   ...:         a.append(cf)      #把每一期现金流终值存储在列表 a 中
   ...:     fv=sum(a)      #把列表中每一期现金流终值加总
   ...:     print(a)      #呈现列表 a
   ...:     print('普通年金终值=',fv)       #呈现最终的终值计算结果
   ...:     return fv      #函数返回值
```

第二步：

```
In [2]: pension_fv(0.1,40,3000)       #用定义好的函数进行计算
[123434.33336775299,112213.0303343209,102011.84575847352,92738.04159861228,
84307.31054419298,76643.00958562997,69675.46325966361,63341.33023605782,
57583.027487325286,52348.20680665934,47589.27891514486,43262.98083194987,
39329.98257449988,35754.5296131817,32504.117830165185,29549.198027422888,
26862.907297657173,24420.824816051972,22200.749832774516,20182.499847976833,
18347.727134524393,16679.75194047672,15163.410854978834,13784.918959071665,
12531.74450824697,11392.495007497244,10356.813643179312,9415.285130163009,
8559.350118330007,7781.227380300007,7073.8430730000055,6430.766430000005,
5846.151300000003,5314.683000000003,4831.530000000002,4392.300000000001,
3993.0000000000014,3630.0000000000005,3300.0000000000005,3300.0]
普通年金终值=1327777.6670452813
Out[2]: 1327777.6670452813
```

1.2.4　普通年金现值的计算

以例1.5为例，计算现在要向银行存入多少元钱，步骤如下。

第一步，将例题数据列表(如图 1-16 所示)。

第二步，选择要计算的"现值"栏，打开"插入函数"对话框(如图 1-17 所示)，在对话框中依次选择"财务""PV"。

图 1-16　数据列表 3

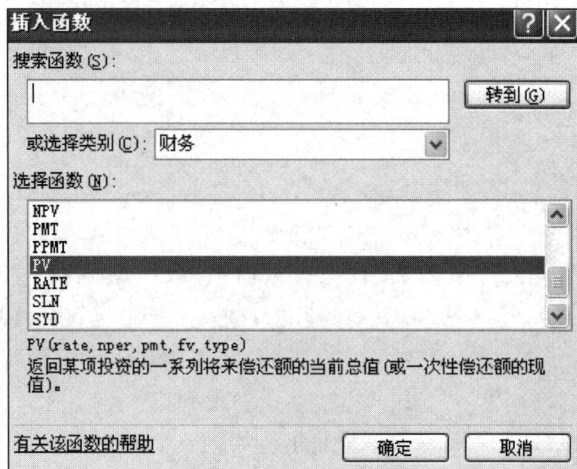

图 1-17　选择 PV 函数

第三步，在打开的"函数参数"对话框中，根据例题设置参数如下(如图 1-18 所示)。

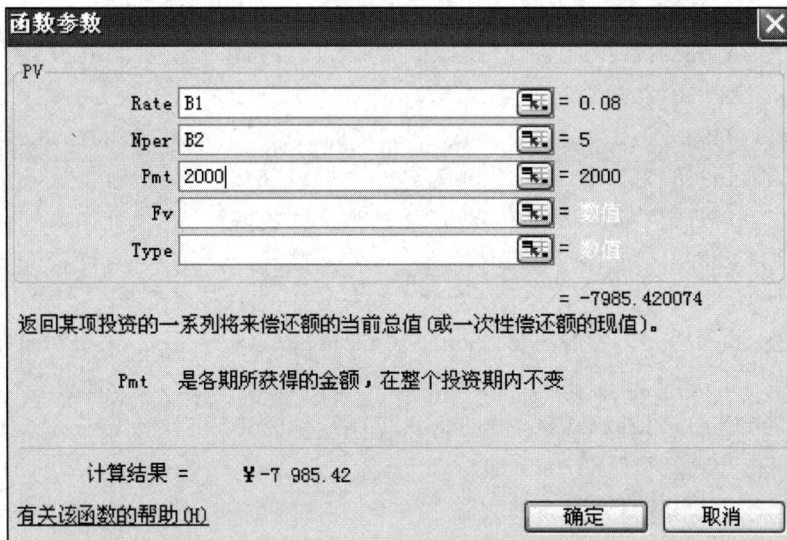

图 1-18　设置 PV 函数参数

各参数的意义同上。单击"确定"按钮，出现结果(如图 1-19 所示)。

	A	B
1	利率	8%
2	期限	5
3	年金	2 000
4	现值	¥-7 985.42

图 1-19 计算结果 4

该处现值为负数，表示现在需要向银行"存入"的金额。（注：因四舍五入的原因，此处结果和原例题中略有不同）

关于先付年金的现值，只需将 Type 设置为 1，其余相同。

递延年金现值实际上是复利和年金现值的结合，可以用分两步走的方式计算，这里不再赘述。

如果使用 Python 计算，可采用以下两种方法。

第一种方法，用 numpy 模块内置函数：

```
In [1]: import numpy as np      #导入 numpy 模块
   ...: np.pv(0.08,5,2000)      #用 numpy 模块函数计算
Out[1]: -7985.420074156177
```

第二种方法，自己定义函数。

第一步：

```
In [1]: def pension_pv(r,n,pmt):
   ...:      """
   ...:      r     利率
   ...:      n     期限
   ...:      pmt     年金
   ...:      """
   ...:      a=[]
   ...:      pv=0
   ...:      for i in range(n):
   ...:          cf=pmt/(1+r)**(i+1)      #计算每一期现金流的现值
   ...:          a.append(cf)      #把每一期现金流现值存储在列表 a 中
   ...:      pv=sum(a)      #把列表中每一期现金流现值加总
   ...:      print(a)      #呈现列表 a
   ...:      print('普通年金现值=',pv)      #呈现最终的现值计算结果
   ...:      return pv      #函数返回值
```

第二步：

```
In [2]: pension_pv(0.08,5,2000)      ♯用定义好的函数进行计算
       [1851.8518518518517,1714.6776406035665,1587.6644820403392,1470.0597055929065,
1361.1663940675057]
       普通年金现值＝7985.420074156169
Out[2]: 7985.420074156169
```

1.3　固定收益证券的要素特征

　　固定收益证券也称为债务证券，是一个宽泛、不严格的定义。一般而言，固定收益证券代表拥有对未来发生的一系列有确定数额收入流的要求权。固定收益证券主要包括债券、优先股，还包括商业票据、银行承兑票据、回购协议、大额可转让存单以及抵押贷款担保证券等多种债务性工具。许多嵌有期权的债券(如可转换债券)或具有特殊非完全固定现金流的债券(如浮动利率债券)，尽管其未来现金流并非固定，但是我们仍然将其归类为固定收益债券。因此，固定收益债券有时候名不副实，债券只是固定收益债券的一种，本书所称的固定收益证券主要是指债券。

　　若以到期期限的长短划分有价证券，则可分为：①货币市场证券——有价证券的到期时间在 1 年以内。②资本市场证券——到期时间在 1 年以上的有价证券。固定收益证券按到期期限长短的划分大致如表 1-2 所示。

表 1-2　固定收益证券按到期期限长短的分类

货币市场固定收益证券	国库券(Treasury Bill)	
	可转换定期存单(Negotiable Certificate of Deposite)	
	银行承兑汇票(Bank's Acceptance Bill)	
	商业本票(Commercial Paper)	
	回购协议(Repurchase Agreement)	
资本市场固定收益证券	债券	
	公债(Treasury Bond)	公司债券(Corporate Bond)
		金融债券(Financial Bond)
	资产担保证券(Asset-Backed Securities，ABSs)	
	抵押过手凭证(Pass-Through Certifications)	抵押担保证券(Mortgage Backed Securities，MBSs)
		不动产抵押担保债券(Collateralized Mortgage Obligation，CMOs)

续表

资本市场固定收益证券	可转换或可交换证券	
	可转换债券(Convertible Bond)	可转换优先股(Convertible Preferred Stock)
		附认股权证公司债(Bond with Warrant)
	零息票债券(Zero Coupon Bond)	
	国际债券(International Bond)	
	欧洲债券 (Euro Bond)	外国债券 (Foreign Bond)
	优先股(Preferred Stock)	

1.3.1 固定收益证券的合同与条款

债券发行者的义务和债券持有者的权利会提前在债券合同中详尽地说明。债券持有者一般很难随时了解发行者是否按照债券合同的约定履行其义务，所以在实际业务中出现了债券托管人，作为债券或债务合同的第三方。合同中也会明确规定托管人代表债券持有者的利益。

合同中包含肯定性条款和否定性条款。肯定性条款事先约定了债券发行者承诺要做的事情，最普遍的肯定性条款包括：①按期支付本金和利息。②支付所有应缴税款和索赔款。③保证资产的质量和正常运转。④向托管人定期报告其履行贷款协议的情况。否定性条款事先约定债券发行者的一些被限制行为，普遍的约束条款是对借款人增发债务能力的限制。

1.3.2 偿还期

定义 1.9 债券的偿还期是指债务发行在外的年限或者是最终本金支付之前的时间。

债券的偿还期(Maturity)对于固定收益证券分析十分重要，原因有以下3点。

①偿还期表明债券持有者获得利息和支付的时间间隔以及获得最终全额支付的本金的年限。

②债券的收益率取决于其偿还期。债券收益率和偿还期之间的关系被称为收益率曲线。

③债券价格会一直随着市场利率的变动而变动，而其波动幅度受偿还期长短的影响。在其他因素不变的情况下，债券的偿还期越长，债券价格受市场利率影响而变动的幅度越大。

永　续　债

2019年1月25日，中国银行成功发行我国商业银行首单无固定期限资本债券(以下简称"永续债")，引起市场高度关注。永续债作为一种兼具股性和债性的混合资本证券，距今已有数百年历史。在《巴塞尔协议Ⅲ》框架下，永续债已成为金融市场上商业银行补充其他一级资本的重要工具。在我国，商业银行一级资本工具创新不足，一级资本占比明显低于国际同业水平，永续债市场空间广阔，有必要支持商业银行发行永续债补充其他一级资本，提升金融服务实体经济和抵御风险的能力。

永续债，是指没有确定到期日的债券。投资者购入永续债后，不能在确定时点收回本金，但可以每年按票面利率，永久获取利息。

关于永续债的最早历史记录是荷兰水务管理机构于1648年发行的永续债，至今仍在付息。18世纪，为筹措英法战争所需资金，英国政府发行了没有到期期限的债券以缓解财政压力。永续债出现的初衷是打破期限条件，创立一项无固定期限的债务融资工具，意在获取长期、稳定的资金。但在发展过程中，出于企业会计处理和满足监管规定等需要，永续债逐步成为股债结合的混合资本工具。从总体上看，永续债兼具股性和债性，没有固定的格式条款，会计属性依据合同约定的双方权利和义务来确定。虽然名为"债"，但在实际操作中，永续债更多的是作为权益工具存在。

从目前实践看，由于合同条款中约定了赎回或延期选择权，并赋予发行人递延利息支付且不构成违约的权利，非金融企业永续债被普遍视为满足企业会计准则规定的"没有交付现金或其他金融资产的合同义务"条件，一般在会计处理中被认定为权益。

(资料来源：胡学好、郭大旗：《商业银行永续债的前世与今生》，载《债券》，2019(5))

1.3.3　面　值

定义1.10　债券的面值(Par Value)是债券发行者在到期日承诺支付给债券持有者的金额，这个金额也被称为本金值、到期价值、赎回价值。

债券可以有不同的面值，理论上，债券的面值就是它的价格。但在实际运用中，债券价格是按照本金的一定比例来报价。例如，一个债券的面值是1 000美元，发行者以900美元的价格将其出售，那么就说这个债券的售价是90。

对于有些债券，其报价方式采取独有的市场惯例。例如，美国的中长期国债，"97−5""97：05""97、5"均表示票面价值的97%加上票面价值的5/32%，连接号、冒号或者顿号后数字为1/32的倍数。所以，若债券面值为100 000美元的中长期债券，报价为"97−5""97：05""97、5"表示其债券价格为97 156.25美元。但是，公司债券和市政债券通常以1/8的倍数而不是以1/32的倍数来报价。

债券的交易价格可以低于其面值，也可以高于其面值，当成交价格低于其面值的时候，是折价发行；当成交价格高于其面值的时候，是溢价发行。

1.3.4 息票利率

定义 1.11 息票利率(Coupon Rate/Nominal Rate)也叫票面利率，是债券发行者每年支付的利息占票面金额的比率。每年给债券持有者支付的利息金额称为息票(Coupon)。

息票的计算公式是：息票＝息票利率×面值。

描述一个债券的时候，可以用息票利率和到期日一起描述，如"6s 12/1/2020"表示6％的息票利率、12/1/2020 偿还的债券。在美国，一般的息票债券每半年支付一次息票，抵押证券和资产支持证券每月支付息票；在美国以外的一些市场是每年支付一次息票。

息票利率也会影响债券价格对于市场利率变动的敏感性。在其他条件不变的情况下，息票利率越高，市场利率变动导致债券价格相应变动的幅度越小。

并不是所有债券都有息票支付，零息票债券就不支付息票，它是通过折价发行、到期按面值返还的方式，将面值和发行价之间的差额作为利息付给投资者。梯式债券(Step-Up Notes)是一种比较特殊的息票债券，它的息票利率随着时间推移而逐渐增加，在规定的时期内可以单次或者多次增加票面利率。例如，前两年的息票利率为5％，第3年、第4年的息票利率变为5.5％、第5年的息票利率变为6％。推迟利息债券(Deferred Coupon Bonds)是指延长若干年再支付利息的债券，在延长期限中没有利息支付，只有在延期结束的时候才开始定期支付利息，直到到期日。这种债券支付的利息比从发行日开始支付利息的债券高，高出的部分是用来补偿债券持有者在延长期限中没有获得利息的收益损失。

另外还有浮动利率债券，其息票利率不是固定的，而是按照参考利率加上一个差价的方式来决定。浮动利率债券中有一些特殊的债券，分别有以下9种：降效浮动债券(其票面利率为参考利率乘以某个特定的常数后加上利率边际)、反向浮动债券(其票面利率和参考利率反方向变动)、双浮动债券(其票面利率采用两个参考利率)、区域债券(当参考利率的数值在某个区域之间的时候，债券的票面利率等于参考利率，否则就等于0)、棘轮债券(其票面利率向上调整采用参考利率加上一个常数，向下调整采用利率调整公式，一旦利率向下调整，以后即使参考利率上升，票面利率也不会再向上调整)、利差变动债券(利率边际随时间变化)、扩展调整债券(利用可调整的利率边际来反映市场利率的实际变化，使得债券价格接近面值)、指数化还本债券(在参考利率较低的时候可以加速支付本金)、非利率指数债券(其票面利率和其他的商品价格相联系，用来规避商品价格波动带来的风险)。

【专栏 1-2】

"17 深能 02 债"的浮动利率创新

"17 深能 02 债"票面利率由固定利率加上浮动利率构成：固定利率根据市场询价结果，由发行人与主承销商按照国家有关规定协商一致，以簿记建档方式确定，并在品种二存续期限内保持不变；浮动利率与加权煤炭价格指数 Q 挂钩。

加权煤炭价格指数 $Q =$ CCTD 秦皇岛动力煤(Q5500)现货价格×50％＋环渤海动力煤价格指数×50％。

浮动利率自第 2 个计息年度起每年调整一次，具体确定方式如下：

当加权煤炭价格指数 Q 上一个计息年度内上涨或平均跌幅小于 5％时，该计息年度浮动利率为 0；

当加权煤炭价格指数 Q 上一个计息年度内平均跌幅大于或等于 20％时，该计息年度浮动利率为 0.50％；

当加权煤炭价格指数 Q 上一个计息年度内平均跌幅大于或等于 5％且小于 20％时，该计息年度浮动利率＝0.025×加权煤炭价格指数 Q 上一个计息年度内平均跌幅。(计算结果四舍五入后保留两位小数)

其中：

(1) 首个计息年度浮动利率为 0；

(2) 第 2 个计息年度，加权煤炭价格指数 Q 上一个计息年度内平均跌幅＝1－(债券在首个计息年度起息日至首个计息年度付息日前 20 个交易日加权煤炭价格指数 Q 的算术平均值)/(债券在首个计息年度起息日之前 365 日加权煤炭价格指数 Q 的算术平均值)×100％。

(3) 自第 3 个计息年度起，第 N 个计息年度起之后的每个计息年度，加权煤炭价格指数 Q 上一个计息年度内平均跌幅＝1－(债券在 $N-1$ 个计息年度起息日至 $N-1$ 个计息年度付息日前 20 个交易日加权煤炭价格指数 Q 的算术平均值)/(债券在 $N-2$ 个计息年度加权煤炭价格指数 Q 的算术平均值)×100％($N \geqslant 3$)。

CCTD 秦皇岛动力煤(Q5500)现货价格于中国煤炭市场网每周公布一次，环渤海动力煤价格指数于秦皇岛煤炭网每周公布一次，该年度加权煤炭价格指数 Q 的算术平均值为年内每周公布的 CCTD 秦皇岛动力煤(Q5500)现货价格与环渤海动力煤价格指数加权均值的年度算术平均值。

若在债券存续期内，因加权煤炭价格指数 Q 无法获得而导致当期浮动利率无法计算，则浮动利率沿用之前一期数值。

本期债券票面利率将不超过国务院限定的利率水平。

(资料来源：YY 团队：ratingdog 微信公众号，2017-11-17，有删改)

1.3.5 债券归还的相关条款

1. 赎回再筹资条款

债券发行者在债券到期日之前想拥有提前赎回债券的权利，因为当未来市场利率低于债券利率的时候，发行者可以赎回债券并按照较低的息票利率再发行债券。发行人的这种权利实际上是一种看涨期权，它对债券有以下两个方面的影响。

第一，使得可赎回债券的投资者面临再投资风险，当可赎回债券的息票利率高于市场收益率的时候，发行人会赎回债券，这使得投资者的再投资利率下降。如某种可赎回债券的票面利率为10%，而市场利率为8%，发行人发现赎回息票率为10%的债券，然后再以8%的利率重新融资是合算的。这样对购买该债券的投资者来说，债券的收益只能以较低的利率进行再投资。不过债券发行者想要拥有提前赎回的权利就必须在发行时以较高的利率或较低的出售价格对债券持有者进行补偿。

第二，在市场利率下降的情况下，债券的价格上升将受到限制。因为当市场利率下降的时候，市场会强烈地预期债券会按照赎回价格被赎回，债券的价格就没有非含权债券上升得那么快。可赎回债券的这种特性称为价格压制。

债券可以被全额赎回或者部分赎回。部分赎回可以分为随机选择赎回和按比例赎回两种方法。随机选择赎回是用电脑程序选择一系列的债券号码，对选中的这部分债券进行赎回，其余的不赎回。按比例赎回是指对所有债券按相同比例份额赎回。按比例赎回的方式一般在债券直接发行或者私募时运用得较为普遍，而在公开发行中较少运用。

2. 提前支付条款

由贷款作为支持的分期偿付证券，它有一定的本金支付计划，特别是单个的融资者，他们有选择到期日前全额偿付或者部分偿付贷款的权利。在计划的本金偿付日之前偿付本金的行为，叫作预付。融资者提前偿付本金的权利叫作预付权。预付权和买入期权基本上是一样的，但是在预付过程中，当融资者提前偿付本金时，没有既定的买入价格作为标准，这是预付权和买入期权不同的地方。提前支付一般都是按照面值来支付。

3. 偿债基金条款

定义1.12 合约中规定发行者每年收回一定比例的债券的条款叫作偿债基金条款。

偿债基金条款的目的是降低信用风险。这类债务支付的条款可以被设计成到期时全部债券被赎回，也可以被设计成到期时只有部分债券被赎回。

发行者可以通过以下两种方式来执行偿债基金条款：①将与要赎回的债券面值相等的现金支付给托管人，然后托管人用抽签的方式赎回债券。②将与要赎回的债券面值相等的、在公开市场中购买的债券交付给托管人。如果采取了第一种方式，那么从赎回日起就停止支付利息。

一般情况下，偿债基金条款中要求每期支付的数额是相等的。不同的债券可以选择不同的支付周期,并根据合约的规定来改变支付方式。许多债券合约中规定债券发行者有权赎回超过偿债基金要求金额的部分。

通常,如果债券是按照面值发行的,偿债基金的赎回价格就是债券面值;如果债券是溢价发行的,偿债基金的赎回价格在最开始的时候是债券发行价格,往后越靠近到期日,其价格就越向债券面值接近。

4. 回售条款

定义 1.13 回售条款(Put Provision)授予债券持有者在规定时间内以规定的价格将债券出售给发行者的权利。

回售条款规定的价格被称为赎回价。如果债券以面值发行或接近面值的价格发行,那么它以面值赎回。对于零息票债券,其赎回价低于面值。

当市场利率高于债券的息票利率时,债券持有者可以让发行者以赎回价赎回债券,然后可以将获得的资金以更高的利率进行再投资,这对投资者是有利的。

【专栏 1-3】

债券熊市"回售权十上调票面利率"的配置价值分析

2017 年年初至 2018 年 3 月 9 日,我国共发行 2.39 万亿元、共 2 467 只信用债(中票/公司债/企业债/PPN),其中含回售权债券占据相当比例,共计 918 只,总规模达 9 428.67 亿元。我们简单比较了 2017 年同一主体在两个月内发行的 $a+b$ 年期含回售权债券与 a 年期普通债券的发行票面利率。在考虑了发行时间与发行场所等因素后,发现目前一级市场上并没有给回售权一个确定的溢价。对于无约束组合而言,可以考虑从配置"回售权十上调票面利率"组合的债券中获得未来收益率下行时继续享受较高票息的好处。

在此类条款组合中,调整票面利率的决策权在发行人,而债券回售的决策权在投资人。一般而言,调整票面利率选择权在回售选择权之前,在发行人发出关于是否调整债券的票面利率及调整幅度的公告后,债券持有人有权选择在公告的投资者回售登记期内进行登记,将持有的债券按面值全部或部分回售给发行人,因此发行人可以通过调整票面来博弈债券的存续期。如果发行人仅具有上调票面利率的权利,则对投资人有利。发行人通常会在债券可能被回售的情况下选择上调票面利率,以期达到延长债券期限的目的,降低再融资风险,此时,发行人将票面利率上调至高于市场利率的可能性比较大,投资者从而有望获得超额收益;如果发行人同时具有上调或下调票面利率的权利,则对投资人不利,在收益率下行的背景下,发行人可以下调票面利率,侵蚀投资人的或有收益。

(资料来源:程昊、何睿:《内嵌"回售权十调整票面权"条款债券的市场定价与投资机会》,载《债券》,2018(5),有删改)

1.3.6 债券的其他特征

1. 可转换性

定义 1.14 债券的持有者有权将持有的债券转换成一定数量的普通股的权利称为债券的可转换性。

债券的可转换性使得债券持有者能从发行者的普通股股票价格变动中获取收益,并且债券持有者可以将一个发行者的债券转换成另一个发行者的公司股票。

2. 嵌入期权的性质

定义 1.15 在债券的合同中包含一些条款,这些条款赋予发行者或者债券持有者某些权利,这种权利就叫作嵌入期权。

嵌入期权分为赋予债券发行者的期权和赋予债券持有者的期权。

(1)赋予债券发行者的嵌入期权

在前面讨论得最多的赋予债券发行者的嵌入期权有:①赎回债券的权利。②可以用超额提前赎回本金的权利。③加速的偿债基金条款。④浮动利率债券的价格上限。

加速的偿债基金条款是一个嵌入期权,因为债券发行者可以用超额赎回债券来满足偿债基金要求。发行者一般在市场利率低于债券息票利率的时候行使这一权利。

浮动利率债券的价格上限是债券持有者授予发行者在市场利率上升的情况下不用支付超过价格上限的金额的权利。

(2)赋予债券持有者的嵌入期权

最普遍的赋予持有者的嵌入期权有:转换权、回售权、浮动利率债券的价格下限。

转换权的价值取决于执行转换权时股票的市场价格和嵌入期权规定的股票购买价格之间的关系。回售权在市场利率高于债券息票利率时对债券持有者有利。浮动利率债券的价格下限在市场利率下降超过确定的最低息票利率时对债券持有者有利。

3. 债券偿还方式

除了常见的还本付息外,实践中债券的偿还方式具有多种形式,表 1-3 对各种债券本金的偿还方式进行了比较。许多债券可以提前偿还,但是,一些债券规定了宽限期,债券的宽限期是指债券发行后不允许提前偿还、转换的时间,它一般是根据债券偿还期的长短来规定的。

表 1-3　各种债券本金的偿还方式

分类	方　式	特　点
偿还期限	到期偿还:是指按发行债券时规定的还本时间,在债券到期时一次性全部偿还本金的偿债方式	手续简便、计算简便

分类	方 式	特 点
偿还期限	期中偿还：是指在债券到期日之前由债务人采取在债券市场上回购债券或者直接向债券持有者支付本金的方式偿还。它包括部分偿还和全额偿还两种形式，在偿还的具体时间上，又有定期偿还和随时偿还两种	分散债务人集中还本的压力
	展期偿还：是指在债券期满后又延长原规定的还本付息时间的偿还方式	省去发行新债券的麻烦
期中偿还	部分偿还：是指从债券发行日起，经历一定宽限期后，按发行额的一定比例陆续偿还，到偿债期满时全部还清	减轻债务人集中还本压力
	全额偿还：是指在债券到期之前，偿还全部本金的偿还方式	在资金充裕时避免支付更多的利息；在利率下降时通过发新还旧的方式降低债务利息成本
偿还时机	定期偿还：是指债券宽限期过后，分次在规定的日期，按一定的偿还率偿还本金。一般的做法是在每次的利息支付日，连同付息一并向投资者偿还一部分本金，到债券期满时全部还清	减轻债务人集中还本的压力
	随时偿还：也称任意偿还，是指债券宽限期过后，发行人可以自由决定偿还时间，任意偿还债券的一部分或全部	发行人可以选择有利时机偿还，降低筹资成本
偿还方式	抽签偿还：是指在期满偿还一部分债券时，通过抽签方式决定应偿还债券的号码。它可以分为一次性抽签和分次抽签两种方式，前者是对发行的债券在到期前的某个时间集中一次抽签，以决定各次还本债券号码；后者是对发行的债券按照分批还本次数定期抽签以确定还本债券号码	需要对现存的债券投资者进行编号，并公正地摇号，手续烦琐
	买入注销：是指债券发行人在债券未到期前按照市场价格从二级市场中购回自己发行的债券而注销债务	发行人可以根据自己的资金状况灵活还本

【本章小结】

本章介绍了货币的时间价值以及 Excel 和 Python 在货币时间价值计算中的应用，并阐述了固定收益证券的要素特征。

1. 所谓货币的时间价值，是指货币在不同的时点上具有不同的价值。具体是指当前持有的一定数量的货币比未来获得的等量货币具有更高的价值，是货币资金在周转使用中由于时间因素而形成的差额价值。货币具有时间价值的原因包括货币可用于投资获得收益，从而在将来拥有更多的货币量；货币的购买力会受通货膨胀的影响从而随着时间改变；一般来说，未来的预测收入具有不确定性；对于将来的消费而言，个人更喜欢即期的消费，因此必须在将来提供更多的补偿，才能让人们放弃即期的消费等。价值量的大小可以使用单利终值与现值、复利终值与现值、年金终值与现值等方法计算。

2. 固定收益证券的要素特征一般包括固定收益证券的合同与条款、偿还期、面值、息票利率以及债券归还的相关条款等。

3. 债券主要包括：政府债券、金融债券、公司债券、国际债券等。

【关键词】

现值(Present Value，PV)

终值(Future Value，FV)

年金(Annuity)

息票(Coupon)

【练习题】

1. 如果市场利率为 10％，某证券第 1 年支付 1 100 元、第 2 年支付 1 210 元、第 3 年支付 1 331 元，它的现值是多少？

2. 一位基金经理投资 1 000 万元购买某种 5 年期、年利率 8.7％、按年付息的债券，则 1 000 万元投资的终值是多少？

3. 某公司有一个年金项目，期限为 20 年，每年有 100 元现金流入，已知市场利率为 5％，则该年金的现值为多少？

【思考题】

1. 有一种说法认为货币时间价值来源于人们认知心理的反应，你如何看待此观点？

2. 2008 年金融危机期间，美国很多公司的债券价格大幅下跌，试用你学过的知识进行解释。

【本章参考文献】

1. 汤霓宇. 固定收益证券定价理论[M]. 上海：复旦大学出版社，2004.

2. 朱新蓉. 金融市场学[M]. 2 版. 北京：高等教育出版社，2013.

扫码听课

第2章
固定收益证券的种类

【学习目标】

· 掌握固定收益证券的分类标准。
· 掌握不同固定收益证券的特性与差别。
· 了解固定收益证券的运作流程。

【引导案例】

    2010年2月3日晚,欧盟向希腊提出削减财政赤字的建议,并宣布将从2010年3月开始首次建立监督机制以确保希腊政府执行这些建议。2010年2月11日在布鲁塞尔召开的欧盟经济问题特别峰会上,欧洲各国领导人经过激烈磋商,终于就救助希腊以解决其主权债务危机一事达成一致。2010年5月10日,经过十余小时的漫长谈判,欧盟各成员国财政部长于11日凌晨达成一项总额为7 500亿欧元的救助机制,以帮助可能陷入债务危机的欧元区成员国,防止希腊债务危机蔓延。上述这些与主权债务危机、欧洲债务危机有关的新闻,我们在前几年中经常可以听到,其中常常出现各种各样的固定收益证券名称,如果不充分了解这些固定收益证券的特点和作用,就难以准确把握相关金融事件。

    本章将详细介绍固定收益证券的种类,通过本章的学习,你将对不同类型的固定收益证券有更全面的认识。

2.1 国债

    债券根据发行主体分类,可以分为政府债券、金融债券和公司债券三大类。政府发行债券包括中央政府发行的债券和地方政府发行的债券,中央政府发行的债券又称为国债。国家为实现其所承担的职能以及维持国家机器的正常运转,需要大量的资金,一般而言,财政收入大部分来自无偿取得的税费,另一个来源就是国债的发行。按照偿还期限的长短，国债可以分为短期国债、中期国债和长期国债。

2.1.1 国债的定义、特点和分类

1. 国债的定义

定义 2.1 国债是国家以其信用为基础，由中央政府向投资者出具的、承诺在一定时期支付利息和到期偿还本金的债权债务凭证。

国债是中央政府凭借自身的信用发行的一种债务凭证，通过发行国债，中央政府可以有偿地获得一部分财政收入，从而满足其履行自身职能的需要。一般情况下，国债主要是面向国内投资者在国内发行；在政府需要外汇的情况下，也可以在境外发行国债。一般来看，外币面额债券的违约率更高。如果政府愿意提高税收，控制国内财政系统，它就能拥有足够的本国货币来支付其本币债券。但是对于外币债券，一国政府必须通过购买外币来偿还外币债券，而汇率是很难控制的。

国债的定义可以从以下几个方面来理解。

①国债的债务人只能是一国的中央政府，任何个人、机构乃至地方政府都无权发行国债。国债的债权人则十分广泛，可以是本国的个人和机构，也可以是外国的个人和机构，甚至可以是外国中央政府或者某个国际组织。

②国债是中央政府取得财政收入的一种有偿形式。中央政府通过发行国债所取得的只是资金在一段时间内的使用权，同时它还要为这种使用权付出代价，也就是说要承担还本付息的义务。这一点使国债严格区别于收取税费等无偿形式的财政收入。

③发行国债筹集的是中央财政资金，其目的是满足中央政府履行自身职能的需要，而不能单纯地作为弥补财政赤字的手段。国债与财政赤字并不具有必然的联系，单独考虑一国的国债发行规模并不能判断该国的财政状况和经济形势的好坏。

2. 国债的特点

（1）国债的安全性

同企业债券以及市政债券相比，国债的安全性是最高的。企业债券还本付息的保障是企业未来的现金净流量，而企业有可能在未来的竞争中经营失败，从而不能保证一定能支付债券的本息。地方政府债券虽然因为地方政府具有一定的征税能力，从而部分保障了其安全性，但是由于地方政府的行政能力有限，其税收基础和项目建设收入还是会受到各种经济因素的影响，因而地方政府债券仍然存在着一定的安全性问题。国债的发行者是一国的中央政府，政府依据国家信用发行债券，而国家信用的基础是国家的主权和资源。因此，除了少数极端的情况外（如政府更迭、债务危机等），以国家主权和资源作为还本付息的基础，国债几乎没有违约的风险。

（2）国债的流动性

流动性是指有价证券或实物资产的持有人能否在急需现金的时候，以当时的市场价

格将金融资产和实物资产迅速变现。由于国债的信誉高、安全性好，各金融机构、企业和个人都很乐意从事其交易，所以国债的二级市场非常发达。这样，国债的持有者就很容易以当时的市场价格出售手中的债券。在各种债券中，国债的流动性最强。

(3)国债的收益性

国债的投资收益指的是国债投资者从购买国债一直到国债被清偿期间所获得的利息收入和资本增值。由于风险最小，国债的市场价格相对稳定，国债收益率也处于相对稳定的状态。由于国债的安全性较强、流动性较好，所以在期限相同的情况下，其收益一般要比其他类型债券低。

3. 国债的分类

中央政府在发行国债时，会根据自己的筹资目的、筹资数量以及发行时的金融市场状况等因素，发行各种不同种类的国债。国债的分类大致如图2-1所示。

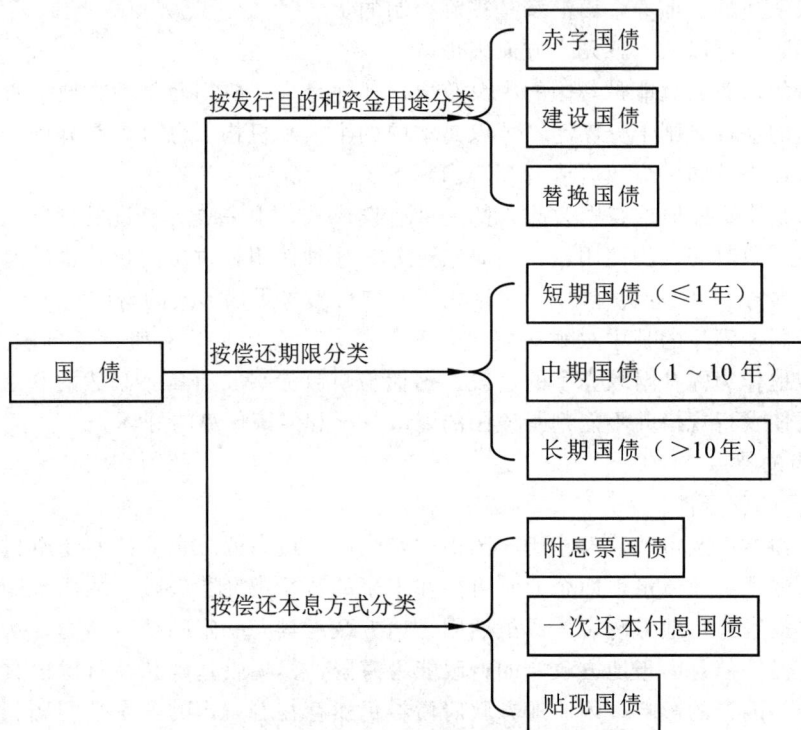

图 2-1 国债的分类

国债的种类主要有以下几种。

(1)按国债的发行目的和所筹资金用途，可分为赤字国债、建设国债和替换国债

赤字国债是为了弥补消费性财政赤字而发行的国债，其本息的偿付主要依赖于新增

的财政收入。建设国债是国家在财政建设资金支大于收的情况下，为筹集基础设施和重大项目的建设资金所发行的国债，其本息的偿付主要依赖于建设项目的未来收入。替换国债是指中央政府在无力偿还旧债时，以新偿旧所发行的一种国债。

(2)按国债偿还期限的长短，可分为短期国债、中期国债和长期国债

短期、中期和长期的划分标准不是绝对的。目前通常的划分标准是：到期期限为1年以内(含1年)的为短期国债；到期期限为1~10年的为中期国债；到期期限大于10年的为长期国债。

(3)按国债偿还本息的方式，可以分为附息票国债、一次还本付息国债和贴现国债

附息票国债一般每6个月支付一次利息，并在到期时偿还本金，它是世界各国发行中长期国债的通常做法。附息票国债又可以分为固定利率国债和浮动利率国债。一次还本付息的国债指的是政府平时不支付利息，只在债券到期时一次性清偿本息。贴现国债指的是不附息票、贴现发行的国债，这种国债到期时按面值清偿，面值和发行价之间的差额就是投资者的报酬。由于贴现国债不附息票，因此又称为"零息国债"。一般零息国债的最初期限都是在1年以下，称为国库券(Treasury Bill)，国库券的主要期限为91天、182天和364天。附息国债的最初到期期限一般为2年或以上，其中2~10年的称为中期国债(Notes)，10年以上的称为长期国债(Bonds)。目前市场上的附息票国债发行时的期限为2年期、5年期、10年期和30年期。

【专栏2-1】

抗疫特别国债

2020年6月，抗疫特别国债一期和二期招标，备受关注的抗疫特别国债发行正式拉开大幕。本次抗疫特别国债如何发行？个人投资者如何购买？资金又将用于何处？财政部有关负责人和专家进行了解答。

财政部一期国债为5年期固定利率附息债，竞争性招标面值总额500亿元；二期国债为7年期固定利率附息债，竞争性招标面值总额500亿元。两期国债定于2020年6月18日招标，2020年6月19日开始计息，招标结束至2020年6月19日进行分销，2020年6月23日起上市交易。

财政部国库司有关负责人在接受媒体采访时介绍，2020年1万亿元抗疫特别国债将采用市场化方式，全部面向记账式国债承销团成员公开招标发行。抗疫特别国债期限品种，在匹配财政资金使用周期的基础上，充分考虑了国债收益率曲线建设需要，以10年期为主，适当搭配5年、7年期，进一步提升国债收益率曲线上关键点的有效性。"国债市场已经成为具有较大容量、能够充分满足财政筹资和投资者投资交易需求的重要场所。"该负责人表示，抗疫特别国债的市场化公开发行将进一步提升国债市场容量，更好地发挥国债市场在金融体系中的作用，促进国债市场长期发展。

据介绍，与一般记账式国债相同，抗疫特别国债不仅在银行间债券市场上市流通，还在交易所市场、商业银行柜台市场跨市场上市流通。个人投资者可以在交易所市场、商业银行柜台市场开通账户，参与抗疫特别国债分销和交易。具体可以查询相关场所的交易规定，或咨询工商银行、农业银行、建设银行、招商银行、北京银行、南京银行等开通记账式国债柜台业务的银行。

值得注意的是，发行通知中公布的抗疫特别国债的缴款账户只接受记账式国债承销团的承销缴款，不接受个人转账。抗疫特别国债与一般记账式国债相同，不可提前兑取，可在二级市场交易，交易价格根据市场情况波动，盈亏由投资者自负。

利率方面，与仅向个人投资者销售的储蓄国债不同，抗疫特别国债为记账式国债，利率通过国债承销团成员招投标确定，随行就市。目前，5年、7年、10年期记账式国债收益率约为 2.5%、2.8%、2.8%。

（资料来源：李婕：《抗疫特别国债发行平稳启动》，载《人民日报海外版》，2020-06-20）

2.1.2 外国国债品种介绍

1. 美国国债的发行现状

美国债券市场中的债券品种主要分为 6 大类：国债、联邦政府代理机构债券、地方政府债券、公司债券、资产支持债券、抵押债券。在美国，联邦债券由国债和政府代理机构债券两部分构成，其中国债居于主要地位，政府代理机构发行的债券只占很少的部分。

美国国债是由美国财政部发行并以美国的国家信用作为支持的债券。国债的利率可以作为基准市场利率，在其他金融产品，包括债券、股票和衍生产品的定价中起到非常重要的作用。正是由于上述原因，国债的流动性极好，交易极为活跃，其交易的买卖差价比其他债券要小很多。

美国财政部主要发行 3 种类型的可转让国债，即国库券(Treasury Bill)、中期债券(Notes)和长期债券(Bonds)。它们都是美国政府的直接债务，并且可以在二级市场上自由买卖。除了 1985 年发行的少数几种长期债券可以被财政部提前赎回之外，其他可转让国债都不能被提前赎回。所有的可转让国债都是以记账方式发行的，购买单位 1 手为 1 000 美元或其整数倍。从 1998 年 9 月开始，美国财政部已经开始在网上发行债券。

在美国财政部发行的 3 种可转让国债中，国库券是短期的债券，其期限有 13 周、26 周和 52 周。此外，还有一种现金管理国库券(Cash Management Bills)，它是为平衡财政收支而发行的，其期限是可变的。所有的国库券都按一定的折扣发行，到期按面额偿还本息。同时，所有国库券都是在每周的星期三到期。

定义 2.2 通货膨胀指数化国债，是一种本金随着通货膨胀率的变化而调整的特殊国债。这类债券减少了通货膨胀的影响。

此外，还有一种特殊的国债，即美国财政部从1997年开始发行的附带通货膨胀保护的国债，即通货膨胀指数化国债(Inflation-Indexed Securities，IIS)。通货膨胀使得投资者的利息收益的实际购买力下降，IIS可以减少通货膨胀所带来的影响。该债券的本金随着通货膨胀率的变化而每日调整，每半年支付一次的利息按照经过通货膨胀率调整的本金的一定百分比计算。在取得这种经过通货膨胀率调整的利息和到期支付的本金时，投资者同样要缴纳联邦个人所得税。这种债券所运用的调整本金的通货膨胀率标准是居民消费价格指数(CPI)。IIS每季发行一次，分别在1月、4月、7月、10月发行。到目前为止，IIS的期限有5年、10年和30年。

通货膨胀指数化国债的运作原理如下：息票利率是固定的，由竞标过程决定。息票利率被称为"真实利率"，因为投资者最终得到的收益是消除了通货膨胀因素的。债券的本金每半年按照通货膨胀率进行调整，调整如下：假设通货膨胀指数化国债的息票利率为3.5%，年通货膨胀率为3%，投资者在1月1日购买了面值为100 000美元的债券。半年通货膨胀率为1.5%(＝3%÷2)，在6个月月末，经通货膨胀率调整的本金为初期面值乘(1＋半年通货膨胀率)，因此6个月月末时，经通货膨胀率调整的本金为101 500美元。再按照这个经通货膨胀率调整的本金来计算6月期的息票利息。用1.75%(真实利率3.5%的一半)乘经通货膨胀率调整的本金101 500美元，得到息票利息为1 776.25美元。再看看第二个6个月的情况。期初经通货膨胀率调整的本金为101 500美元，假设第二个6个月的半年通货膨胀率为1%，那么第二个6个月月末的经通货膨胀率调整的本金为101 500×(1＋1%)美元，即102 515美元。息票利息为102 515×1.75%(＝3.5%÷2)美元，即1 794.01美元。

2. 美国国债的拍卖方式

早在1929年，美国财政部就已经开始采用拍卖方式来发行国库券。此后，在1947年和1983年，国库券的发行方式进行过两次重大调整。第一次是开始设立非竞争性投标，即投资者在进行投标时，只要报出他们愿意购买的数量而不用报出投标价格。在开标时，拍卖人首先满足所有的非竞争性投标，然后再根据约定的拍卖方式满足竞争性投标，所有中标的竞争性投标者支付价格的加权平均数就是非竞争性投标者支付的价格。第二次是根据国债收益率进行投标。相比而言，根据收益率和根据价格报价进行投标没有本质的区别。这是因为国库券都是折价发行的，根据收益率报价就可以计算出所需支付的价格，根据价格报价就可以计算出相应的收益率，即根据收益率和根据价格进行投标是等价的。但是这样就使得国库券的投标方式和中长期债券拍卖的报价方式相统一。

相对而言，中期债券和长期债券的发行方式就要简单得多。在20世纪70年代之前，发行中期债券和长期债券的传统方式是认购发行(Subscription Offering)、交换发行(Exchange Offering)和提前再融资(Advanced Refunding)。所谓认购发行，是指美国财政部首先设定待出售债券的票面利率，然后按照约定的价格出售中期债券和长期债券(即接受认购)。而在交换发行中,美国财政部允许那些持有到期的已发行债券的投资者按照宣布的价格和票面利率交换新发行的债券。在某些特定的情况下,新发行的债券只针对某些到期债券的持有者发行,但也有追加发行额度的情况。提前再融资与交换发行相类似,区别仅在于已发行债券在到期日之前就被交换,变成新发行债券。

但是认购发行的最大缺陷在于在发行宣布日和认购日之间,市场利率可能会发生变动,从而导致约定的出售价格偏离市场价格,若约定的出售价格低于市场价格,美国财政部就可能无法顺利出售准备发行的国债。1970年,美国财政部引进了新的发行方式,即采用拍卖方式,在票面利率仍然由美国财政部确定的情况下,认购者按照价格向美国财政部投标。但是,由于票面利率是事先确定的,因此在发行时仍然可能出现这样的情况:由于市场利率的剧烈变动,发行价格明显偏离票面价值。为此,从1974年开始,在中长期国债的发行中,美国财政部开始按照收益率来拍卖,认购者按照收益率进行投标,同时由中标的竞争性投标者的加权平均收益率报价来决定债券票面利率。收益率拍卖方式使得美国财政部不再需要在拍卖之前设定票面利率,从而能够保证新发行的长期债券和中期债券的票面利率能反映拍卖时国债市场上真实的供求状况。同时,发行价格又不会过于偏离票面额,从而保证能够顺利完成发行任务。

目前,美国所有的可转让国债都采用拍卖方式发行,并且都采用收益率拍卖方式,美国财政部根据在拍卖过程中决定的票面利率来发行已公布的全部国债。

3. 美国政府机构债券

除了财政部以外,美国联邦政府机构也可以发行债券。政府机构债券一般是指政府的有关机构以自己的名义,而不是以政府或国家的名义发行的债券;或者虽然发行债券的机构不是政府机构,甚至可能是私营机构,但是从政府那里得到了发债的许可,政府出于宏观的考虑,为这些债券提供一定程度的信用担保,或进行某种方式的监管。政府机构债券主要有联邦政府相关机构发行的债券和政府主办企业发行的债券。

(1)联邦政府相关机构债券

联邦政府相关机构是联邦政府的分支机构,但是它们并不直接在市场上发行债券。这是因为每一家机构的资金需求规模都比较小,如果单独融资的话,成本会较高。一般情况下,它们通过联邦融资银行(Federal Finance Banks,成立于1973年)统一发行债券。

联邦政府相关机构包括美国进出口银行、商品信用公司、农场主住宅管理局、总服务局、私人出口基金公司、农村电气化管理局、小企业管理局、郊区电话银行、华盛顿城市运输局、政府国家抵押协会、海事管理局、田纳西州流域管理局。

联邦政府相关机构债券的发行可以免予在证券交易委员会登记。除了田纳西州流域管理局和私人出口基金公司外,其他机构的债券都是以美国联邦政府的全部信用作为担保的。它们通过发行债券获得的资金主要用来向一些个人、企业或政府机构发放低息的长期贷款，以支持出口贸易，支持农业和中小企业的发展。但是，在特殊情况下也向大公司发放贷款，以帮助它们渡过难关。

（2）政府主办企业债券

政府主办企业是指那些由国会批准建立的特殊实体，它们都是私人所有、公开注册的实体。其建立的目的是降低某些需要救济的重要人群（如农民、房主、学生等）的借款成本。在美国债券市场上，主要有8家政府主办企业发行信用债券：联邦农场信贷银行体系、农场信贷融资协助公司、联邦家庭贷款银行、融资公司、重组信托公司、联邦家庭贷款抵押公司、联邦国家抵押协会、学生贷款市场协会。政府主办企业债券并不是以美国联邦政府的信用担保的，所以会有信用风险。

政府主办企业发行两种类型的债券：一是折扣债券，二是普通债券。折扣债券是短期债券，期限最短为隔夜拆借，最长为360天；普通债券是中长期债券，期限一般不少于2年。在所有这些政府主办企业发行的债券中，美国政府只为"农场信贷融资协助公司"发行的债券提供完全的信用担保，因此，投资者投资于除此以外的政府主办企业发行的债券都是有信用风险的。它们与国债在收益方面的差别大致反映了其信用风险的大小。

4. 其他国家的国债品种

德国政府发行的长期债券（Bonds）到期期限为8～30年，中期债券到期期限为5年。10年期的债券在德国政府债券市场占最大比重。

英国政府发行的债券叫作"金边债券"（Gilt-Edged Bond）。金边市场中最大一部分是长期直接固定利率息票债券，其次是指数债券。有少部分表现出众的金边债券叫作"不可赎回债券"，它没有到期日。

法国财政部发行的长期国债（OATs）到期期限为30年，中期国债（BTANs）到期期限为2～5年。OATs不能赎回，它们大多数是固定利率。长期的OATs可以进行本息剥离，法国是继美国之后第一个发行剥离债券的国家。

意大利政府发行的债券有：①长期债券（BTPs）。利息固定，原始到期期限有5年、10年、30年。②浮动利率的中期债券（CCTs）。到期期限以7年为主，利率参考短期国债利率。③2年的零息票短期债券（CTZs）。④具有卖出期权的债券（CTOs）。它和BTPs有相同的到期期限，投资者有权在到期期限之前向意大利政府卖出债券。意大利政府在1992年停止发行CTOs。

日本政府发行的债券有两种：中期债券和长期债券。中期债券又分两种：附息债券和零息票债券。附息债券到期期限有2年、3年和4年。其他类型的中期债券是5年期零息票债券。

2.2　地方政府债券

定义 2.3　地方政府债券是指有财政收入的地方政府为筹集资金而发行、并以地方政府信用为担保的债券。

地方政府债券以地方政府的财政收入作为还本付息的来源。有时是政府委托一家商业银行发行，有时是地方政府以自身的财产和财政收入作为担保，然后委托接受担保的银行发行债券。地方政府债券分为免税债券和不免税债券两种。免税指的是免交联邦所得税，州或地方税则各有规定。一般地方政府债券都是免所得税的。发行短期地方政府债券是用来弥补市政机构税收收入和支出之间的季节性和临时性的缺口。发行长期地方政府债券则一方面用于为诸如基础设施(桥梁、公路、机场)或学校等长期资本项目融资；另一方面用来弥补政府的长期预算赤字。地方政府债券的主要购买者是银行、保险公司和其他信用机构。但是由于地方政府债券的利息收入一般都免缴所得税，所以越来越多的个人也加入到了购买者的行列。

2.2.1　地方政府债券的品种

地方政府债券的品种主要有两种，即一般责任债券和收入债券。此外，还有一些兼有两者特点的债券，称之为混合型债券。

1. 一般责任债券

定义 2.4　一般责任债券是由州和各级地方政府或其附属机构发行的债券。通常以本地区的财政收入作为担保。

一般责任债券是由州和各级地方政府或其附属机构发行的债券。州政府发行地方政府债券主要是为修建高速公路、桥梁和住宅等设施募集资金。公路、桥梁和住宅等设施最终会产生收入，可以用来偿付债券的本金和利息。其他级别的地方政府发行地方政府债券主要也是为了特定项目融资，也依靠工程完工后的收益来偿还债务。此外，一般责任债券还以州和各级地方政府所拥有的不受限制的征税权作为担保。当工程延期不能还款，或者工程本身不能产生足够的收益还款时，各级政府有权用一部分税收收入作为还本付息的来源。由于州政府税收的种类和来源都比较多，有公司和个人的所得税、销售税和财产税，因此州政府发行的地方政府债券信用较高，常常被看作完全信用担保的债券。如果出现政府税收也不能偿付债券本息或者政府财政破产的极端情况，一般责任债券的持有者可以起诉县、市级政府，但是不能起诉州政府。

2. 收入债券

定义 2.5　收入债券是指为了筹集资金建设某专项具体工程而发行的债券。往往以项目建成后取得的收入作为担保。

收入债券主要由医院、大学、机场以及其他一些公用事业机构发行，用于特定项目的建设，还本付息的来源是这些机构所创造的营业收入。收入债券的具体种类有：机场收入债券、高校收入债券、医院收入债券、单亲家庭抵押收入债券和普通家庭抵押收入债券、工业收入债券、公用电力收入债券、资源回收收入债券、海港收入债券、学生贷款收入债券、收费公路和汽油税收入债券、自来水收入债券。

3. 混合型债券

定义 2.6 混合型债券是指既有一般责任债券特点又有收入债券特点的地方政府债券。

在美国，混合型债券主要有 5 种类型，即保险债券、银行担保地方政府债券、道义责任债券、再筹资债券、赤字市政救助债券。

（1）保险债券

保险债券由保险公司发行的保单和地方政府债券发行人的信用一起提供担保。如果债券到期发行人不能支付本息，保险公司将根据有关协议向债券持有人支付本金和利息或仅支付本金。这种债券一旦发行，保险公司在整个债券持有期内都有保险责任，不能中途取消。一般地说，保险债券的收益低于没有保险的债券，但它们还是比没有保险的AAA级地方政府债券收益高。

（2）银行担保地方政府债券

这种债券以银行所提供的各种信用工具作为担保。银行的担保主要有 3 种形式：第一，与银行签订信用证协议，有了这一协议，地方政府如果不能如期履约偿还债券的本息，签约银行有责任垫付资金，帮助地方政府先行履约。第二，由银行提供不可撤销的信用额度，这也加强了债券的信用，但它不是对债券本身的担保，而是在地方政府有需要时提供必要的贷款。第三，提供循环信贷额度，在一定条件下，银行承诺在需要时可以提供一定额度内的循环信贷，即随时可以贷款，只要规定的额度没有用完。当然，如果条件发生变化，如地方政府的信誉发生变化或者地方政府没有遵守某些事前约定的条款，银行可以取消这一承诺。

（3）道义责任债券

这是一种由州政府发行的地方政府债券。对于这种债券，法律准许州立法机构负责监督或者代替州政府从州的税收中支付债券的本息，但并不是要求州立法机构必须这样做，这只是州立法机构的"道义责任"。

（4）再筹资债券

再筹资债券期初是作为收入债券或者一般责任债券发行的，随后政府凭借发行债券的收入购买一组新的高信用等级的证券，建立新的证券组合。这一证券组合的现金流恰好与原债券发行人所必须支付的现金流相匹配。在这种情况下，政府原先发行的收入债券或一般责任债券就被称为"再筹资债券"。

(5)赤字市政救助债券

发行这种债券主要是为了帮助地方政府摆脱严重的预算赤字。

2.2.2　地方政府债券的特征

1. 税收特征

大部分地方政府债券免缴联邦所得税，但也有一些不能免缴联邦所得税。美国《1986年税制改革法》规定，非必要目的所发行的地方政府债券不能免缴联邦所得税，但可免缴州税和地方税。非必要目的所发行的债券主要是指为兴建运动场、停车场、会议中心、工业园区、污染防治设施等项目筹措资金而发行的债券。另外，工业收入债券（发售债券所得资金的10%以上为私人企业所用）的利息收入必须按照最低边际税率缴纳所得税。但是一些民间的非营利机构，如医院和大学所发行的债券，其利息收入可以不必按照最低边际税率缴纳所得税。

由于美国税法对个人投资者利息所得税规定的税率一向较高，所以免税的地方政府债券对个人投资者的吸引力是很强的。

2. 赎回特征

地方政府债券的赎回方式有两种：一种是分期偿还，每年赎回一部分债务；另一种是到期一次偿还。到期一次偿还债券的期限一般在20～40年，其清偿开始于最终到期日之前的5～10年。无论何种地方政府债券，都可以在到期日之前赎回，但一般有为期10年的赎回保护期。

3. 风险特征

虽然地方政府债券长期以来一直被认为是安全性仅次于美国国债的债券，但是地方政府债券也具有信用风险。现在许多投资者对地方政府债券的信用产生了越来越多的顾虑。第一个顾虑是美国的《联邦破产法》允许发行地方政府债券的各级政府破产，这使得地方政府债券的信用风险加大了。第二个顾虑是新发行的地方政府债券使用了许多新的筹资方式，其中许多方式都没有经司法当局判决的牢固确立债券持有人权利和发行人义务的案例可循，也没有由法规规定的债券持有人的权利和义务，一旦出现到期不能偿还的情况，就可能发生债券纠纷。此外，地方政府债券还有其自身所独有的一种风险，那就是税收风险。税收风险有两种：一种是免税地方政府债券的投资者面临着联邦所得税税率下调的风险。联邦所得税税率越高，免税地方政府债券的价值就越大，如果联邦所得税税率下调，免税地方政府债券的价值就会相应减少，地方政府债券的价格就会下降。另一种是投资者面临着所购买的免税地方政府债券被联邦国内税收署宣布为需要缴纳联邦所得税的风险。

4. 收益特征

由于地方政府债券享有免税待遇，因此为了和其他债券比较收益率，应该首先将地方政府债券的收益率调整成等值的纳税前收益。计算公式如下：

等值纳税收益＝免税收益率/（1－边际税率）

不同的地方政府债券其收益也往往不同，主要由以下几个原因决定：第一，不同地方政府债券的信用级别不同，因而收益率不同。第二，州内市场和州外市场之间的差别。这是因为不同的州收取的所得税税率不同。第三，不同地方政府债券的到期时间不同。此外，地方政府债券之间的收益差别在经济周期的不同阶段也不同，这与公司债券的情况一样，即在经济繁荣阶段利差较小，在经济萧条阶段利差较大。

2.2.3 地方政府债券的发行和交易

1. 地方政府债券的承销

地方政府债券的发行有公募和私募两种，其承销分为竞争性承销和协商承销。

（1）竞争性承销

对承销团来说，这一过程是从承销团内部的调查部门提供意见书开始，如果意见书对本次发行的地方政府债券的信用给出了较高的评价，承销团将会积极地对待这次发行；如果意见书得出了相反的结论，承销团很可能会决定不参加本次发行的竞争。承销团一旦决定积极参与，就会召集一些由集团内各承销商高级经理参加的价格商讨会。在债券销售的前一天，他们将会开会决定最高的承销价格。在进行磋商的时候，他们既要尽可能使债券有较高的收益率，以便对投资者有较大的吸引力，又要使竞争报价尽可能地高，以便赢得投标。在投标截止期限前，承销团对承销的规模最后进行确定，并由一名高级经理将密封的标底亲手交给地方政府债券发行负责人或相关人士。同时要缴纳一笔信用押金，通常为债券总面值的2%。投标截止后，发行者很快就可以计算出中标者，并把债券出售给中标者。中标者会马上开始销售债券，承销团会向其成员发出一个说明书，说明债券的利率、再发售的收益率等，并把有关信息通过地方政府债券的销售网络在线发送。如果在发行期债券还未售完，投资者还可以随时前来购买。债券发售完毕，承销团解散，大多数承销团的存续期一般在30天左右。

（2）协商承销

协商承销过程没有竞争性承销那样紧张激烈，但以这种方式发行的地方政府债券占了20世纪90年代以来地方政府债券发行额的2/3。在协商承销的情况下，首先是发行人选择一些有实力的投资银行作为承销商，发行人通常邀请有希望的投资银行进行洽谈，共同讨论债券发行的条件、期限结构以及一些具体的安排。投资银行就发行的时机、债券的形式、是否进行保险等内容提出建议，然后由发行人决定哪一家投资银行作为债券的主承销商。承销团确定之后，双方将签订承销协议将此次承销活动正式确定下来，协议将明确双方的权利和义务，以及费用的多少和支付方式。当发行期确定下来后，由承销团将债券发售到二级市场。承销团可以根据二级市场的情况更改发行的日期,也可以更改发行的价格。当市场前景看好的时候,可以提高债券的发行价格;反之,也可以降低债券的发行价格。

2. 地方政府债券的交易

地方政府债券在全国各地的柜台交易市场上进行交易,这个市场并不是一个固定场所,它由参加交易的数百家地方政府债券交易商的电话委托系统组成。当地方政府债券的发行规模很小时,主要由地方的经纪商、地方银行和一些较大的华尔街交易商参加交易;当发行规模很大时,主要由大的经纪商、大的银行参加交易。这里所谓的经纪商是指一些专门从事证券交易的公司,它们既可以作为客户的经纪人代理客户的证券买卖,又可以作为交易商从事证券买卖的自营。

地方政府债券的投资者有:家庭、商业银行、财产与灾害保险公司。

在地方政府债券的二级市场交易中,一个主要的问题就是地方政府债券的保险问题。地方政府债券的保险是指保险公司根据合同承诺,在规定的到期日向债券持有者支付发行者未支付的一切债券本金或利息。地方政府债券的保险始于20世纪70年代,当时AMBAC保险公司和地方政府债券投资者保险公司(MBIA)开始发行带保险单的地方政府债券,但到20世纪80年代中期,地方政府债券的保险才开始变得重要起来。

地方政府债券的投保方式主要有以下3种。

第一种也是最主要的方式是在债券承销时投保,并作为已投保债券出售。债券保险合同印在债券证书上,由统一证券识别程序委员会(CUSIP)标明债券已经获得保险。大多数投保债券按此种方式投保。

第二种方式是在债券发行后投保,这被称为二级市场保险。地方政府债券交易商先买进大批未投保的债券,然后再向一家债券保险公司购买这些债券的保险。在债券保险业务中,此种方式所占比重较小。

第三种方式是购买地方政府债券的投资基金负责为债券投保,基金逐月向保险公司支付保费。当债券被出售、赎回或者到期时,保费就不再支付,债券保险也相应终止。也就是说,通过这种方式,只有基金投资组合中的地方政府债券才能获得保险。

【专栏2-2】

2014—2019年我国地方政府债券发行概况(表2-1)

表2-1 我国地方政府债券发行概况(2014—2019年)　　　　　单位:支、亿元

项目	2014年	2015年	2016年	2017年	2018年	2019年
发行支数	30	1 035	1 159	1 134	930	1 093
发行金额	1 092.00	38 350.62	60 458.40	43 580.94	41 651.68	43 624.27
其中:一般债券	—	28 606.92	35 339.84	23 619.35	22 192.19	17 742.02

续表

项目		2014 年	2015 年	2016 年	2017 年	2018 年	2019 年
专项债券		—	9 743.70	25 118.56	19 961.59	19 459.49	25 882.25
其中：新增债券		—	6 365.45	12 624.60	15 898.00	21 704.54	30 560.75
置换债券			31 985.17	47 833.80	27 682.94	13 130.35	1 579.23
再融资债券			—	—	—	6 816.79	11 484.29
其中：公募发行		1 092.00	30 428.84	44 957.56	32 725.02	37 510.47	43 624.27
定向发行		0.00	7 921.78	15 500.84	10 855.92	4 141.20	0.00
其中：3 年期			6 532.37	11 291.83	7 988.57	6 346.37	2 058.94
5 年期		436.80	12 061.55	19 222.98	14 764.57	17 931.46	13 787.86
7 年期		327.60	10 553.44	16 753.74	11 939.72	9 447.95	7 178.71
10 年期		327.60	9 191.02	13 189.85	8 788.08	6 913.68	12 324.60
30 年期		—	—	—	—	20.00	4 500.50

（资料来源：联合资信根据 Wind 资讯整理）

【专栏 2-3】

项目收益与融资自求平衡专项债券

2017 年 6 月，财政部、国土资源部印发《地方政府土地储备专项债券管理办法（试行）》，推出全国第一个地方政府项目收益专项债券，接着《地方政府收费公路专项债券管理办法（试行）》《试点发行地方政府棚户区改造专项债券管理办法》相继推出。2017 年 8 月，财政部印发《关于试点发展项目收益与融资自求平衡的地方政府专项债券品种的通知》，为此后财政部推出更多种类的项目收益专项债券打开了口子。2017 年 12 月 11 日，全国第一单地方政府项目收益专项债券——深圳市（本级）轨道交通专项债（一期）发行。截至 2019 年 8 月末，存量项目收益专项债券共 1 178 只，规模 3.14 万亿元，项目类型包括土地储备、棚户区改造、收费公路等 14 类，以土地储备和棚户区改造项目为主。

2019 年 9 月 4 日，国务院常务会议提出扩大地方政府专项债券使用范围，重点用于铁路、轨道交通、城市停车场等交通基础设施，城乡电网、天然气管网和储气设施等能源项目，农林水利、城镇污水垃圾处理等生态环保项目，职业教育和托幼、医疗、养老等民生服务，冷链物流设施、水电气热等市政和产业园区基础设施，还要求地方政府专项债券资金不得用于土地储备和房地产相关领域、置换债务以及可完全商业化运作的产业项目。

项目收益专项债券是最具创新活力的地方债品种，通过调节债券资金投向，可以引导资金向基建领域和民生短板倾斜，目前已成为稳定基建投资和补齐短板、发挥基建托底经济增长的重要着力点。此外其推出的意义还在于：其一，作为地方政府专项债的一种，其发行丰富了地方债的品种类型，给予投资者更多选择，有利于吸引社会投资者；其二，项目收益专项债券按照地方政府性基金收入项目分类发行，与项目资产、收益相对应，进一步为地方政府规范举债开好"前门"，引导地方政府规范融资。

（资料来源：高慧珂：《近几年地方政府债券市场创新发展梳理及展望》，
http://bond.hexun.com/2020-06-19/201576401.html，2021-02-25）

2.3 公司债券

公司债券在固定收益证券中占有很重要的地位，它是固定收益证券中最为常见、市场份额最大，也是收益和风险最高的一种债券。在一个成熟的资本市场里，公司债券的规模要远远大于股票市场的规模。

公司在生产经营过程中，可能会由于种种原因需要使用大量资金，如扩大业务规模、筹建新项目、兼并收购其他公司以及弥补亏损等。在公司自有资金不能完全满足其资金需求时，便需要向外部筹资。通常，公司对外筹资的渠道有3种，即发行股票、发行债券和向银行等金融机构借款。

发行股票这种融资方式具有一些优点：股票通常是溢价发行，因而股票筹资的实际成本较低；公司可以自主制定红利政策，没有固定的利息负担；筹集的资金没有使用期限，从而没有偿还本金的压力。但是发行股票也有其不利的一面：发行手续复杂，前期准备时间较长；要定期公布公司财务状况，有可能泄露公司的一些商业机密；增发股票还将导致股权稀释，影响到现有股东的利益和对公司的控制权。

向银行等金融机构借款通常较为方便，能较快满足公司的资金需求，但信贷的期限一般较短，资金的使用范围往往受到严格的限制，有时信贷还附有一定的附加条件。而且公司经营情况不佳时，银行往往不愿意提供贷款。

相对而言，发行债券所筹集的资金期限较长，资金使用自由，而且购买债券的投资者无权干涉公司的经营决策，现有股东对公司事务的决定权不变。因此，发行债券是许多公司乐于选择的一种筹资方式。另外，根据公司财务理论，在保证公司总体财务风险得到控制的前提下，只要债权融资的资金收益率高于其利息率，公司就应该尽可能地借入资金。

2.3.1 公司债券的定义和分类

定义 2.7 公司债券是公司依照法定程序发行、约定在一定期限内还本付息的有价证券。

公司债券是公司发行的一种债务契约，发行债券的公司承诺在未来的特定日期，偿还本金并按事先规定的利率支付利息。其具体形式是多种多样的。对于企业而言，发行公司债券可以享受税盾的好处，充分发挥财务杠杆的作用，并且使得企业的资本结构达到最优。

如图 2-2 所示，公司债券可按不同的标准进行分类。

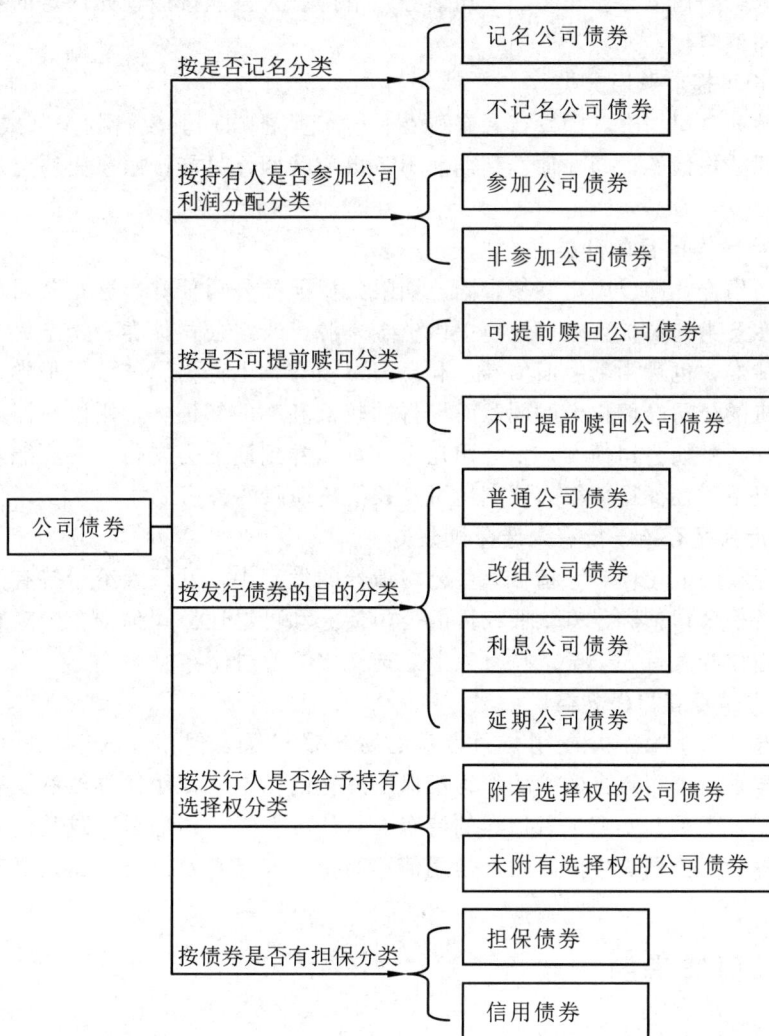

图 2-2 公司债券的分类

1. 按是否记名分类

记名公司债券，即在券面上登记持有人姓名，本息要凭持有人的印鉴领取，转让时必须背书并到债券发行公司登记的债券。不记名公司债券，即券面上不需要载明持有人姓名，还本付息及流通转让仅以债券为凭证，不需要登记的债券。

2. 按持有人是否参加公司利润分配分类

参加公司债券，指除了可按照预先约定获得利息收入外，还可以在一定程度上参加公司利润分配的公司债券。非参加公司债券，指持有人只能按照预先约定的利率获得利息收入的公司债券。

3. 按是否可提前赎回分类

可提前赎回公司债券，即发行者有权在债券到期前购回其发行的全部或部分债券。不可提前赎回公司债券，即在债券到期前不可提前赎回，只能按照事先约定进行还本付息的债券。

4. 按发行债券的目的分类

普通公司债券，即以固定利率、固定期限为特征的公司债券。这是公司债券的主要形式，目的在于为公司扩大生产规模提供资金来源。改组公司债券，这是为清理公司债务而发行的债券，也称为新换旧债券。利息公司债券，也称为调整公司债券，是指面临债务信用危机的公司经债权人的同意而发行的较低利率的新债券，用以换回原来发行的较高利率债券。延期公司债券，指公司在已发行债券到期无力支付，又不能发新债券还旧债券的情况下，在征得债权人同意后可延长偿还期限的公司债券。

5. 按发行人是否给予持有人选择权分类

附有选择权的公司债券，指在一些公司债券的发行中，发行人给予持有人一定的选择权，如可转换公司债券、有认股权证的公司债券和可退还公司债券。未附有选择权的公司债券，指债券发行人未给予持有人上述选择权的公司债券。

6. 按债券是否有担保分类

担保债券，指由第三方或用公司自身的财产来担保公司债券的还本付息。信用债券，指以债券发行公司自身的信用作为担保所发行的债券。信用债券虽然没有具体的财产作为担保品，但是并不意味着债券的持有人对债券发行公司的财产或其他收入没有求偿权。当债券发行公司破产的时候，信用债券的持有人享有对该公司剩余资产的普通求偿权。

2.3.2 公司债券的特点

1. 期限结构

公司债券的期限结构具有简单明了的特点。大多数公司债券是定期债券(Term Bonds)，由发行债券的公司制定日期支付利息，并在期满时偿还本金。公司债券的到期期限一般较长，其中到期期限为10年以下的被称为中期债券(Notes)，到期期限为10年以上的被称为长期债券(Bonds)。

2. 利率

大多数公司债券采用固定利率的形式，这样公司可以清楚地知道自己每年所负担的利息，使得公司能够有效地使自身的现金流同利息支出相匹配，从而控制财务风险。

3. 债券契约

长期公司债券在发行时一般都附有契约，它实际上是债券发行人和投资者之间的合同，一般包含以下条款。

①详细说明债券的性质。

②指定本金和利息的偿付方式。

③列明对债券发行者的所有限制，发行债券的公司必须满足这些限制条件。如果债券发行公司不能按时偿付本金，或者违反债券契约上的任何限制条款，那么它就违约了。违约情况一旦发生，所有本金立即到期。

4. 偿债基金

公司债券的持有者通常会要求公司债券的发行者每年赎回一定比例的债券，这被称为偿债基金要求(Sinking Fund Requirement)。发行债券的公司每年要拿出一定数目的资金用于清偿债务，专款专用，这笔专款就被称为偿债基金。实际上，发行债券的公司还可以通过其他方式来达到偿债基金的要求：其一，到债券市场逐步买回自己所发行的债券；其二，如果债券是可回购的，公司还可以每年回购部分债券。具体采用哪种方式，要视当时的市场情况而定。如果市场利率高于债券的利率，那么债券的市场价格就会降低，这时公司采取直接从债券流通市场上购回自己所发行债券的方式比较有利；如果市场利率低于债券的利率，那么债券的市场价格就会上升，这时公司采取回购的方式比较有利。

这类债务支付的条款可以被设计成在到期日时全部债券被赎回，也可以被设计成在到期日时只有部分债券被赎回，如果是第二种情况，那么未被赎回的债券就叫气球型期限债券。

发行者可以通过以下两种方式来执行偿债基金条款：①将与要赎回的债券面值相等的现金支付给托管人，然后托管人用抽签的方式赎回债券。②将与要赎回的债券面值相等的、在公开市场中购买的债券交付给托管人。如果采取了第一种方式，那么从赎回日起就停止支付利息。

一般情况下，偿债基金条款中要求每期支付的数额是相等的。不同的债券可以选择不同的支付周期，并根据合约的规定来改变支付方式。许多债券合约中规定债券发行者有权赎回超过偿债基金要求金额的部分。

通常，如果债券是按照面值发行的，偿债基金的赎回价格就是债券面值；如果债券是溢价发行的，偿债基金的赎回价格在最开始的时候是债券发行价格，往后越靠近到期日，其价格就慢慢向债券面值接近。

5. 受托人

大公司发行的长期债券持有人一般比较分散，因此美国的法案规定必须有一个受托人代表所有的同一公司债券持有者处理相关事务。担任受托人的一般是商业银行或信托公司，他们代表债券持有者的利益，负责监督发行债券的公司遵守契约上的各项条款。受托人的有关费用由发行债券的公司支付。

2.3.3 公司债券的创新

各国在实践中曾创造出许多种类的公司债券，这里选择若干品种进行介绍。

1. 信用公司债券

信用公司债券是一种不以公司任何资产作担保而发行的债券，属于不担保证券范畴。一般来说，政府债券无须担保，因为政府掌握国家资源，可以征税，所以政府债券的安全性最高。金融债券大多数也可以免除担保，因为金融机构作为信用机构，本身就具有较高的信用。公司债券不同，一般公司的信用状况要比政府和金融机构差，所以大多数公司发行债券被要求提供某种形式的担保。但少数大公司经营良好、信誉卓越，也可以发行信用公司债券。信用公司债券的发行人实际上是将公司信誉作为担保。

无担保债券虽然没有特定的资产作为抵押，但并不代表债券持有者对发行者的财产或收益没有求偿权，他们对发行者所有资产有索赔权。在大多数高级无担保债券和少数附属债券的发行中可以看到消极担保条款，它是对无担保债券持有者的一个重要的保护条款，它禁止公司在没有对自己持有的债券提供留置权的情况下，对其他债券提供留置权来担保债券的发行。为了保护投资者的利益，也可要求信用公司债券附有某些限制性条款，如公司债券不得随意增加、债券未清偿之前股东的分红要有限制等。

2. 不动产抵押公司债券

不动产抵押公司债券是以公司的不动产（如房屋、土地等）作为抵押而发行的债券，是抵押证券的一种。公司以这种财产的房契或地契作抵押，如果发生了公司不能偿还债务的情况，抵押的财产将被出售，所得款项用来偿还债务。另外，用作抵押的财产价值不一定与发生的债务额相等，当某抵押品价值很大时，可以分若干次抵押，这样就有第一抵押债券、第二抵押债券等之分。在处理抵押品偿债时，要按顺序依次偿还优先一级的抵押债券。

3. 抵押信托公司债券

抵押信托公司债券是指赋予持有者对于股票、票据、债券和其他金融资产的留置权。抵押的资产定期由受托人进行价值核对，确保抵押资产的市场价值足够偿还全部债券和利息金额。如果其市场价值不足以偿还，发行者需要在一定时间内使抵押品价值上升到要求的额度，否则受托人将拍卖抵押品并赎回债券。

4. 保证公司债券

保证公司债券是公司发行的由第三方作为还本付息的担保人的债券，是担保债券的一种。担保人是发行人以外的其他人，如政府、信誉好的银行或举债公司的母公司等。

一般来说，投资者比较愿意购买保证公司债券，因为一旦公司到期不能偿还债务，担保人将负清偿责任。一般在子公司发行债券并且投资者需要第三方来加强担保时应用保证公司债券。

另一种保证公司债券形式是银行发行的信用证。信用证要求银行在被要求支付的时候能够给予支付，发行者要有足够的现金满足到期时本息的支付，此时，银行信用是债券发行者信用的替代。某些保险公司也可以为公司债券发行者提供信用担保。

【专栏 2-4】

绿色债券

2015 年 12 月 22 日，中国人民银行发布公告称，在银行间债券市场推出绿色金融债券，加快绿色金融体系建设。这标志着绿色债券在我国的发展迈出了重要一步。所谓绿色债券，是指任何将所得资金专门用于资助符合规定条件的绿色项目或为这些项目进行再融资的债券工具。相比于普通债券，绿色债券并无结构或设计上的本质差异，主要区别在于其所募资金必须投向绿色项目，并具有相应的资金用途监管和信息披露方面的要求。

绿色债券为那些致力于改善环境的项目提供了一种新型的规模较大且成本较低的融资渠道。当下，缓解全球变暖、建立低碳和可持续的发展模式已经成为全球高度关注的议题。2015 年 11 月巴黎气候大会的召开和《巴黎协定》的签署，正是世界各国为此所做的共同努力。根据估计，为了实现从高碳经济向低碳经济的转型，全球每年环保项目的融资需求超过 3 万亿美元，而目前只有一小部分得到了满足，仍存在着巨大的资金缺口，绿色债券等绿色融资工具未来的发展空间非常广阔。

5. 收益公司债券

收益公司债券是一种具有特殊性质的债券。一方面，它与一般债券相似，有固定的期限，清偿时债权排列顺序先于股票；另一方面，它又与一般债券不同，其利息只在公司有盈利的时候才支付，即发行公司的利息扣除各项固定支出后的余额用作债券利息的来源。如果余额不足支付，未来利息可以累加，待公司收益增加后再补发。所有应付利息付清后，公司才可对股东分红。

6. 可赎回公司债券

定义 2.8 可赎回债券是一种赋予发行人在特定的时间按照某个价格强制从债券持有人手中赎回债券的权利的债券。

可赎回债券(Callable Bond)的发行人有权在特定的时间按照某个价格强制从债券持有人手中赎回该债券。该债券可被认为是债券与看涨期权的结合。

在市场利率跌至比可赎回债券的票面利率低得多的时候，债务人如果认为将债券赎回并且按照较低的利率重新发行债券，比按现有的债券票面利率继续支付利息要合算，就会将其赎回。并按照较低的息票利率再发行债券。

可赎回条款通常在债券发行几年之后才开始生效。赎回价格一开始可能高于债券面值，随着时间推移，逐渐与债券面值相等。但也可以一开始就与面值相等。

从投资者的角度来看，这种赎回条款有3个弊端：①可赎回债券的现金流模式不确定，因为不知道债券何时被赎回。②因为发行者倾向于在利率下降到低于债券息票利率的时候赎回债券，所以投资者暴露于再投资风险中。③债券价格的上升空间相对于其他无期权债券要小。

7. 可转换公司债券

定义 2.9　可转换债券是一种持有者可以在发债后的一段时间内将持有的债券转换成一定数量的普通股的债券。

可转换债券(Convertible Bond)作为一种兼具股票和债券的投资特性的金融工具，在由金融创新所产生的工具中十分具有代表性。可转换债券属于公司债的范畴，持有者在发债后的一段时间内有权将持有的债券转换成一定数量的普通股。换言之，可转换债券的投资者可选择持有债券至到期日，要求公司还本付息；也可以选择在约定时间内将其转换成股票，享受股利分配和资本增值。可转换债券的这种特性使得债券持有者能从发行者的普通股股票价格变动中获取收益。

对于发行者的资产负债表而言，可转换债券介于长期负债和股东权益之间，实际上属于或有负债。可转换债券是一种信用等级较低的债券，这意味着在公司破产时，其对资产的索赔权一般后于其他债券，仅优先于股票。可转换债券的期限一般为 7～30 年，利率一般低于相应的非可转换债券。

当可转换债券的标的股票价格远高于转换价格时，可转换债券价格的变动基本上等同于标的股票价格的变动；当标的股票的价格远低于转换价格时，可转换债券的价格基本上等同于普通债券的价格，此时利率的变动决定可转换债券价格的变动；当标的股票的价格在转换价格附近变动时，可转换债券中暗含的转股期权的价值最大，可转换债券价格超出普通债券的价格部分即为期权价格。

对于发行公司来说，可转换债券主要有以下好处：第一，可以降低利息成本。由于可转换债券为投资者提供了分享未来股票价格增长收益的机会，因此可转换债券的利率较低，而且其发行限制也较少。第二，较高的发行价格。一般来说，转股价格要高于当前股票水平。就同等规模的股本扩张来说，发行可转换债券比直接发行股票所得到的资金要多。第三，减少股本扩张对公司权益的稀释程度。大量发行股票会直接稀释公司的每股业绩，可能会导致二级市场股价的大幅度下跌，损坏原有股东的利益。可转换债券的逐步转股可以减缓对现有股票的稀释，避免股票市价的波动。第四，当可转换债券转换成普通股之后，债券变股权，降低了公司的债务比例，减少了公司税后现金的流出量，改善了公司的财务状况，同时增强了公司的再融资能力。

对于投资者来说，购买可转换债券有以下好处：第一，相对于普通股而言，可转换债券的收益更有保障。因为债券的利息支付固定且一般高于红利，而且破产清算时，可转换债券具有一定的优先权。第二，兼顾安全性和成长性。在股价上升的时候，可转换债券的市场价格也在增长，不需要转股也能通过卖出债券获益；在股价下跌的时候，可转换债券只会下跌到具有相应利息的普通债券的价格水平。因此可转换债券在与普通股同样享有企业业绩增长的收益的同时，提供了在经济形势不好时的抗跌保护。第三，可以作为收购兼并的筹码。可转换债券为持有者提供了间接购买股票的手段，并且这种加大企业控制权的手段较为隐蔽。通过购买可转换债券获得公司控制权的成本也低于公开收购。

8. 附认股权证的公司债券

定义 2.10 附认股权证的公司债券是公司发行的一种附有认购该公司股票权利的债券。

附认股权证的公司债券的购买者可以按预先规定的条件在公司发行股票时有优先购买权。预先规定的条件主要是指股票的购买价格、认购比例和认购期间。按照附新股认股权和债券本身是否分开来划分，这种债券有两种类型：一种是可分离型，即债券与认股权可以分离，可以独立转让，即可分离交易的附认股权证公司债券；另一种是非分离型，即不能把认股权从债券上分离，认股权不能成为独立买卖的对象。按照行使认股权的方式，可以分为现金汇入型和抵缴型。现金汇入型是指当持有人行使认股权时，必须再拿出现金来认购股票。抵缴型是指公司债券票面金额本身可按一定比例直接转股。

9. 中期票据

中期票据是指具有法人资格的非金融企业在银行间债券市场按照计划分期发行的，约定在一定期限还本付息的债务融资工具。相对于企业债券和公司债券，中期票据的发行条件相对宽松：一是按照交易商协会要求申请入会；二是发行人对选用的债务融资工具及额度在交易商协会进行注册，由交易商协会注册会议决定是否接受发行注册；三是累计债券余额不超过净资产的40%。

相对于企业债券和公司债券，中期票据具有以下优势：一是中期票据发行完全靠信用支持，提供评级公司对企业和本期债券出具的信用评级报告即可，无须担保；二是中期票据发行速度快、流程短，减少了审批环节和等待时间；三是中期票据的发行成本，相比同期银行贷款利率要下浮20%左右；四是有利于企业利用募集资金改善公司资金来源结构。

10. 超短期融资券

超短期融资券(Super&Short-term Commercial Paper，SCP)是指具有法人资格、信用评级较高的非金融企业在银行间债券市场发行的，期限在270天以内的短期融资券。超短期融资券有如下特征：

第一，发行准入条件高。超短期融资券只有信用等级较高的大型企业才能发行。例如，首批发行超短期融资券的五大企业或机构——铁道部(现为中国铁路总公司)、中国天然气集团、中国石油化工股份有限公司、中国联通运营公司、国家电网的信用等级均达到AAA级标准。这五大企业或机构由于信用等级较高、违约风险较小，未经担保也能发行。之后再发行的其他企业，例如江西高速集团，虽然信用等级略低于这些公司，但经过了双评级增信，违约风险也比较低。从发行准入条件可以看出，超短期融资券具有较高的发行准入要求，一般的信用较低的企业无法进入发行市场，因此使得发行的程序可以简化，从而加快发行的速度并提高发行的效率。

第二，发行程序简单。超短期融资券一次注册，2年内可以自主选择分期、分次发行。相比于短期融资券，超短期融资券的发行公告只需比发行日提前1天即可，发行后2日内向交易商协会报告。而短期融资券需2~3个月的注册期，并提前5天发布发行的相关文件。超短期融资券资金获取十分迅速，最快当日发行当日资金即可到账，因此融资非常迅速。企业可以依赖外部市场的资金实现内部现金流管理，从而保证现金流波动的平稳性。从超短期融资券的发行程序可以看出，相比于一般的债券发行需要披露的公告，超短期融资券比短期融资券的发行注册所需提前时间少了80%，这些都得益于程序的简化，而程序的简化主要在于条款的设计。超短期融资券正是因为发行准入的条件较高，才能简化发行的程序。

第三，条款设计灵活。由于超短期融资券在银行间市场发行，因此发行企业可以直接询问机构投资者，根据机构投资者的需要及企业自身需求和能力自行设计超短期融资券的结构、期限和利率。超短期融资券的期限、利率、效率等都优于其他的债券，很多条款的设计，例如发行价格与利率、资金用途、发行金额都具有较高的自由性，这种条款的设计要求企业具有较高的发行债券的水平，因此准入的条件较高。

2.4 资产支持债券

定义 2.11 资产支持债券是以某种资产组合为基础发行的债券。

资产支持债券从20世纪80年代出现以来，发展十分迅速。资产支持证券是资产证券化的产物，所以资产证券化的进程其实就代表了资产支持证券的发展历程。资产证券化的发展经历了两个阶段：首先是银行信贷资产证券化；其次是其他公司应收账款证券化。资产证券化在出现后发展迅速，它之所以有如此迅猛的发展，有三方面的原因：第一，证券化提高了发起人的资本收益率；第二，证券化有助于发起人进行资产负债管理；第三，资产证券化为发行者提供了一种新的融资方式。

资产证券化的经济意义可以从宏观、微观两个层面来分析。资产证券化的宏观影响有：①资产证券化促进了金融机构职能的细分，有助于实现规模经济。②资产证券化改善了信息不对称程度，降低了交易成本。③资产证券化提高了金融体系的运作效率。④资产证券化重构了金融服务体系。资产证券化的微观影响有：①资产证券化改善了发行人的资本结构。②资产证券化可以改善银行的期限管理。③资产证券化提高了资产的流动性，降低了资产的风险。④资产证券化提供了新的融资渠道。

2.4.1 适合证券化的资产和品种

进行资产证券化的资产应具备以下特征：①资产在未来可以产生确定的现金流。②基础资产必须具有标准化、高质量的合同条款。③基础资产必须具有相似的到期日期限结构。④基础资产的抵押物有较高的变现价值。⑤基础资产的持有者必须有良好的信用记录，具有相对稳定的坏账统计记录，可以预测未来类似损失的发生概率。

在资产支持债券中，作为支持资产的主要有以下几种：汽车贷款和租赁、消费贷款、商业资产(如飞机、设备租赁、贸易应收账款等)、信用卡、房屋净值贷款、房屋建筑贷款。资产支持债券一般以贷款或应收账款组成的资产池(即资产组合)作为支持。

现在美国市场上主要的证券化基础资产品种一共有四大类：①消费信贷，包括居民住宅抵押贷款、汽车销售贷款、信用卡应收款及各种个人消费信贷。②商业抵押贷款，包括商业房地产抵押贷款、贸易应收款、各类工商企业贷款。③租赁应收款，包括计算机租赁、办公设备租赁、汽车租赁、飞机租赁。④其他未来有稳定现金流的资产，包括人寿保单、公用事业费收入、航空公司机票收入、公园门票收入、俱乐部会费收入及债券收入等。

2.4.2 几种常见的资产支持债券

1. 信用卡资产支持债券

信用卡资产支持债券由信用卡和应收款支持，由银行、零售商、旅行和娱乐公司发起。1996年，美国信用卡资产支持债券发行前三位的是MBNA美国、大通曼哈顿及Discover信用卡。

信用卡资产支持债券向其持有人定期支付利息，在规定的期限，如"锁定期限"或"循环期限"内，信用卡借款人的本金支付通过受托人而保留和重新投资在其他应收款上。锁定期限的变动有18个月至10年。锁定期限结束后，本金不再重新投资，只是支付给投资者,这一时期被称为"本金分期偿还期"。信用卡应收款资产支持债券有3种不同的分期偿还结构:过手支付结构、控制性分期偿还结构和一次性支付结构。

在过手支付结构中,信用卡应收款的本金现金流向债券持有人的支付按比例进行。在控制性分期偿还结构中,要建立计划本金偿还数额。计划本金偿还数额很低,这样即使在出现某些压力的情况时,契约也能得到满足,投资者被支付较少的计划本金数额或按比例的数额。在一次性支付结构中,投资者在一次性分配中得到全部数额。由于一次性支付全部的数量没有保证,委托人按月累计分配本金,以产生足够的利息进行定期利息支付,并积累本金进行偿还。

信用卡应收款资产支持证券的条款要求如果某些事件发生,本金要提前分期偿还。这种条款被称为"提前分期偿还"或者"快速分期偿还",作为发行信用质量的安全保证。现金流可以改变的唯一途径是通过提前分期偿还条款的使用。

如果信托人不能产生足够的收入以抵补投资者息票和服务费,提前分期偿还仍将被启动。能够引发提前分期偿还的事件还有违约、信用卡资金下降到低于规定数额,或发行人破坏了关于组合和服务的协议。

2. 住宅产权贷款支持债券

住宅产权贷款支持债券(Home Equity Loan Asset Backed Security,HELS)由住宅产权贷款支持。住宅产权贷款(Home Equity Loan,HEL)是由居民财产(类似于住房公积金)支持的贷款。该种贷款在资产方面一般具有第二处置权。近年来,一些贷款在经过请求后具有了第一处置权,这些具有第一处置权的 HEL 或者具有相似信用质量的贷款就可以用于支持 HELS 的发行。借款人的信用质量可以用 A、B、C、D 四个级别来评定。

住宅产权贷款既可以是封闭式的,也可以是开放式的。封闭式 HEL 的构成与住宅抵押贷款是相同的形式,固定利率、完全的分期偿还,即它具有固定到期日、固定利率,支付的构成是在到期日前完全分期偿清贷款。封闭式 HELS 的现金流包括利息、计划本金偿还、预先支付,与资产支持证券相似。

开放式 HEL,指给定房屋所有人信贷额度,能够签发支票或使用信用卡以达到额度数。信贷额度数量取决于借款人在其财产中的产权数,房屋业主能够在循环期限内根据额度借入资金。在贷款期限末,房屋业主可以通过一次性支付来偿清所借数额,或分期偿还尚未偿还的余额。

3. 汽车贷款支持债券

汽车贷款支持债券的发行者主要有:汽车制造商的金融分支机构、商业银行、独立的财务公司和较小的专门从事汽车贷款的金融机构。汽车贷款支持债券是以汽车购买合同和汽车租赁组合为担保的。

汽车贷款支持债券的借款人一般会按计划进行贷款的每月支付(包括利息和计划本金偿还额),也可能提前偿还。汽车贷款的提前支付可能有很多原因:①销售和用作折价的旧物品要求完全清偿贷款。②拥有新的汽车，继而出售旧汽车。③汽车损失或被破坏。④用现金支付贷款以节省利息成本。⑤较低利率成本下的贷款重新融资。

但在实际生活中，汽车贷款提前还贷的风险较小。尽管重新融资可能是抵押贷款提前偿还的主要原因，但它们对汽车贷款是无关紧要的。这是因为许多汽车贷款的利率可能远低于市场利率，这种低利率是厂商促销的一部分。另外，汽车贷款的坏账比例也较低。因而，汽车贷款支持债券的现金流尽管也有提前偿还，但没有很大的不确定性。汽车贷款在美国具有普及率高、贷款规模大、收入流稳定的特点，使之成为资产证券化的最佳选择。以此发行的资产支持证券的期限多为1～3年，发行商按月支付给投资者的本息收入，构成汽车贷款支持债券的支出流。而收入流和支出流的相互匹配，使汽车贷款支持债券成为深受投资者欢迎的金融工具。

4. 其他资产支持证券

资产支持证券产品分级。通常分为优先级证券和次级收益证券两大类。资产可分配现金流优先偿还优先级证券本息，在清偿优先级证券本息后再向次级收益证券持有者分配剩余收益。次级收益证券一般由基础资产原始权益人持有，或者部分单独出售给偏好高风险高收益的投资者。优先级证券按照偿还顺序可以分为优先A级、优先B级等，不同优先级别的证券信用评级和收益率有所差异。

信托受益权。信托受益权是指合同中投资者获取信托财产管理或处理的收益权利，也包括信托合同结束时，合同中规定的关系人可享受信托财产本身利益的权利。

信托公司通道业务是由信托公司发放，银行发起的信托贷款。银行向信托公司引荐客户，信托公司向投资者发行信托产品，信托公司将所筹资金借给借款人，银行负责产品的销售和托管以及贷后管理，因此银行承担了隐形的担保责任和信用风险，并收取大部分手续费收入，信托公司分得少部分手续费作为通道费用。

银行信托受益权投资。银行可以通过应收账款投资用自营资金间接持有信托产品，通过购买其他银行发行的理财产品，进行信托受益权投资。收益率一般高于其债权投资组合。银行可以通过同业贷款向另一家银行的通道信托提供融资，以信托受益权作为基础资产计入买入返售资产，但在同业监管严格的环境下，同业投资信托非标资产监管收紧，到期不能续作，非标投资面临入表压力。

两融收益权转让金融工具。两融收益权转让是券商将融资融券余额的收益权做成资产包，然后在资产管理部成立一个定向资产管理计划，指定投资该资产包。而合作商业银行以协商好的价格提供资金购买资产包。其实质是为券商定向资管计划提供通道，商业银行以资产收益权作抵押，向券商发放贷款。两融债权资管产品的年化收益率为6%～7%。而相应地券商则以8.35%～9.6%的年化融资利率融出给客户，从中可赚取利差2%～3%。

券商资管结构化产品。券商资管业务将产品设计成保本结构化产品,券商资管认购约 10％的劣后份额,承担保证优先级本金有限责任,银行理财部分作为优先级,产品投向券商资管的质押回购池和现金管理类资产,收益率为 5％～6％。

2.4.3　抵押贷款支持债券

所谓抵押贷款,是以不动产作为抵押所取得的贷款。抵押贷款的借款人必须执行确定的还款计划,如果借款人违约的话,那么贷款人可以取消借款人的抵押品的赎回权。也就是说,当借款人无法履行还款计划的时候,贷款人可以通过处置抵押物来收回债权。可以作为抵押品的资产分为住宅资产和非住宅资产:住宅资产一般指房产;非住宅资产则包括商业性资产和农场资产。

抵押贷款确定了贷款的利率、支付频率和到期时间。根据抵押贷款的这 3 个因素的不同,可有不同类型的抵押贷款。一般最为常见的抵押贷款为等额定息贷款,这种贷款有 3 个特征:还款期限固定、利率固定和每月贷款偿还金额在整个期限中固定不变。

抵押贷款和可赎回债券具有共同之处:其现金流具有不确定性。对于可赎回债券来讲,债券持有者给予发行人以赎回的权利;对于抵押贷款来讲,贷款人给予借款人在到期日之前偿还部分或者全部贷款的权利。

抵押支持债券(Mortgage-Backed Security,MBS)是以抵押资产打包成资产池,作为债券发行的抵押品的一种资产支持债券。它包括抵押过手债券、剥离式抵押支持债券和担保抵押债券 3 种。后两者被认为是衍生的抵押支持债券,因为它们是从抵押过手债券中创造出来的。

抵押支持债券是不动产抵押贷款的衍生产品。它的出现是为了解决不动产抵押贷款流动性差和金融机构资产短期性的矛盾。抵押支持债券的发行者将不动产抵押贷款按照其自身的特点集中起来,设立集合基金,并以此为基础发行债券。抵押支持债券的出现,大大促进了住宅金融市场的发展。抵押支持债券的运作流程如图 2-3 所示。

抵押支持债券的发行商从金融机构手中买入不动产抵押贷款,将其组合成资产池,并且按照不动产抵押贷款自身特点的不同,如利率、期限、担保情况、相对于借款者收入而言的还款比率以及相对于不动产价值而言的抵押比率,形成不同的抵押贷款集合基金。由于每个基金中所有抵押贷款的特性都一样,所以集合基金有着与基金内抵押贷款特性相同的现金流,这成为集合基金发行债券的基础。以集合基金的现金流为资金来源,可以产生两种基本的抵押支持债券:一种是比例偿还的债券,债券投资者可以按照自己持有的债券份额收到本金和利息;另一种是逐一偿还的债券,债券投资者按照事先约定的次序获得本息。第一种类型的债券包括抵押过手债券和剥离式抵押支持债券;第二种类型的债券就是通常所说的担保抵押债券(CMO)。以下将介绍几种常见的抵押贷款支持债券。

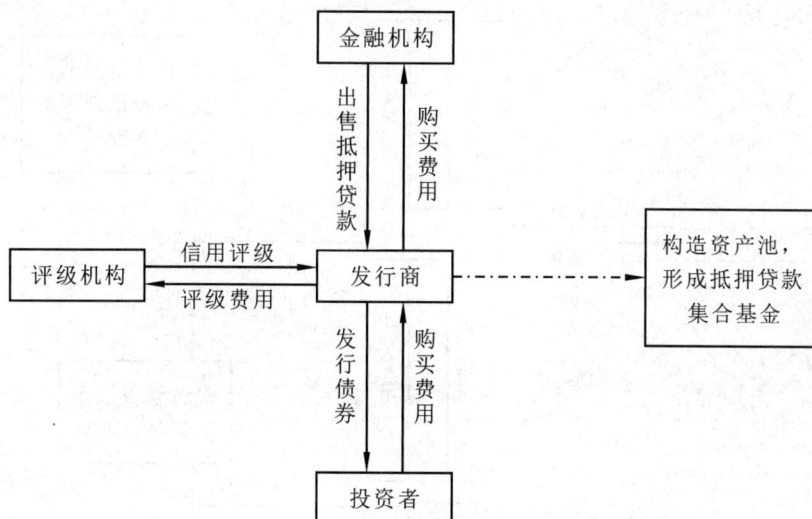

图 2-3 抵押支持债券的运作流程

1. 抵押过手债券

抵押过手债券(Mortgage Pass-Through Securities)是抵押支持债券的基本形式。债券发行商以抵押债券集合基金为基础发行债券，然后定期收取抵押贷款的本息，扣除一定的服务费用之后，将本息转交给债券的购买者。在这里抵押贷款的本息收入由抵押支持债券的发起者转交给投资者，因此称之为抵押过手债券。

抵押过手债券的资产池由许多抵押品构成。它的现金流由基础抵押品决定，这些基础抵押品包括：月度抵押支付利率、本金偿付计划以及任何形式的预付款。抵押过手债券的持有者每月可以获得一定的收益。抵押过手债券的特点是将抵押集合的产权过手给证券持有人，证券份额代表了证券持有人对抵押集合中抵押权的产权份额。在证券发行前，抵押集合的产权是属于发行商的；证券发行后，抵押集合作为一项财产，其产权由所有证券持有人共同拥有。发行商只是这项财产的经营者，负责抵押集合的管理和服务，并接受全体证券持有人的监督（通常委托一家信托机构作为监管机构，代表所有证券持有人对发行商的管理行为进行监督）。过手证券的"过手"有两层含义：一是产权过手给投资者；二是每期还本付息的资金流入抵押集合后，管理者在扣除管理服务费等规定开支后，马上又流出来过手给证券持有人。抵押过手债券的运作流程如图 2-4 所示。

抵押过手债券包括以下 3 个基本的运作环节。

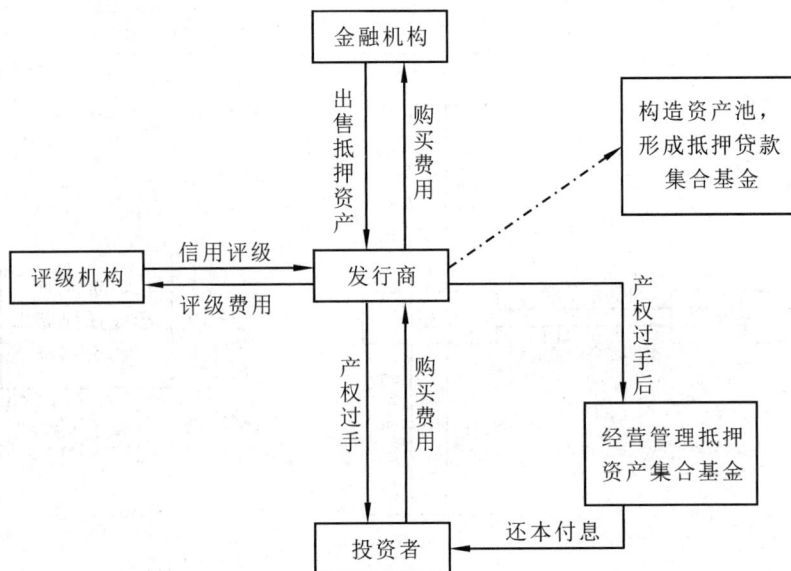

图2-4 抵押过手债券的运作流程

①债券发行商从抵押贷款发起人手中购买抵押贷款，形成抵押贷款集合基金。

②债券发行商以这些抵押贷款组合为担保，发放抵押贷款债券。

③该抵押贷款债券的发行商负责或委托其他机构收取抵押贷款的本金和利息，并在扣除服务费和担保费之后，将本息收入全部过手给抵押过手债券的投资者。

抵押过手债券的现金流大小是由作为抵押资产的贷款的现金流所决定的，贷款的现金流分为利息、本金和费用三部分，其中利息和本金的支付就是抵押过手债券的现金流。抵押过手债券的票面利率(称为过手利率)要小于贷款的票面利率。抵押过手债券的现金流发生的时间和贷款的现金流发生的时间也不一样，前者要比后者晚一些。确定抵押过手债券的现金流关键是对于提前支付的预测。目前，美国通用的预测方法是采用公共证券协会(PSA)提前支付标准。这个标准是由一系列提前支付常数组成的。

抵押过手债券的月度现金流要比抵押贷款的现金流少，少付出的那部分包括服务费用和债券的发行费用。所以抵押过手债券的票面利率要小于基础贷款池的利率。

举例来说，某投资机构购买10笔贷款组合成一个资产池，总价值为1 000 000元，然后分成40个单位(指债券的份额)，每个单位的价值为25 000元，这样每个单位的现金流就为总的现金流的2.5%，这个过程称为证券化。对于抵押贷款的证券化过程就称为过手(Pass-Through)。

抵押过手债券实际上没有改变投资者的风险状况，但是至少带来了3个好处：一是减少了对资金的限制，也就是说如果投资者想投资10笔抵押贷款，需要1 000 000元，但是购买抵押过手债券就没有资金的限制，较少的资金同样可以获得相应比例的10笔贷款的现金收入；二是由于证券化使得流动性得到提高；三是使得投资者可以一次性购买10笔贷款，减少了交易成本，提高了市场的效率。

最初的抵押过手债券是以固定利率、年金形式支付的抵押贷款集合基金为基础的，后来随着金融工程技术的深入和债券市场的发展，以可调整利率的抵押贷款、7年一次性支付抵押贷款、大额抵押贷款和多户住宅贷款组合为基础发行的抵押过手债券也逐渐被推出。

2. 剥离式抵押支持债券

剥离式抵押支持债券（Stripped Mortgage-Backed Securities）由房利美（Fannie Mae）在1986年提出，在本金和利率的分配中选择按比例分配或者非均匀分配。它是一种衍生抵押支持债券。它将抵押贷款的所有利息和所有本金的现金流分成两个等级。剥离式抵押支持债券有两种类型：合成息票过手证券（Synthetic-Coupon Pass-Throughs）和IO债券/PO债券（Interest-Only/Principal-Only Securities）。合成息票过手证券由于本金和利息的非均匀分配导致合成息票利率和抵押品的利率不同。而包含所有利息的债券称为利息（Interest-Only）债券，包含所有本金的债券称为本金债券（Principal-Only）。早在1987年，剥离式抵押支持债券发行时，利率按照一个类别来分配，而本金按照另外一个类别来分配。利息债券类别不能获得本金支付，而本金债券类别不能获得利息支付。

IO债券/PO债券具体的分离过程如图2-5所示。

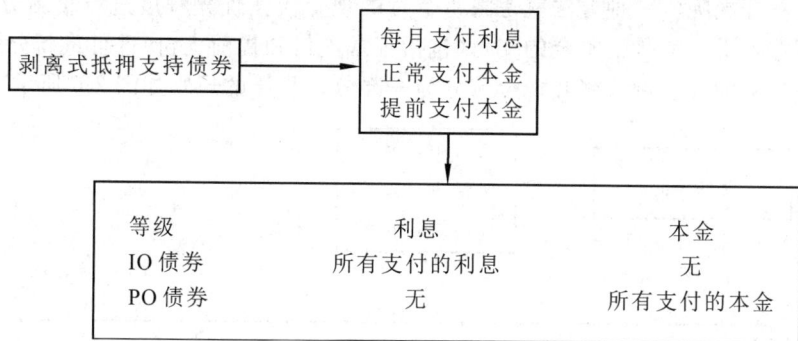

等级	利息	本金
IO债券	所有支付的利息	无
PO债券	无	所有支付的本金

图2-5 剥离式抵押支持债券分离过程

本金债券采取折价发行的方式，债券的实际收益率取决于提前偿付的速度。提前偿付的速度越快，投资者的收益率就越高。利息债券没有面值，它的收益率来源于贷款利息的支付。因此当贷款提前偿付时，利息债券所有者的收益就会减少，所以与本金债券投资者相反，利息债券投资者希望提前偿付率低一些。

抵押利率的变化对PO债券和IO债券价格的影响是不同的：当抵押利率降到息票

利率以下时，预期提前支付会加速，从而加速对 PO 债券持有者的支付，这样 PO 债券的现金流会变得有利；另外，由于市场上的抵押利率下降，要以较低的利率贴现现金流量，PO 债券的价格会上升。反之，当抵押利率高于息票利率，预期提前偿付放慢，现金流量恶化，与较高的贴现率相伴，会导致 PO 债券价格下降。而对于 IO 债券，如果抵押利率降到息票利率以下，预期提前偿付会加速，导致 IO 债券预期现金流量的恶化，尽管贴现率同时也低了，但是最后结果通常是 IO 债券价格的降低。如果抵押利率高于息票利率，预期现金流量会增长，以较高的贴现率贴现，这样在抵押利率高于息票利率一定的范围内，IO 债券的价格会增加，但超出一定的范围则会下降。

剥离式抵押支持债券可以用来对冲抵押过手债券的组合，或者是与抵押贷款相关的金融产品组合。

3. 担保抵押债券

担保抵押债券(Collateralized Mortgage Obligation，CMO)是以抵押过手债券或者不动产抵押贷款的现金流为基础发行的一系列不同期限、不同收益风险特性的抵押债券，因此又被称为多级抵押支持债券。担保抵押债券的推出是为了解决抵押支持债券由于抵押贷款预先偿付带来的风险问题。由于贷款预先偿付的不确定性，使得以往发行的抵押支持债券的预先偿付风险较为突出。虽然担保抵押债券不能降低这种风险，但它通过发行不同期限、不同收益风险特性的抵押债券，使得预先偿付风险在不同的债券投资者之间重新分配。

投资于抵押过手债券的投资者仍然要面临所有贷款提前支付的风险，如何将提前支付的风险重新分配呢？一种方法就是将每个月的现金流按优先程度进行重新分配。对于抵押过手债券来讲，就是把本金的支付(包括正常支付和提前支付)进行重新分配。

以抵押过手债券为例，将其现金流分为三部分，具体的规则如图 2-6 所示。

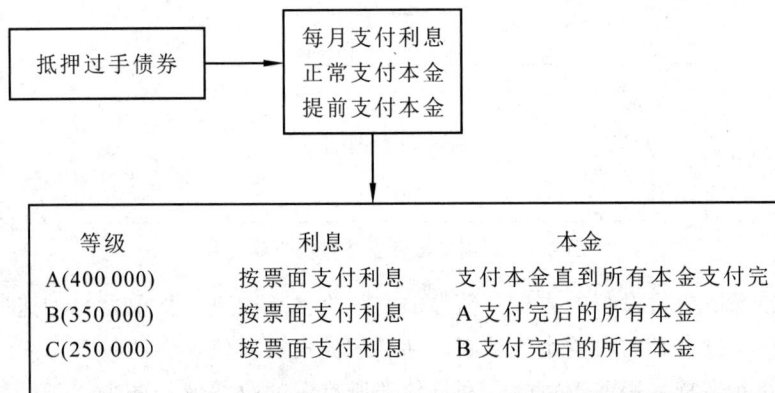

图 2-6　抵押过手债券现金流分配规则

将贷款总额分为三部分，分别为 400 000 元、350 000 元、250 000 元，称为 A、B、C。三个等级的利息支付是相同的，即根据占总价值的比率来确定利息的金额。以 A 为例，其面值占总面值的 40%，那么其利息也为总利息的 40%。在本金支付的时候，先支付 A 的本金(包括正常支付本金和提前支付本金)，直到 A 的所有本金完全支付。然后支付 B 的本金(包括正常支付本金和提前支付本金)，直到 B 的所有本金完全支付。最后支付 C 的本金(包括正常支付本金和提前支付本金)。按上面方法构造的债券称为担保抵押债券。

CMO 的总提前支付风险等于贷款池中所有贷款的提前支付风险之和，也就是说，CMO 同样没有减少提前支付风险。但是 CMO 改变了提前支付风险的分布：A 首先承担了提前支付风险，然后是 B，最后是 C。这样，A 实际上是期限较短的债券，B 的期限长一些，C 的期限最长，机构投资者就可以根据他们的资产负债结构选择不同期限的债券，而且，可以通过对于抵押贷款现金流的不同分配来减少 CMO 中不同等级债券期限的不确定性。

CMO 中的 C 债券的提前支付风险最小，因为 A 债券承担了大部分的提前支付风险，一般称之为支持债券(Support Bonds)或者伴随债券(Companion Bonds)。

担保抵押债券的特点是利用期限分层技术重组基础贷款组合的现金流，创造出不同期限档次的证券，投资者的风险与潜在收益随证券期限的延长而增长。CMO 的典型形式一般包含四级债券：A、B、C 级和 Z 债券。贷款组合的现金流首先用于支付 A 级债券的本金，当完全偿付后，转而支付 B 级债券的本金，同理再行支付 C 级债券本金。A、B、C 级债券在发行日开始即按票面利率支付利息，当前三级债券本息都被偿付后，从资产池中产生的剩余现金流方可用于支付 Z 债券的本息。Z 债券是应计利息累积债券，在其前面各级债券本息被清偿后，才开始享有利息和本金收入，未支付的当期利息累积起来加入其本金余额。Z 债券存在的效应是，前三级债券的本金支付因 Z 债券利息的延迟支付而加速。

担保抵押债券构造过程中产生的不同类型的债券具有以下特征：①通过众多不同期限的提前偿还贷款，现金流的稳定性增强。②浮动利率负债的匹配性更好。③在利率下降的环境中，存在大量上升的潜力；但在利率上升的环境中，存在较少的下降风险。④资产可以被用于与抵押相关产品的套期保值活动。

从整体上看，担保抵押贷款的多样性有利于抵押支持债券市场的扩大。这给所有的参与者都带来了好处：债券发行商有较宽广的发行市场，投资者可以有更多的投资选择，而承销商则可以获得更多的利润。担保抵押债券的优越性使得它一面世就获得了迅速发展，并衍生出许多新的债券类型。

4. 担保债务凭证

担保债务凭证(Collateralized Debt Obligation，CDO)是资产证券化家族中重要的组成部分，它的标的资产通常是信贷资产或债券，担保债务凭证可进一步分为两类：信贷资产的证券化（Collateralised Loan Obligation，CLO）和市场流通债券的再证券化（Collateralised Bond Obligation，CBO）。担保债务凭证是一种固定收益证券，现金流量的可预测性较高，不仅为投资人提供了多元化的投资渠道并增加了投资收益，更强化了金融机构的资金运用效率，转移不确定风险。凡具有现金流量的资产，都可以作为证券化的标的。通常创始银行将拥有现金流量的资产汇集成群组，然后进行资产包装及分割，转给特殊目的公司（SPV），以私募或公开发行方式卖出固定收益证券或收益凭证。在美国，CDO背后的支撑是由以下债务工具组成的资产池：美国国内投资级别债券和高收益公司债券、美国国内银行贷款、新兴市场债券、特殊贷款和不良贷款、外国银行贷款、资产支持证券、住宅和商业抵押支持证券以及其他的CDOs。当资产池由债券类工具构成时，该类担保债券凭证称为债券抵押证券（Collateralised Bond Obligation，CBO）；当资产池里的资产是银行贷款时，该类担保债券凭证称为贷款抵押证券（Collateralised Loan Obligation，CLO）。

在担保债务凭证的运作中，资产管理者对资产组合进行管理，用发行CDO获得的资金来购买资产。CDO结构中包含票据或者抵押债券，由评级机构对票据或者抵押债券评级。还有一系列限制条款来规定管理者对CDO组合的管理活动，如果资产管理者违反了规定，票据的级别将会降低，托管人将会把本金支付给CDO结构中的高级票据持有者。

CDO可以根据发起人的交易动机来分类。如果发起人的动机是获得持有资产池中固定收益产品的到期差价和对债券持有者的支付，那么这种交易就叫作套利交易。如果发起人的动机是从资产负债表中去掉债务工具（主要是贷款），那么这种交易就叫作资产负债表交易。进行资产负债表交易的一般是金融机构，如银行和保险公司，它们通过减少贷款来减少对资本的需求。

2.5　金融债券

定义 2.12　金融债券是指银行及非银行金融机构依照法定程序发行并约定在一定期限内还本付息的有价证券。

20世纪60年代以前，只有投资银行、投资公司之类的金融机构才发行金融债券，因为这些机构一般不吸收存款，或者只吸收少量的长期存款，发行金融债券成为其筹措资金的一个重要手段。而商业银行等金融机构因为能吸收存款，有稳定的资金来源，一般不允许发行金融债券。20世纪60年代以来，商业银行等金融机构为改变资产负债结构或用于某种特定用途，纷纷加入发行金融债券的行列。在欧美许多国家，由于商业银行和其他金融机构多采用股份公司这种组织形式，所以这些金融机构发行的债券与公司债券一样，受相同的法规管理，一般归类于公司债券。

金融债券能够较有效地解决银行等金融机构的资金来源不足和期限不匹配问题，商业银行次级债券还可用于补充资本金。同时，金融机构发行债券时可以灵活规定期限，比如为了一些长期项目投资，可以发行期限较长的债券。因此，发行金融债券可以使金融机构筹措到稳定且期限灵活的资金，从而有利于优化资产结构，扩大长期投资业务。由于银行等金融机构在一国经济中占有较特殊的地位，政府对它们的运营又有严格的监管，因此，金融债券的资信通常高于其他非金融机构债券，违约风险相对较小，具有较高的安全性。所以，金融债券的利率通常低于一般的企业债券，但高于风险更小的国债和银行储蓄存款利率。

2.5.1 金融债券的分类

按不同标准，金融债券可以划分为很多种类，最常见的分类有以下两种。

1. 根据利息的支付方式划分

根据不同的利息支付方式，金融债券可分为附息金融债券和贴现金融债券。附息金融债券，指债券券面上附有息票，按照债券票面载明的利率及支付方式支付利息的金融债券。贴现金融债券，指债券券面上不附有息票，发行时按规定的折扣率，以低于债券面值的价格发行，到期按面值支付本息的金融债券。根据国外通常的做法，贴现金融债券的利息收入要征税，并且不能在证券交易所上市交易。

2. 根据发行条件划分

根据不同的发行条件，金融债券可分为普通金融债券和累进利息金融债券。普通金融债券按面值发行，到期一次还本付息，期限一般是1年、2年和3年。普通金融债券类似于银行的定期存款，只是利率高些。累进利息金融债券的利率随着债券期限的增加累进，投资者可在债券期限内随时兑付，并获得规定的利息。

此外，金融债券也可以像公司债券一样，根据期限的长短划分为短期债券、中期债券和长期债券；根据是否记名划分为记名债券和不记名债券；根据担保情况划分为信用债券和担保债券；根据可否提前赎回划分为可提前赎回债券和不可提前赎回债券；根据债券票面利率是否变动划分为固定利率债券、浮动利率债券和累进利率债券；根据发行人是否给予投资者选择权划分为附有选择权的债券和不附有选择权的债券；根据发行方式划分为公募债券和私募债券；等等。

2.5.2 金融债券的品种

1. 中央银行票据

定义 2.13 中央银行票据是中央银行为调节基础货币而向金融机构发行的票据。

中央银行票据简称央票，是中央银行为调节基础货币而向金融机构发行的票据，是一种重要的货币政策日常操作工具，期限在 3 个月至 3 年。

作为重要的货币市场和公开市场工具，中央银行票据对市场可以产生以下几个方面的影响。

首先，中央银行票据是央行调节货币供应量和短期利率的重要工具。中央银行在公开市场操作中，引入银行票据替代回购品种，增加了公开市场操作的自由度。过去央行的公开市场操作，无论是正回购还是现券买断，都受到其实际持券量的影响，使得公开市场操作的灵活性受到了较大的限制。央行在调节货币供应量时也不得不受自身持有债券的限制。目前，公开市场操作主要有回购和现券两大工具，但是由于财政部几乎不发行 1 年期以下的短期国债，因此现券操作品种为中长期固息债和浮息债。与短期国债相比，操作中长期债券的弊端在于：对债券市场的冲击过大，尤其是对中长期债券的利率影响过于直接；与货币政策操作的短期性要求会产生冲突；价格波动过大。而从实际效果来看，部分公开市场一级交易商过于注重通过公开市场现券操作博取价差收入，而忽视了对货币政策传导意图的理解。引入中央银行票据后，央行可以利用这些票据或其回购及它们的组合进行"余额控制，双向操作"。央行通过对票据进行滚动操作，增加了其公开市场操作的灵活性和针对性，加强了对短期利率的影响，增强了调节货币供应量的能力和执行货币政策的效果。

其次，如果形成每周操作的中央银行票据发行机制，将为中央银行票据二级市场的交易提供基础。只有不断增强流动性，才能使央行票据的作用得以充分发挥。如果流动性不足，那么无论是市场短期收益率曲线的构成还是市场成员短期头寸的运用都不能得到很好的实现。各主要机构为促进二级市场流动性的提高也可能对关键期限品种（如 3 个月、6 个月和 1 年品种）进行连续报价。连续拍卖和报价机制一方面有助于票据二级市场的活跃；另一方面有助于构造出银行间市场的短期基准利率曲线，为回购、拆借和其他短期利率产品的定价提供参考。但一些问题可能阻止了央行票据流动性的提高，这主要表现在一些老票据是由市场利率较低时的正回购操作转变过来的，故其票面利率较低，因此在目前的市场利率水平上只能进行折价交易，出于财务核算的考虑，持有者一般不愿意卖出。同时由于老票据的持有人比较集中，而这些持有人的资金往往比较充足，一般都希望持有至到期，因此在业务开展初期，央行票据的流动性将受到一定影响。票据流动性将随新发票据数量的增加而逐步改善。只有形成了央行票据的滚动发行机制，以及票据持有者结构的进一步多样化，才能使央行票据的二级市场交易逐步发展起来。

最后，中央银行票据将成为各家资金充足机构运用临时资金头寸的重要工具。随着中央银行票据市场存量的增加和持票机构的多样化，中央银行票据二级市场的流动性也将逐步增强。商业银行可以通过参与公开市场操作或在二级市场买入等方式持有中央银行票据，以灵活调剂手中的头寸，从而减轻短期资金运用压力。目前商业银行可以通过发放贷款和购买债券等方式运用中长期资金，而短期资金的运用渠道则较少，目前只有通过逆回购和拆出资金等方式运用。但是由于目前回购和拆借市场一个月以上品种成交量很小，因此无法满足机构对一个月以上剩余头寸的运用需求。在这种情况下，中央银行票据必将成为消化商业银行大量短期剩余头寸的重要工具。

2. 政策性金融债券

政策性金融债券是政策性银行为筹集信贷资金经批准在银行间债券市场或公开市场向其他机构投资者发行的金融债券。政策性金融债券发行分3个阶段：派购发行阶段、银行间市场化发行阶段和市场公开发行阶段。

政策性金融债券的派购发行在1994年4月由国家开发银行第一次实施，从此拉开了政策性金融债券的发行序幕。政策性金融债券为无纸化记账式债券，由中央国债登记结算有限责任公司负责托管登记，各认购人均在中央国债登记结算有限责任公司开设托管账户，中央国债登记结算有限责任公司接受政策性银行的委托办理还本付息业务。政策性金融债券基本上每个月计划派购发行一次，每月20日为当月的基准发行日（节假日顺延）。

国家开发银行于1998年9月9日率先实行中国政策性金融债券的市场化发行。中国进出口银行（简称进出口银行）于1999年开始尝试市场化发行业务。以国家开发银行为主的发行主体，按照国际标准结合我国国情设计出了多种规范的、便于流通的、发挥市场参照基准的债券创新品种，大大提高了市场的流动性，有效地推动了我国银行间债券市场的发展，受到了广大银行间市场成员机构的好评，并受到国内外专业媒体和国外金融机构的关注。

2017年4月10日，政策性银行在深圳证券交易所试点公开发行政策性银行金融债券。政策性金融债可作为债券质押式回购的质押券，按照中国证券登记结算有限公司相关规则的规定，标准券折扣系数及折算率参照国债执行。2017年6月15日，农业发展银行在上海证券交易所发行首单政策性金融债券。2019年8月28日，中国进出口银行通过上交所债券发行系统成功招标发行50亿元政策性金融债，这是进出口银行首次在上交所发行政策性金融债。本次债券包括1年期和3年期两个品种，分别为30亿元和20亿元，由22家商业银行和9家证券公司承销。2019年11月28日，中央结算公司支持国家开发银行发行首单以贷款市场报价利率（LPR）为基准的浮息政策性金融债券，此次发行以1年期LPR为利率基准，采用荷兰式利差招标，债券期限为2年期，发行规模30亿元，利差为－1.35%（低于1年期LPR 135个BP），投标倍数为9.42。

我国政策性银行担负着贯彻国家产业政策、支持国家重点建设的重要职能，其资金来源主要依靠发行政策性金融债券。我国政策性金融债券有力地支持了国家大中型基础设施、基础产业、支柱产业的发展，对调整产业经济结构，促进整个国民经济发展发挥了重要作用。

3. 混合资本债券

混合资本债券是一种混合资本工具，它比普通股票和债券更加复杂。《巴塞尔协议》并未对混合资本工具进行严格的定义，仅规定了混合资本工具的一些原则特征，并赋予各国监管部门更大的自由裁量权，以确定本国混合资本工具的认可标准。我国的混合资本债券是指商业银行为补充附属资本发行的、清偿顺序位于股权资本之前但列在一般债务和次级债务之后、期限在 15 年以上、发行之日起 10 年内不可赎回的债券。

按照现行规定，我国的混合资本债券具有 4 个基本特征：第一，期限在 15 年以上，发行之日起 10 年后发行人具有一次赎回权，若发行人未行使赎回权，可以适当提高混合资本债券的利率。第二，混合资本债券到期前，如果发行人核心资本充足率低于 4%，发行人可以延期支付利息；如果同时出现以下情况：最近一期经审计的资产负债表中盈余公积与未分配利润之和为负，且最近 12 个月内未向普通股票股东支付现金红利，则发行人必须延期支付利息。在不满足延期支付利息的条件时，发行人应立即支付欠息及欠息产生的复利。第三，当发行人清算时，混合资本债券本金和利息的清偿顺序列于一般债务和次级债务之后，先于股权资本。第四，混合资本债券到期时，如果发行人无力偿付清偿顺序在该债券之前的债务或支付该债务将导致无力支付清偿顺序在混合资本债券之前的债务，发行人可以延期支付该债券的本金和利息。待上述情况好转之后，发行人应继续履行其还本付息义务。

4. 大额可转让定期存单

大额可转让定期存单是由银行发行的一种定期存款凭证，凭证上印有一定的票面金额、存入和到期日以及利率，可以在市场上流通转让，到期后可按票面金额和规定利率提取全部本息，逾期存款不计息，期限一般为 14 天至 1 年。大额可转让定期存单可流通转让，自由买卖。美国大部分银行发行的大额可转让定期存单都是由美国联邦存款保险机构担保的，不过只对金额在 10 万美元以内的存单担保。大额可转让定期存单的面额一般为 100 万美元或者更多，因此对于由联邦保险机构担保的存单，投资者仍需自己承担超过 10 万美元那部分的信用风险。

大额可转让定期存单有固定面额、固定期限，发行对象既可以是个人，也可以是企事业单位。大额可转让定期存单无论是单位还是个人购买均使用相同式样的存单，分为记名和不记名两种。

大额可转让定期存单的主要特点是流通性和投资性，具体表现在：大额可转让定期存单具有自由流通的能力，可以自由转让流通，有活跃的二级市场；大额可转让定期存单存款面额固定且一般金额较大；有的存单不记名，便于流通；存款期限为 3~12 个月不等，以 3 个月居多，最短的 14 天。

第一张大额可转让定期存单是由美国花旗银行于 1961 年创造的。美国的"Q 条例"

规定商业银行对活期存款不能支付利息，定期存款不能突破一定限额。20世纪60年代，美国市场利率上涨，高于"Q条例"规定的上限，资金从商业银行流入金融市场。而大额可转让定期存单利率较高，又可在二级市场转让，对于吸收存款大有好处，于是这种新的金融工具诞生了。这样，客户实际上以短期存款取得了按长期存款利率计算的利息收入。可转让大额存单不仅提高了商业银行的竞争力，而且也提高了存款的稳定性，对于发行存单的银行来说，存单到期之前，不会发生提前提取存款的问题。大额可转让定期存单除对银行起稳定存款的作用、变银行被动等待顾客上门存款为主动发行存单以吸收资金、更主动地进行负债管理和资产管理外，存单购买者还可以根据资金状况买进或卖出存单，调节自己的资金组合。

大额可转让定期存单市场的主要参与者是货币市场基金、商业银行、政府和其他非金融机构投资者，市场收益率高于国库券。

此外，还有证券公司债券、保险公司次级债券、财务公司债券等各种形式的金融债券，这些债券为整个金融体系资金的有效流转提供了帮助。

【本章小结】

本章对债券的种类进行了分类，并对各类债券的特征予以分析介绍。

1. 国债是中央政府凭借自身的信用发行的一种债务凭证，通过发行国债，中央政府可以有偿地获得一部分财政收入，从而满足其履行自身职能的需要。在债券中，国债具有安全性较高、流动性较好、收益性相对较低的特点。

2. 地方政府债券是有财政收入的地方政府为筹集资金而发行的以地方政府信用为担保的债券。地方政府债券的种类主要有一般责任债券、收入债券以及混合型债券。

3. 公司债券在固定收益证券中占有很重要的地位，它是固定收益证券中最为常见、市场份额最大，也是收益和风险最高的一种债券。

4. 资产支持债券，也称资产支持证券、资产证券化，它是以某种资产组合为基础发行的债券。进行资产证券化的资产应具备以下特征：①资产在未来可以产生确定的现金流。②基础资产必须具有标准化、高质量的合同条款。③基础资产必须具有相似的到期日期限结构。④基础资产的抵押物有较高的变现价值。⑤基础资产的持有者必须有良好的信用记录，具有相对稳定的坏账统计记录，可以预测未来类似损失的发生概率。

5. 金融债券是指银行及非银行金融机构依照法定程序发行并约定在一定期限内还本付息的有价证券。

【关键词】

国库券（Treasury Bill）

金融债券（Financial Bond）

抵押贷款(Mortage Loan)

可赎回债券(Callable Bond)

可转换债券(Convertible Bond)

【练习题】

1. 从风险、特性等方面比较公司债券与地方政府债券的不同之处。

2. 资产证券化的过程是什么?

3. 公司债券按照不同的分类标准可以划分为哪几种?

4. 可转让大额定期存单有哪些特点?

5. 发行短期、中期和长期三种不同期限国债分别是基于什么目的?

6. 国债与地方政府债券有什么区别?

7. 抵押转手债券的基本运作流程是什么?

【思考题】

1. 公司债券和可转换公司债券分别适合什么样的投资者?

2. 查找资料,分析我国资产证券化市场的前景。

3. 中央银行是如何利用国债市场进行货币政策操作的?

【本章参考文献】

1. 谢剑平. 固定收益证券[M]. 北京:中国人民大学出版社,2004.

2. 林清泉. 固定收益证券[M]. 武汉:武汉大学出版社,2005.

3. 黄达. 金融学[M]. 2版. 北京:中国人民大学出版社,2008.

4. 胡庆康,张卫东. 货币银行学[M]. 上海:上海人民出版社,2003.

5. [美]Linda Allen. 资本市场与机构[M]. 王闻,等,译. 北京:中国人民大学出版社,2007.

扫码听课

第 3 章
固定收益证券市场

【学习目标】

· 了解固定收益证券市场的定义和分类。
· 了解债券发行、流通市场的具体作用及两者之间的关系。
· 了解债券的交易和结算方式。
· 了解中国债券市场的发展现状、面临的问题以及改革方向。

【引导案例】

　　截至 2013 年 5 月，英国作家 J. K. 罗琳创作的《哈利·波特》系列小说被翻译成 73 种语言，在全世界 200 多个国家累计销量超过 5 亿册，位列史上非宗教、市场销售类图书首位。根据小说改编拍摄的系列电影同样风靡全球。《哈利·波特》生动地描绘了一个魔幻学校的小男孩在魔幻世界的种种奇妙经历，给人们带来了有关魔幻世界浩瀚无边和变幻无常的无穷想象。固定收益证券市场如同《哈利·波特》中的魔幻世界，不仅规模庞大、品种繁多、运行复杂、变幻无常，而且目前仍在高速发展之中。根据中国人民银行数据显示，2019 年，我国债券市场共发行各类债券 27.04 万亿元，现券、借贷和回购交易结算量为 1 307.31 万亿元；截至 2019 年年末，我国债券市场托管存量达到 87.38 万亿元，已成为全球发展最快的债券市场之一。

3.1　固定收益证券市场的定义及分类

　　固定收益证券市场是指各类交易固定收益证券的场所，是金融市场的一个重要组成部分，根据不同的分类标准，固定收益证券市场可以分为不同类别的证券市场。

3.1.1　一级市场和二级市场

　　定义 3.1　一级市场也称为发行市场或初级市场，是组织新证券发行的市场。

定义 3.2 二级市场也称为流通市场，是买卖已经发行证券的市场。

根据交易的对象是初始发行还是已经发行过的证券，固定收益证券市场可以分为一级市场和二级市场。

一级市场是政府或企业发行固定收益证券以筹集资金的市场。

二级市场为有价证券提供了流动性，使持有者随时可以卖掉手中的有价证券得以变现。正是因为该市场为有价证券的变现提供了途径，所以二级市场同时具有为有价证券定价的功能，来向证券持有者表明证券的市场价格。

二级市场的功能有：①促进短期闲散资金转化为长期建设资金。②调节资金供求，引导资金流向，为商业的直接融资提供渠道。③二级市场的价格变动能反映出整个社会的经济情况。④维持证券的合理价格、交易自由、信息灵通、管理缜密，使得买卖双方的利益都受到保护。

一级市场和二级市场相辅相成，是互相依赖的整体。首先，一级市场是二级市场存在的前提和基础。一级市场所提供的证券及其发行的种类、数量与方式决定着二级市场上流通证券的规模、结构与速度，没有证券的发行，自然谈不上证券的买卖和转让。其次，二级市场为一级市场提供流动性，二级市场作为证券买卖的场所，对一级市场起着积极的推动作用。组织完善、经营有方、服务良好的二级市场将一级市场上所发行的证券快速有效地分配与转让，使其流通到其他更需要、更适当的投资者手中，并为证券的变现提供现实的可能。此外，二级市场上的证券供求状况与价格水平等都将有力地影响一级市场上证券的发行。因此，没有二级市场，证券发行不可能顺利进行，一级市场也难以为继，扩大发行则更不可能。最后，二级市场将交易集中在一起并通过高效率的方式完成，有效地降低了搜索成本和交易成本。

3.1.2 交易所和场外交易市场

根据市场的组织形态，固定收益证券的二级市场又可以进一步分为交易所(场内交易市场)和场外交易市场。

1. 交易所

证券交易所是依据国家有关法律，经政府证券主管机关批准设立的集中进行证券交易的有形固定场所。

证券交易所是专门进行证券买卖的场所，其组织形式有公司制和会员制两类。会员制交易所是不以营利为目的的组织，实行自制自律和自我管理，会员大会为最高权力机构。我国的证券交易所目前实行的是会员制。

2. 场外交易市场

定义 3.3 场外交易市场是在证券交易所以外进行证券交易的市场，又称柜台交易市场或店头市场。

场外交易市场主要由柜台交易市场、第三市场、第四市场组成，这些市场因为没有集中的统一交易制度和场所，因而把它们统称为场外交易市场。场外交易市场没有固定的场所，其交易主要利用电话进行，交易的证券以不在交易所上市的证券为主。

(1)柜台交易市场

它是通过证券公司、证券经纪人的柜台进行证券交易的市场。该市场在证券产生之时就已存在，在交易所产生并迅速发展后，柜台市场之所以能够存在并迅速发展，其原因有以下3点。

①交易所的容量有限，且有严格的上市条件，客观上需要柜台市场的存在。

②柜台交易比较简便、灵活，满足了投资者的需要。

③随着计算机和网络技术的发展，柜台交易也在不断改进，其效率已和场内交易不相上下。

(2)第三市场

定义3.4 第三市场是指已上市证券的场外交易市场。

第三市场产生于1960年的美国，原来属于柜台交易市场的组成部分，但因其发展迅速，市场地位提高，所以被作为一个独立的市场类型对待。第三市场的交易主体多为实力雄厚的机构投资者。第三市场的产生与美国的交易所采用固定佣金制密切相关，它使机构投资者的交易成本变得非常昂贵。场外市场不受交易所的固定佣金制约束，因而导致大量上市证券在场外进行交易，因此形成第三市场。第三市场的出现，成为交易所的有力竞争者，最终促使美国证券交易委员会(SEC)于1975年取消固定佣金制，同时也促使交易所改善交易条件，使第三市场的吸引力有所降低。

(3)第四市场

定义3.5 第四市场是指投资者绕过传统经纪服务，彼此之间利用计算机网络直接进行大宗证券交易所形成的市场。

第四市场的优势主要在如下几个方面。

①交易成本低。因为买卖双方直接交易，无经纪服务，其佣金比其他市场少得多。

②保密性强。因无须通过经纪人，有利于匿名进行交易，保持交易的秘密性。

③不冲击证券市场。大宗交易如在交易所内进行，可能给证券市场的价格造成较大影响。

④信息灵敏，成交迅速。计算机网络技术的运用，可以广泛收集和存储大量信息，通过自动报价系统，可以把分散的场外交易行情迅速集中并反映出来，有利于投资者决策。第四市场的发展一方面对证交所和其他形式的场外交易市场产生了巨大的压力，从而促使这些市场降低佣金、改进服务；另一方面也对证券市场的监管提出了挑战。

我国债券场外交易市场主要包括金融机构柜台市场和银行间债券市场。许多证券经营机构都设有专门的证券柜台，通过柜台进行债券买卖。此外我国还有一个非常重要的债券场外交易市场——银行间债券交易市场，它是由中国人民银行建立的场外债券市场，建立初期成员为商业银行，目前成员包括各类金融机构，交易品种为国债和政策性银行金融债券。

3.1.3 国内债券市场和国际债券市场

根据债券发行地点的不同。债券市场可以划分为国内债券市场和国际债券市场。国内债券市场的发行者和发行地点同属一个国家，而国际债券市场的发行者和发行地点不属于同一个国家。

国际债券市场具有以下几个特点：①融资者的主体始终是发达国家，发展中国家所占比重较小。②币种结构发生变化。③欧洲债券的发行规模远大于外国债券。④国际债券类别结构发生变化。⑤新兴市场国家表现活跃，政府为主要发行主体。

【专栏 3-1】

快速发展的中资美元债

中资美元债，是指境内企业及其控制的境外企业或分支机构向境外举借的、以美元计价、按约定还本付息的债券。

中资美元债发行量从 2010 年的 157 亿美元增长至 2018 年的 1 634 亿美元，截至 2019 年 10 月底，中资美元债的存量规模超过 7 000 亿美元，占亚洲美元债总量的比例由 2010 年的 10% 上升至目前的一半以上。中资美元债发行主体行业集中在金融、房地产和城投板块，评级为投资级的占比约 60%，高收益和无评级的占比分别约为 25% 和 15%。

中资美元债的发行流程主要包括获得发改委备案批文、指定中介机构、获取评级文件、举办路演、簿记建档及定价、分配投标量及交割、向监管机构报送发行信息等。

中资美元债受到境内和境外双重监管。境外监管条例较松，中资美元债发行无须审批，只需按相关条例做好信息披露。境内监管包括发改委发行审核和外汇管理局资金进出管理。发改委的审批节奏和结汇管制松紧对境外中资美元债的供给影响较大。

中资美元债的发行方式可以分为直接发行和间接发行两大类，其中间接发行主要包括维好协议(Keepwell Deed)、担保和红筹结构 3 种方式。

1. 直接发行

境内公司直接在境外发债，流程简单且无须境外发债平台。直接发行方式的优点是减少了跨境担保程序，也可避免由非经营实体的境外公司发行产生的结构性次级问题。缺点是由于发行人为境内主体，适用境内税法，利息部分会产生预提税，由发行人自行承担。

2. 间接发行

(1)维好协议：境内公司提供维好协议和股权回购承诺或流动性支持承诺，保证发行主体保持适当流动性资金，一旦发生违约，公司承诺为境外子公司提供流动资金或购买境外子公司股权。不同于担保的是，维好协议下的母公司非偿债主体，债权人无法要求母公司偿债。维好协议方式的优点在于无须境内监管审批，仅须备案，规避跨境担保限额；缺点是没有担保法律效力，发行结构相对复杂，发行成本较高。

(2)担保：由境内公司向境外发行人提供跨境担保(须向外管局办理跨境担保外汇登记)或境外子公司担保。担保结构增信较强，债权人可直接向担保人要求偿债，也可由银行提供备用信用证(SBLC)，效力基本等同担保。担保方式的优点是境内母公司跨境担保的结构简单且增信效力较强，具有担保法律效力，通常融资成本更低。缺点是跨境担保属于《跨境担保外汇管理规定》中的内保外贷，须在外管局备案，且募集资金须符合内保外贷的相关规定。

(3)红筹结构：指主要资产和业务在境内，但境内权益被在英属维京群岛等避税天堂设立的离岸壳公司控制。红筹结构方式的优点是一般不涉及境内担保，发行较为方便；缺点是通常产生结构性次级问题，境外债务对于相应资产的追偿劣后于境内。

(资料来源：张烁文、东旭、许艳、陈健恒：《中资美元债：与境内信用债的平行世界》，中金公司研究报告，2019年11月)

3.2 债券的发行市场

3.2.1 债券的发行方式

1. 公募和私募

根据不同的发行对象，可以将债券发行分为公募(Public Placement)和私募(Private Placement)两种形式。

(1)公募

定义 3.6 公募发行是指发行人通过金融机构向不特定的社会公众广泛地发售债券。公募的载体包括股票、债券、基金等多种形式。

在公募发行的情况下，所有的合法社会投资者都可以参加认购。为适应更广大投资者的需求，公募没有合同份数和起点金额的限制。因为涉及众多中小投资人的利益，监管当局对募集资金的使用方向、信息披露内容、风险防范要求都非常高，如发行人要有较高的信用，并符合证券主管部门规定的各项发行条件，经批准后方可发行。

公募发行面对公众投资者、发行面广、投资者众多，可以筹集大量的资金，而且债券分散、不易被少数大债权人控制。只有公开发行的债券才能申请在交易所上市，因此公募发行可以增强债券的流动性。但是，公募发行的缺点也很明显：发行过程复杂、信息披露要求高、登记核准所需时间长且发行成本比较高。

（2）私募

定义 3.7 私募发行又称为不公开发行或内部发行，是指面向少数特定的投资人发行证券的方式。私募发行的对象大致有两类：一类是个人投资者；另一类是机构投资者。

私募发行有确定的投资人，发行手续简单，可以节省发行时间和费用。私募发行的不足之处是投资者数量有限，而且一般应具有一定的经济实力、风险识别和风险承担能力。私募债券的流通性较差，利率通常高于同类公募发行的债券，而且也不利于提高发行人的社会信誉。

公募发行和私募发行各有优劣，一般来说，公募是固定收益证券发行中最基本、最常用的方式。然而随着机构投资者数量的迅速增长，私募发行近年来呈现出逐渐增长的趋势。

2. 直接发行和间接发行

根据有无发行中介，固定收益证券的发行可以分为直接发行和间接发行。

（1）直接发行

定义 3.8 直接发行是指证券发行者不委托其他机构，而是自己组织认购，进行销售，从投资者手中直接筹措资金的发行方式。这种发行方式有时也称自营发行。

直接发行使发行者能够直接控制发行过程，实现发行意图，而且发行成本较低，可节约发行手续费，在内部发行时无须向社会公众提供有关资料。但是，由于直接发行方式得不到证券中介机构的帮助和证券市场的密切配合，发行的社会影响往往较小，发行也往往费时较多；而且，直接发行由发行者自己承担发行的责任和风险，一旦发行失败则要承担全部的损失。因此，直接发行方式比较适合于公司内部集资，或者发行量小、投资者主要面向与发行者有业务往来关系的机构等情形。

（2）间接发行

定义 3.9 间接发行是指证券发行者委托一家或几家证券中介机构（如证券公司、投资银行等）代理出售证券的发行方式。间接发行也称委托发行。

采取间接发行方式，代理发行证券的机构对委托者的经营状况不承担经济责任。间接发行根据受托证券机构对证券发行所承担责任的不同，可分为包销、代销和助销等多种具体推销方式。间接发行由于借助于证券中介机构的支持和证券市场机制，能在较短的时间内筹足所需资金，并及时投入生产经营，而且对于发行者来说也比较方便，风险也较小，还能借此提高企业信誉，扩大社会影响；但这需支付一定手续费，增加了发行成本，而且按照有关规定，发行者还需提供证券发行所需的有关资料。因此间接发行比较适合于那些已有一些社会知名度，筹资额大而急的公司。这样做既可以在较短时间内筹足所需资金，同时还可借助发行中介机构进一步提高发行公司的知名度，扩大社会影响。

直接发行和间接发行各有利弊。一般情况下，间接发行是基本的、常见的方式，特别是公募发行，大多采用间接发行；而私募发行则以直接发行为主。

3. 招标发行和议价发行

根据证券发行条件及投资者的决定方式，固定收益证券的发行可以分为招标发行和议价发行两种方式。

(1)招标发行

定义 3.10 招标发行是证券发行者通过招标、投标方式选择承销商推销证券的发行方式。

招标发行分为竞争性投标和非竞争性投标两种形式。

①竞争性投标。即由各金融机构主动出价投标，然后由发行者按出价从高到低的次序配售，一直到发售完既定发行额为止的发行方式。其具体做法是：首先，证券发行人在征得证券管理机构的审批同意后，向金融机构发出通知或发行说明书，在通知或说明书上注明证券的种类、金额、票面金额、销售的条件等内容。其次，愿意参加证券承销的金融机构在投标的申请书上填注证券的投标价格。最后，由证券发行人在规定的日期当众开标，出价最高者获得总经销的权利。

②非竞争性投标。是投资者只申请购买证券数量，由证券发行单位根据申请时间的先后，按当天成交最高价与最低价的中间价进行配售的发行办法。

招标发行是公开进行的，属于公募性质，故也称"公募招标"。招标发行是不允许投资者议价的，它被认为是保证发行者获得最高可能价格的唯一方法，对发行者有利。但是，只有那些信誉很高，对其证券有相当自信的筹资者才敢采用招标发行方法。

(2)议价发行

定义 3.11 议价发行也称非招标发行，是指证券发行者与证券承销商就证券发行价格、手续费等权责事项充分商讨后再发行或推销的一种发行方式。

议价发行方式考虑了多方面的利益，一旦各方的利益在商讨后的办法中得到兼顾，便可根据详细办法来执行发行或推销计划。

议价发行的优点有两个方面：第一，承销商与发行人直接商洽，可以更多地了解发行人的情况，容易了解和掌握发行人的真实情况，这对于承销商来说，可以减少承销的风险，因而易于接受。第二，对证券承销商而言，议价发行比招标发行更有利于证券的推销和利润的实现。

3.2.2　国债的发行方式

1. 国债的发行方式

国债发行按是否有金融中介机构参与出售，分为直接发行与间接发行。直接发行，一般指作为发行主体的财政部直接将国债定向发行给特定的机构投资者，也称定向私募发行,采取这种推销方式发行的国债数额一般不太大。而作为国家财政部,每次国债发行额较大,仅靠发行主体直接推销巨额国债有一定难度,因此该种发行方式现在已经非常少见。间接发行是目前国债主要的发行方式,具体包括代销发行、承购包销、公开招标和拍卖发行4种方式。

(1)代销发行

代销发行,指由国债发行主体委托代销者代为向社会出售债券。代销发行可以充分利用代销者的网点,但因代销者只是按预定的发行条件,于约定日期内代为推销,代销期终止,若有未销出余额,将全部退给发行主体,代销者不承担任何风险与责任,因此,代销发行方式也有不尽如人意的地方:不能保证按当时的供求情况形成合理的发行条件;推销效率不尽如人意;发行期较长,因为有预约推销期的限制。所以,代销发行仅适用于证券市场不发达、金融市场秩序不规范、机构投资者缺乏承销条件和积极性的情况。

(2)承购包销

承购包销发行方式,指由大宗机构投资者组成承购包销团,按一定条件向财政部承购包销国债,并由其负责在市场上转售,任何未能售出的余额均由承销者包购。这种发行方式的特征是:承购包销的初衷是要求承销者向社会再出售,发行条件的确定是由作为发行主体的财政部与承销团达成协议,一切承购手续完成后,国债方能投入市场,因而承销者是作为发行主体与投资者间的媒介而存在的;承购包销是用经济手段发行国债的标志,并可用招标方式决定发行条件,是国债发行转向市场化的一种形式。

(3)公开招标

公开招标发行方式,指作为国债发行主体的财政部直接向大宗机构投资者招标,投资者中标认购后,没有再向社会销售的义务,因而中标者即为国债认购者,当然中标者也可以按一定价格向社会再行出售。相对承购包销发行方式,公开招标发行不仅实现了发行者与投资者的直接接触,减少了中间环节,而且使竞争和其他市场机制通过投资者对发行条件的自主选择进行投标而得以充分体现,有利于形成公平合理的发行条件,也有利于缩短发行期限,提高市场效率,降低发行主体的发行成本,是国债发行方式市场化的进一步加深。

(4)拍卖发行

拍卖发行方式,指在拍卖市场上,按照例行的经常性的拍卖方式和程序,由发行主体主持,公开向投资者拍卖国债,完全由市场决定国债的发行价格与利率。国债的拍卖发行实际是在公开招标发行基础上的一种更加市场化的做法,是国债发行市场高度发展的标志。由于这种发行方式更加科学、合理、高效,所以目前西方发达国家的国债发行多采用这种形式。

2. 我国的国债发行方式

在我国，国债的发行方式从 20 世纪 80 年代开始，几经变迁，总的变化趋势是不断趋向低成本、高效率的发行方式，逐步走向规范化与市场化。

（1）定向发售

定向发售方式是指向养老保险基金、失业保险基金、金融机构等特定机构定向发行国债的方式。

（2）承购包销

承购包销方式是由各地的国债承销机构组成承销团，通过与财政部签订承销协议来决定发行条件、承销费用和承销商的义务，因而是带有一定市场因素的发行方式。

（3）招标发行

招标发行是指通过招标的方式来确定国债的承销商和发行条件。

①从确定中标的规则看，有荷兰式（单一价格）招标与美国式（多种价格）招标。

荷兰式招标是在招标规则中，发行主体按募满发行额止的最低中标价格作为全体中标商的最后中标价格，即每家中标商的认购价格是相同的。从债务管理者的角度看，在市场需求不理想时，不宜采用荷兰式招标。

美国式招标是在招标规则中，发行主体按每家投标商各自中标价格（或其最低中标价格）确定中标者及其中标认购数量，招标结果一般是各个中标商有各自不同的认购价格，每家的成本与收益率水平也不同。与荷兰式招标相比，市场需求不高时，由美式招标所确定的发行收益率相对高些，对债务管理者降低成本有利。

②从招标竞争标的物看，存在缴款期招标、价格招标、收益率招标 3 种形式。

缴款期招标。缴款期招标是指在国债的票面利率和发行价格已经确定的条件下，按照承销机构向财政部缴款的先后顺序获得中标权利，直至满足预定发行额为止。

价格招标。价格招标主要用于贴现国债的发行，按照投标人所报买价从高到低的顺序中标，直至满足预定发行额为止。如果中标规则为"荷兰式"，那么中标的承销机构都以相同价格（所有中标价格中的最低价格）来认购中标的国债数额；而如果中标规则为"美国式"，那么承销机构分别以其各自出价来认购中标数额。荷兰式招标的特点是单一价格，而美国式招标的特点是多种价格，目前我国短期贴现国债主要运用荷兰式招标方式发行。

收益率招标。收益率招标主要用于附息国债的发行，它同样可分为荷兰式招标和美国式招标两种形式，原理与上述价格招标相似。

招标发行将市场竞争机制引入国债发行过程，从而能反映出承销商对利率走势的预期和社会资金的供求状况，推动了国债发行利率及整个利率体系的市场化进程。此外，招标发行还有利于缩短发行时间，促进国债一、二级市场之间的衔接。基于这些优点，招标发行已成为我国国债发行体制改革的主要方向。

【专栏 3-2】

美国国债一级市场

美国财政部通过公开拍卖向机构和个人投资者出售国债，包括短期国库券、中期国债、长期国债、浮动利率票据(FRN)和通胀保值债券(TIPS)等。国债拍卖定期进行并有固定的时间表。

美国的国债拍卖分为3个步骤：拍卖的宣布、投标和所购买证券的发行。拍卖计划由财政部制订，财政部会在拍卖前公布相应的拍卖信息，包括发行数量、发行条件、发行的债券类型等，同时也会说明拍卖规则及程序。

美国国债拍卖有竞争性投标和非竞争性投标两种竞标方式。竞争性投标的出价上限是每个投标人报价金额的35%，并且由投标人指定可接受的利率、收益率或贴现率。非竞争性投标的投标金额上限为500万美元，在非竞争性投标中，投标人同意接受在拍卖中确定的利率、收益率或贴现率。所有金额在500万美元以下的非竞争性投标都会被接受，竞争性投标则从收益率最低的开始被接受，直至投标累计金额满足国债拍卖金额(去除非竞争性投标的金额)。被接受的最高收益率为停止收益率，所有被接受的投标都统一以停止收益率决标。

短期国库券以折价或票面金额发行，到期时按票面金额支付。浮动利率票据(FRN)按季度支付利息，以票面价格、贴现价格或溢价价格和规定的价差发行。中期国债、长期国债和通胀保值债券是按固定票面利率发行，每半年支付一次利息。通胀保值债券(TIPS)的利息支付和到期时的最终支付以经通胀调整后的债券本金价值为基础。

美国财政部在每次拍卖结束后会公布相应的拍卖结果，包括中标利率、最高收益率、投标额、发行额、投标倍数等。此外，财政部还会公布拍卖分配金额。国债一级市场的参与主体包括美联储、存款机构、个人、经纪人和交易商、基金公司、保险公司和海外投资者等。

3.3 债券的流通市场

流通市场是买卖已经发行的债券的市场，又称二级市场。流通市场一方面为固定收益证券持有者提供随时变现的机会；另一方面又为新的投资者提供投资机会。与发行市场的一次性行为不同，在流通市场上证券可以不断地进行交易。

流通市场中债券购买者支付的资金并不会流向债券的发行者，而是流向债券的出售者。交易商和经纪人可以有效地降低债券市场的交易成本、提高债券的流动性。交易商可以运用自己的账户或资金直接进行证券买卖，收入来自买卖差价。经纪人则只充当证券买卖双方的中间人，从事代客买卖业务，收入来自佣金。在债券流通市场上，投资银行、商业银行等金融机构作为交易商和经纪人发挥作用。

投资者在债券流通市场上买卖债券会形成债券价格，即债券成交价格。债券的成交价格是由买卖双方在一定的撮合原则下，由市场供求条件决定的价格。在不同的市场结构下，债券价格形成方式一般不一样，因此理解市场结构和价格形成机制就显得非常重要。

3.3.1 连续市场和集合市场

根据价格形成是否连续，基本上可以将债券流通市场分为连续市场和集合市场。

在连续市场上，当买卖双方连续委托买进或者卖出上市债券时，只要彼此符合成交条件，交易就可以在交易时段中的任何时点发生，一般按照"价格优先，同等价格下时间优先"的原则成交和确定成交价格，成交价依供求条件的变化而不断变化。

集合市场则是对接受的全部有效委托采取一次集中撮合处理的价格形成方式，买卖双方经过一段较长时间，市场积累一定量的买卖申报后才作一次集中成交。集合市场确定成交价的原则是：在有效价格范围内选取使所有有效委托产生最大成交量的价位。所有成交都按照同一价格成交。

3.3.2 客户委托单驱动市场和交易商报价驱动市场

按照形成价格的直接主导力量，债券市场可以分为客户委托单驱动市场（Customer-Driven Market）和交易商报价驱动市场（Dealer-Driven Market）。前者是指成交价是由买卖双方直接决定的，投资银行等金融机构在成交价形成过程中只是作为经纪人发挥作用，使得市场整体交易更平稳、顺畅。我国的上海、深圳证券交易所属于客户委托单驱动市场。后者是指交易商提出买卖报价，其他投资者根据交易商提出的买卖价格与该交易商进行交易。目前，我国债券的场外交易市场（如银行间债券市场和记账式国债银行柜台交易市场）采取交易商报价驱动制度。

【专栏 3-3】

我国银行间债券市场的做市商

我国银行间债券市场的做市商是指在银行间债券市场开展做市业务的商业银行、证券公司等境内金融机构法人。做市商应当具有较强的定价能力和与拟开展做市业务相匹配的资本实力和风险管理能力，具备支持做市业务开展的业务系统和专业人才队伍。做市业务是指通过持续向市场提供现券双边买卖报价、回复市场询价请求等为市场提供流动性的行为。

做市商享有以下权利：

（1）将做市业务表现作为国债承销团成员、非金融企业债务融资工具主承销商的重要参考指标；

(2)将做市业务表现作为公开市场业务一级交易商的重要参考指标；

(3)将做市业务表现作为参与随买随卖业务的重要参考指标；

(4)优先开展银行间债券市场现券交易净额清算业务；

(5)获得交易平台提供的交易信息便利；

(6)优先参与衍生品等市场创新业务。

做市商应当积极维护市场价格稳定，促进市场价格发现，切实履行以下义务：

(1)在约定时间内，持续提供双边报价，积极回复市场机构询价需求；

(2)报价应当处于市场合理水平，双边报价价差应处于市场合理范围；

(3)提供本机构所能提供的做市最优价格；

(4)严格履行交易义务。

做市商开展做市业务应当遵循公平、公正、诚信原则，不得有以下行为：

(1)操纵或者以其他不正当方式影响市场公允价格形成；

(2)利用内幕信息进行决策和交易；

(3)向第三方泄露投资者信息；

(4)通过不当利用做市业务信息等向自身或者利益相关方进行利益输送；

(5)缺乏真实意图的频繁撤改报价或者开展虚假交易，扰乱或者误导市场；

(6)故意向投资者提供误导性报价或者建议，获取不正当利益；

(7)达成做市交易后无正当理由拒绝履行；

(8)与其他做市商、货币经纪商等中介机构串通谋取不正当利益；

(9)其他扰乱市场秩序或者利用做市业务损害投资者利益的行为。

(资料来源：中国人民银行，http://www.pbc.gov.cn/tiaofasi/144941/
3581332/4153344/index.html，2021-02-25)

3.4　债券的交易结算

3.4.1　债券结算的定义

交易结算是在一笔债券交易达成之后的后续处理过程，包括清算和交割、交收两项内容。

债券清算业务主要是指在每一营业日中对每个债券经营机构成交的债券数量与价款分别予以轧抵，对债券和资金的应收或应付净额进行计算处理的过程。在债券交易过程中，当买卖双方达成交易后应在事先约定的时间内履行合约，买方需交付一定款项获得所购证券，卖方需交付一定的证券获得相应价款，在这一钱货两清的过程中，证券的收付称为交割，资金的收付称为交收。

清算与交割、交收既有密切联系，又存在本质区别。从发生的时间顺序来看，先清算后交割、交收，清算是交割、交收的基础和前提，交割和交收是清算的后续与完成。两者最根本的区别在于：清算是对应收债券、应付债券即价款的轧抵计算，其结果是确定应收、应付净额，并不发生财产所有权的实际性转移；交割、交收是对应收、应付净额的划转，发生财产所有权的实际性转移。

综上所述，债券的结算业务是指债券市场的参与者之间进行债券交易而引起的债权登记变更行为以及相应的资金划转业务。

3.4.2 债券的交易方式

债券的交易方式大致可分为现券交易、债券回购交易和债券期货(远期)交易。

1. 现券交易

债券现券交易是指以债券现券为交易标的，在规定的结算日须实际办理债券现券交割的债券交易方式，又称现货交易。现价买卖是债券交易中最普遍的交易方式。债券买卖双方对债券的成交价达成一致，在交易完成后立即办理债券的交割和资金的交收，或在很短的时间内办理交割、交收。

2. 债券回购交易

定义 3.12 债券回购交易是一种以债券作为抵押品的短期融资行为，就是将债券抵押给资金贷出方，获得资金，最后归还资金本息以赎回债券。

债券回购交易从交易发起人的角度出发可分为正回购交易和逆回购交易，凡是抵押出债券，借入资金的交易就称为进行债券正回购交易；凡是主动借出资金，获取债券质押的交易就称为进行债券逆回购交易。正回购方就是抵押出债券、取得资金的融入方；而逆回购方就是接受债券质押、借出资金的融出方。

债券回购交易又可分为质押式回购和买断式回购两种。质押式回购，指融资方以自身持有的债券作为抵押提交给资金提供方(称为"融券方")作为担保借入资金，在到期时向融券方归还借入款项并支付利息。买断式回购与质押式回购的主要区别在于标的债券的所有权归属不同。在质押式回购中，融券方不拥有标的债券的所有权，在回购期内，融券方无权对标的债券进行处置；而在买断式回购中，标的债券的所有权发生了转移，融券方在回购期内拥有标的债券的所有权，可以对标的债券进行处置，只要到期时有足够的同种债券返售给融资方即可。

根据回购期内作为抵押的债券是否可以动用，债券回购交易进一步可分为封闭式回购和开放式回购。前者是指在回购期间回购双方都不能动用抵押债券。后者是指在回购期内，抵押债券归融券方所有，融券方可以使用该笔债券，只要到期有足够的同种债券返还给融资方即可。目前，我国债券回购业务的券种仅限于国债和金融债券。

3. 债券期货交易

按交易标的的不同，债券交易可分为债券现货交易与债券期货交易两种方式。债券期货交易是指以债券期货合约为交易标的，可在合约到期前对冲平仓，或者在合约到期时进行债券现券或现金交割的债券交易方式。与债券现货交易相比，债券期货交易除了交易标的、结算不同外，还实行保证金交易，能够"以小博大"；可以买空卖空，与现货市场进行相反交易，帮助投资者实现套期保值、套利、投机等不同的目的。

3.4.3 债券的交割、交收方式

由于各债券市场的传统和交易方式存在差异，各市场对交易日到交割、交收日之间的时间间隔的规定也不完全相同，主要包括以下几种类型。

1. 当日交割、交收

当日交割、交收方式是指债券买卖双方在交易达成之后，于成交当日进行债券的交割和资金的收付，简称"T+0"。

2. 次日交割、交收

次日交割、交收方式是指债券买卖双方在交易达成之后，于成交之后下一个营业日进行债券的交割和资金的收付，简称"T+1"。

3. 例行日交割、交收

例行日交割、交收方式是指债券买卖双方在交易达成之后，于成交之后第 n 个营业日进行债券的交割和资金的收付，简称"T+n"。

目前，我国各债券市场现券买卖、债券回购主要采用 T+1 交割、交收方式。凡回购业务须进行两次结算、有两个交割日的，两个交割日分别称为首期交割日和到期交割日。尽早完成交割、交收对提高市场交易效率、防止发生结算风险有重要作用。在现在计算机、通信技术的支持下，缩短交易和交割、交收之间的时间间隔，最终发展的方向是实现 T+0 交割、交收。

3.4.4 债券结算方式

债券结算方式是指在债券结算业务中，债券的所有权转移或权利质押与相应结算款项的交收这两者在执行过程中的不同制约形式。中央债券簿记系统中所设计的结算方式有4种：纯券过户、见券付款、见款付券和券款对付。

1. 纯券过户

纯券过户只用于现券买卖的结算，是指买卖双方要求中央结算公司在结算日办理债券的交割过户时无须通知其资金结算情况的结算方式。国际证券业称这种方式为 FOP(Free of Payment)，即不以资金结算为条件的债券过户。在结算成员双方信誉比较好又彼此了解的情况下可以选用此方式。选择此结算方式，每一方都不应以未收到对方的券或款为由而不如期履行交付义务。

2. 见券付款

见券付款用于现券买卖和封闭式回购首期的结算，是指在结算日买方(逆回购方)通过债券簿记系统得知卖方(正回购方)有履行义务所需的足额债券，即向对方划付款项，然后通知中央结算公司办理债券结算的方式。是一种买方(逆回购方)占主动的结算方式。卖方(正回购方)在选择此方式时应充分考虑对方的信誉情况。

3. 见款付券

见款付券用于现券买卖和封闭式回购到期的结算，是指在结算日卖方(逆回购方)确认已收到买方(正回购方)资金后即通知中央结算公司办理债券结算的一种方式。是一种卖方(逆回购方)占主动的结算方式。在买方对卖方比较信赖的情况下可以采用。

4. 券款对付

券款对付是指在结算日债券与资金同步进行结算并互为结算条件的方式，国际证券业称其为DVP(Delivery Versus Payment)。一般需要债券结算系统和资金划拨清算系统对接，同步办理券和款的结算。根据国际同行业经验，债券簿记系统与支付系统连锁运作，同时进行债券和资金的转账，并配合相应的质押融资融券机制，可实现实时的、高效率的DVP。随着我国大额支付系统建设越来越完善，现在绝大部分金融机构都使用券款对付结算方式。

【专栏 3-4】

中央国债登记结算有限责任公司推出灵活结算服务

为进一步提升境外投资者投资中国市场的便利程度，满足境外投资者多样化的交易结算需求，2020年3月，在中国人民银行统一部署下，中央国债登记结算有限责任公司和银行间市场清算所股份有限公司发布通知，向境外机构投资者推出特殊结算周期交易和循环结算服务两项举措。

境外投资者可通过循环结算机制(即允许结算失败合同在一定时间窗口内再次进行结算的安排)，便利投资管理运营，缓释运营操作风险。同时，中央结算公司可为境外机构投资者参与的大于4天(含)结算周期(即非标准结算周期T+N)的现券交易提供灵活的结算服务，满足境外机构投资者的特殊结算周期需求，进一步便利境外投资者参与银行间债券市场。对境外机构投资者达成的现券交易，如结算失败，经交易双方协商一致，可在3个工作日内发起循环结算。同时，为满足境外机构投资者因节假日等特殊场景产生的多样化结算周期诉求，银行间市场清算所股份有限公司会同全国银行间同业拆借中心，为境外机构投资者提供T+10以内的现券交易结算服务。

目前，中国银行间债券市场中的投资者已覆盖全球40多个国家和地区，推出境外投资者特殊结算周期交易服务，有利于降低因境内外节假日差异因素导致的被动交割风险。交易中心表示，境外投资者如因所在地节假日原因导致现有结算周期无法满足交易结算需求的，可向交易中心提出特殊结算周期交易服务申请。

（资料来源：中国债券信息网，https://www.chinabond.com.cn/cb/cn/xwgg/zsxw/zqsc/zqsc/20200327/153988858.shtml，2021-02-26）

3.5　中国债券市场

3.5.1　中国债券市场体系

中国债券市场是一个由银行间市场、交易所(上交所、深交所)市场和商业银行柜台市场3个子市场组成的统一分层的完整体系。

1. 银行间市场

银行间市场作为债券场外市场的主体，参与者为各类机构投资者，属于场外批发市场。银行间市场的交易品种最多，包括现券交易、质押式回购、买断式回购、远期交易、互换、远期利率协议、信用风险缓释工具等。银行间市场实行双边谈判成交，典型的结算方式是逐笔结算，由外汇交易中心系统作为前台报价系统，由中央国债登记结算有限责任公司(简称"中央结算公司")作为后台托管结算系统。中央结算公司为银行间市场投资者开立证券账户，实行一级托管。此外，中央结算公司还为这一市场的交易结算提供服务。

2. 交易所市场

交易所市场是债券交易的场内市场，市场参与者既有机构投资者也有个人投资者，属于批发和零售混合型的市场。交易所市场交易的品种包括现券交易和质押式回购。交易所实行"两级托管体制"，其中，中央结算公司为一级托管人，负责为交易所开立代理总账户；中国证券登记结算有限责任公司(简称"中证登")为二级托管人，记录交易所投资者账户。中央结算公司与交易所投资者之间没有直接的权责关系。交易所交易结算由中证登负责，上交所后台的登记托管结算由中证登上海分公司负责，深交所由中证登深圳分公司负责。典型的结算方式是净额结算。

3. 商业银行柜台市场

商业银行柜台市场是银行间市场的延伸，参与者限定为个人投资者，属于场外零售市场。商业银行柜台市场只进行现券交易。柜台市场实行"两级托管体制"，其中，中央结算公司为一级托管人，负责为承办银行开立债券自营账户和代理总账户；承办银行为二级托管人。中央结算公司与柜台投资者之间没有直接的权责关系。与交易所市场不同的是，承办银行每个交易日结束后需将余额变动传给中央结算公司，同时中央结算公司为柜台投资人提供余额查询服务。

3.5.2 中国债券市场的参与主体

1. 发行主体

中国债券市场的债券发行主体包括财政部、中国人民银行、地方政府、政策性银行、商业银行、财务公司等非银行金融机构、证券公司、非金融企业或公司等。发行的债券产品包括政府债券(国债、地方政府债)、中央银行债(即央行票据)、金融债券(政策性金融债、商业银行债券、特种金融债券、非银行金融机构债券、证券公司债、证券公司短期融资券等)、企业债券、短期融资券、中期票据、资产支持证券、国际机构债券、可转债债券,以及政府支持机构债等。

2. 投资主体

中国债券市场的投资主体包括中国人民银行、政策性银行等特殊机构、商业银行、信用社、邮储银行、非银行金融机构、证券公司、保险公司、基金(含社保基金)、非金融机构等机构投资者和个人投资者。

3.5.3 中国债券市场的结算体系

中国债券市场基本实现了债券登记、托管、清算和结算的集中化管理,相应的机构包括中证登、中央结算公司和上海清算所(简称"上清所")。

中证登的主管部门是中国证监会,中证登承接了原来隶属于上海和深圳证券交易所的全部登记结算业务,标志着全国集中统一的证券登记结算体制的组织框架基本形成。

中央结算公司是为全国债券市场提供国债、金融债券、企业债券和其他固定收益证券的登记、托管、交易结算等服务的国有独资金融机构,是财政部唯一授权主持建立、运营全国国债托管系统的机构,也是中国人民银行指定的全国银行间债券市场债券登记、托管、结算机构和商业银行柜台记账式国债交易一级托管人。

上清所是银行间市场清算所股份有限公司,是经财政部、中国人民银行批准成立的旗下专业清算机构。上清所的主要业务是为银行间市场提供以中央对手净额清算为主的直接和间接的本外币清算服务,包括清算、结算、交割、保证金管理、抵押品管理、信息服务、咨询业务,以及相关管理部门规定的其他业务。

从托管结构看,中国债券市场的主体实现了集中统一托管体系。中央结算公司作为中国债券市场的总托管人,直接托管银行间债券市场参与者的大部分债券资产,而中证登作为分托管人托管交易所债券市场参与者的债券资产,四大国有商业银行作为二级托管人托管商业银行柜台市场参与者的债券资产。此外,上清所和中证登分别为银行间债券市场和交易所市场直接托管一小部分债券。

3.5.4 中国债券市场的监管体系

中国债券市场的监管机构主要包括发改委、财政部、中国人民银行、银监会、证监会和保监会等。对债券市场的监管体系可以分为债券发行监管、挂牌交易和信息披露监管、清算结算和托管监管、市场参与主体的监管以及评级机构等相关服务机构的监管等。

在债券发行监管方面，主要从产品发行主体和发行品种两个维度对债券产品发行实行多头监管；在债券挂牌交易和信息披露监管方面，主要通过交易所进行自律监管；在债券清算、结算和托管监管方面，主要通过清算、结算和托管机构完成。

【本章小结】

本章阐述了固定收益证券市场的结构和制度安排，并介绍了中国固定收益证券市场的相关发展状况。

1. 固定收益证券市场是指各类交易固定收益证券的场所。

2. 根据交易的对象是初始发行的证券还是已经发行过的证券，固定收益证券市场可以分为一级市场和二级市场。

3. 根据市场的组织形态，固定收益证券的二级市场又可以进一步分为交易所(场内交易市场)和场外交易市场。

4. 根据发行地点的不同，债券市场可以划分为国内债券市场和国际债券市场。

5. 根据不同的发行对象，可以将债券发行分为公募和私募两种形式。

6. 根据有无发行中介，固定收益证券的发行可以分为直接发行和间接发行。

7. 根据证券发行条件及投资者的决定方式，固定收益证券的发行可以分为招标发行和议价发行两种方式。

8. 根据价格形成是否连续，可以将债券流通市场分为连续市场和集合市场。

9. 根据形成价格的直接主导力量，债券市场可以分为客户委托单驱动市场和交易商报价驱动市场。

10. 按交易标的的不同，债券交易可分为债券现货交易与债券期货交易两种方式。

11. 债券回购交易又可分为质押式回购和买断式回购两种。

12. 证券的交易结算是在一笔债券交易达成之后的后续处理过程，包括清算和交割、交收。

13. 中央债券簿记系统中所设计的结算方式有：纯券过户、见券付款、见款付券和券款对付。

【关键词】

一级市场 (Primary Market)

二级市场 (Secondary Market)

场外交易市场（Over-the-Counter Market）

欧洲债券市场（European Bond Market）

公募（Public Placement）

私募（Private Placement）

客户委托单驱动市场（Custom-Driven Market）

交易商报价驱动市场（Dealer-Driven Market）

债券结算（Bonds Settlement）

债券回购交易（Bond Repurchase Transactions）

【练习题】

1. 试对美国式招标和荷兰式招标进行比较。

2. 直接发行和间接发行各有何优缺点？

3. 我国采用过哪些国债发行方式？

【思考题】

1. 什么是固定收益证券市场？

2. 按照不同的分类标准可以将固定收益证券市场分为哪几类？

3. 什么是债券回购交易？

4. 中国国债的发行方式有哪些？

【本章参考文献】

1. 谢剑平. 固定收益证券[M]. 北京：中国人民大学出版社，2004.

2. 林清泉. 固定收益证券[M]. 武汉：武汉大学出版社，2005.

3. 黄达. 金融学[M]. 2版. 北京：中国人民大学出版社，2008.

4. 胡庆康，张卫东. 货币银行学[M]. 上海：上海人民出版社，2003.

5. [美]Linda Allen. 资本市场与机构[M]. 王闻，等，译. 北京：中国人民大学出版社，2007.

扫码听课

第4章
固定收益证券风险

【学习目标】

- 掌握固定收益证券风险种类。
- 掌握固定收益证券风险如何度量。
- 了解固定收益证券如何进行信用评级。

【引导案例】

    投资者小王准备购买一家公司发行的债券。公司债券的发行人承诺每年向债券持有人支付一笔固定数额的利息，到期归还本金。但是，如果公司经营不善，那么当债券到期时，投资者可能会面临不能收回本金或者全部利息的风险，这就是固定收益证券的信用风险。小王对此有一定的认识和思想准备。但是，固定收益证券除了信用风险以外，还存在一些其他类型的风险，并且往往不被投资者所了解。本例中，小王如果有债券 A 和债券 B 两种公司债券可供选择：债券 A 现价 900 元，面值为 1 000 元，息票率为 6%，3 年到期；债券 B 现价 910 元，面值也为 1 000 元，息票率为 5%，5 年到期。小王在进行投资决策时，除了考虑收益率因素以外，还需要对这两种债券的风险大小进行比较。

    通过本章的学习，我们能够对固定收益证券的风险有更深层次的了解。

4.1 固定收益证券风险类型及衡量

    固定收益证券从持有到卖出的收益可以分为两类，即固定收益证券在卖出时的价值；从持有到卖出期间的现金流，以及现金流再投资的额外收益。市场环境因素也会影响以上两种收益，固定收益证券的风险是与它的收益相联系的，风险是用来衡量证券收益波动的。

    一般来说，债券投资者面临以下一种或几种风险：①市场风险。②再投资风险。③提前赎回风险。④信用风险。⑤收益率曲线风险。⑥通货膨胀风险（或称购买力风险）。

⑦流动性风险。⑧汇率风险。⑨波动率风险。⑩价格波动风险。⑪政策风险。⑫事件风险。⑬税收风险。⑭主权风险。

4.1.1 利率风险

1. 定义

定义4.1 所谓利率风险，就是由于利率的上升导致债券价格下降，给投资者带来损失的风险。

债券价格通常与利率呈反方向变化，即利率升高，债券价格将下降；利率下降，债券价格将上升。如果投资者将债券持有到期，那么他所持有的债券价格就不会受到利率变化的影响。但是如果投资者必须在到期日之前出售债券，那么，利率的上升意味着投资者将遭受损失（即债券出售价格低于购买价格），这种风险被称为市场风险（或利率风险）。这种风险也是债券市场投资者所面临的主要风险。习惯上，用国库券的收益率水平来代表市场表现，其他大多数的收益率水平都与之相比较，并用国债收益率利差来表示利率风险，在一定程度上，固定收益证券的收益率水平是相互关联的，它们的价格会随着利率而变化。

2. 利率风险测度

债券价格对市场利率变化的敏感度取决于债券本身的一些特性，如息票利率、到期日、所附有的嵌入式期权（例如，可赎回期权条款和可回售期权条款的影响）。为了控制市场利率对债券价格的影响，我们有必要来测度市场风险。最常用的测度市场利率的方法是完全评估方法（The Full-Valuation Approach）和久期（Duration）。

（1）完全评估方法

定义4.2 完全评估方法，就是考虑当利率发生变化时重新评估债券价值或者投资组合价值。即分析在一个给定的情况下利率的变化所导致的债券价值变化。

某一个投资者想要衡量在50个基点、100个基点、200个基点利率瞬时变化下债券市场利率风险的变化。这种分析要求在给定的情况下对债券或投资组合的价值重新进行评估，这种分析方法就称为完全评估方法。有时候也称为"情景分析"，因为它涉及利率变化情景下风险的重新评估。下面用一个例子来简单地说明。

【例4.1】假定某投资者拥有一个面值为100 000美元，收益率为6.0％的20年期债券，并且没有嵌入期权，到期收益率为4.28％时，债券价格为122.806 0美元（债券价格的表示采用比例法，即债券价格为其市场价值与面值之比的百分数），那么投资者所持有的债券的市场价值为122 806美元。投资者是债券多头，因此他关注的是收益率的上升，收益率的上升将导致头寸市场价值的降低。为了衡量市场利率的变化所导致的市场利率风险，投资者想要了解当市场利率水平上升50个、100个以及200个基点的情况下，债券价值的变化情况。

解：假定收益率曲线平坦，表4-1显示了债券价值的变化以及变化程度。

表4-1　完全评估方法测度市场风险

6.0%的利息支付率，20年期债券				
当前价格：122.806 0 美元				
到期收益率：4.28%				
投资者所持头寸：100 000 美元				
投资者所持头寸的市场价值：122 806 美元				
情景	利率变化 （以基点表示）	新的利率/%	新的价格/美元	新的市场 价值/美元	市场价值的变化 百分比/%
1	50	4.78	115.492 0	115 492	−5.96
2	100	5.28	108.764 0	108 764	−11.43
3	200	6.28	96.860 0	96 860	−21.13

（2）久期（详见第7章）

定义4.3　所谓久期，是指债券的价值对利率变化敏感程度的一种近似测度，更具体地说，就是利率变化一定的百分比时债券价值的变化。它是以未来时间发生的现金流，按照目前的收益率折现成现值，再用每笔现值乘其距离债券到期日的年限求和，然后以这个总和除以债券目前的价格得到的数值。

3. 影响利率风险的债券特性

债券价格对于市场利率的敏感性取决于发行的特点，例如，到期日、息票利率、嵌入期权等。

（1）到期日的影响

在其他因素相同的条件下，到期时间越长，债券价格对市场利率波动越敏感。举个例子，利率为6%的20年期债券，收益率为6%，如果投资者要求收益率提高到6.5%，债券价格将会从100元下降到94.447 9元，价格下降了5.55%。利率为6%的30年期债券，收益率为6%，在收益率同样提高到6.5%的情况下，债券价格从100元下降到93.478 2元，价格下降了6.52%。

表4-2　到期日对债券价格的影响

债券名称	利息率/%	收益率/%	到期日/年	价格/元	价格下降比例/%
债券1	6	6	20	100	—
债券1	6	6.5	20	94.447 9	5.55
债券2	6	6	30	100	—
债券2	6	6.5	30	93.478 2	6.52

（2）息票利率的影响

在其他因素相同的条件下，息票利率越低，债券价格对市场利率波动越敏感。举个例子，利率为9％的20年期债券，收益率为6％，债券价格为134.672 2元。如果投资者要求收益率提高到6.5％，债券价格将会下降到127.760 5元，价格下降了5.13％。下降幅度比上面提到的利率6％，20年期，收益率6％的债券下降幅度5.55％要小。表4-3给出了在相同情况下，零息票债券的价格变化情况，这表明零息票债券的利率敏感性比相同到期日、相同收益的附息债券强。

表4-3 息票利率对债券价格的影响

债券名称	利息率/%	收益率/%	到期日/年	价格/元	价格下降比例/%
债券1	9	6	20	134.672 2	—
债券1	9	6.5	20	127.760 5	5.13
债券2	0	6	20	31.18	—
债券2	0	6.5	20	28.38	8.98

（3）嵌入期权的影响

有嵌入期权的债券，其价格变动由利率变动导致嵌入期权价值变动的情况来决定。举个例子，利率下降，可赎回债券价格的增加可能不会像无期权债券增加得那么多。为了理解其中的原因，我们把可赎回债券看成是赋予了投资者一个看涨期权，将可赎回债券的价格分解为两个部分，表示如下：

可赎回债券的价格＝不可赎回债券的价格－可赎回期权的价格

从无期权债券价格中减去嵌入期权债券价格是因为买入期权对发行者有利，对债券持有者不利，这使得可赎回债券价格相对于无期权债券减少了。当利率下降的时候，无期权债券价格上升，然而可赎回债券中的嵌入看涨期权价格也上升了，因为看涨期权对于发行者来说，价值增加了。因此，当利率下降时，等式右边的两项都上升了。利率下降，可赎回债券价格的增加不会像无期权债券增加得那么多。

相似的，当利率上升时，可赎回债券价格的下降幅度可能不会像无期权债券下降得那么多，因为嵌入看涨期权的价格也下降了。所以当利率上升时，可赎回债券价格下降，但下降幅度被期权价格的下降抵消了一部分。

（4）收益率水平的影响

因为信用风险不同，所以不同的债券收益率不同，即使它们有相同息票利率、嵌入期权和到期时间。但是当其他因素不变的情况下，债券收益率越高，债券价格的敏感性越低。我们来对比一下（如表4-4所示）收益率为6％、息票利率为6％的20年期债券和收益率为10％、息票利率为6％的20年期债券。前者最初价格为100元，后者为65.95

元。现在，如果两个债券的收益率都增加 100 个基准点，前者的交易价格下降 10.59 (10.59%)到 89.41 元，后者交易价格只下降 5.77(8.75%)到 60.18 元。因此我们可以看到，其他条件相同的情况下，低收益率的债券在价格变动的百分比和绝对数量上的波动性都比较大。由此可以推断，利率变动一定单位，在市场利率高的情况下，债券价格敏感性低；反之，在市场利率低的情况下，债券价格敏感性高。

表 4-4　收益率水平对债券价格的影响

债券名称	息票率/%	收益率/%	到期日/年	价格/元	价格下降比例/%
债券 1	6	6	20	100	—
债券 1	6	7	20	89.41	10.59
债券 2	6	10	20	65.95	—
债券 2	6	11	20	60.18	8.75

(5)浮动利率证券的利率风险

浮动利率证券的息票利率是定期根据参考利率(现行市场利率，如美国国债或伦敦银行同业拆借利率)加上一个差价来重新确定一次，其中，差价是已经设定好的并在证券的整个有效期中运用。浮动利率证券的价格受以下因素的影响。

第一，距下一个息票设定时间越长，价格潜在的波动越强。例如，一个浮动利率证券每 6 个月重设一次息票，其计算公式为 6 个月的国债利率加上 20 个基准点。假定在息票重设日的 6 个月国债利率是 5.8%。如果重设日之后一天的 6 个月国债利率上升到 6.1%，这个证券支付的 6 个月国债利率少于现行的 6 个月国债利率，证券价格必须下降，来反映下降了的息票利率。如果息票每 1 个月重设一次，并且按 1 个月国债利率来计算，同时重设之后国债利率立刻上升了，在这种情况下，1 个月的息票债券价格下降幅度将小于 6 个月的息票债券价格下降幅度。

第二，浮动利率证券价格波动的另一个原因是投资者要求的差价有变动。例如，息票利率设定为 6 个月的国债利率加上 20 个基准点，如果投资者想要加上 30 个基准点的差价，这个证券提供的息票利率就要比市场利率低 10 个基准点，结果是证券价格下降。

浮动利率债券的未来利息支付依赖于基准利率，而未来基准利率的变动是无法知道的，所以一般用一种称为有效利差(Effective Margin)的方法来度量浮动利率债券的收益率。有效利差表示投资者投资浮动利率债券所得到收益率超过基准利率的平均利差。有效利差的计算步骤如下：①假设基准利率在债券的存续期内保持不变，得到债券的现金流。②选取一个利差。③用基准利率和②中选出来的利差得到的利率对债券的现金流进行贴现。④比较③中得出的现值和浮动利率债券的价格，如果两者相等，那么②中所选的利差即为有效利差；否则重新选择利差和计算现值，直到计算出来的现值和债券的价格相等为止。

在债券的存续期中，如果参考利率的变动范围比较大，那么有可能使得浮动利率债券的票面利率变得很大或者很小，为了避免票面利率出现这种极端情况，一般规定了利率的上限（Cap）和下限（Floor）。一旦息票利率通过息票重设公式计算的值超过上限，息票将按照上限利率来确定利率，证券将提供一个低于市场的息票利率，其价格也会下降。实际上，一旦触及上限，证券价格将和固定利率息票证券一样，同市场利率以相同的方式变动。浮动利率证券的这种风险叫作上限风险（Cap Risk）。

4.1.2　再投资风险

固定收益证券要还本付息，我们假定收取的现金流量将用来进行再投资。这种通过再投资所获得的收益有时被称为利息的利息，该收益取决于再投资时的即期利率水平和再投资策略。市场利率的变化所引起的既定投资策略下再投资收益率的波动性被称为再投资风险（Reinvestment Risk）。这种风险是指现金流量可用于再投资的期间内，利率可能会下降。持有债券的期限越长，再投资风险就越大。同时，具有大额即期现金流的债券（如高息票债券），再投资风险也较大。值得注意的是，利率风险和再投资风险具有此消彼长的关系，也就是说，利率风险是指利率将要上升，从而导致债券价格下降的风险。与此相反，再投资风险是指利率下降，将导致利息的再投资收益下降所带来的风险。以这种此消彼长的效果为基础所制定的投资策略被称为免疫（Immunization）策略。

再投资风险也发生在投资者每期获得到期收益的时候将获得的收益再投资的风险。例如，投资者购买了一种20年期、收益率为6%、每半年支付一次利息的债券，每次息票利息发放的时候，投资者需要将获得的利息进行再投资，并保证这笔资金在到期日之前能持续获得6%的再投资收益，也就是说，他在购买债券半年之后获得的第一笔利息在该债券未来剩余的19.5年期限中都以6%的利率获得再投资收益。如果再投资收益率低于6%，那么投资者就面临着再投资风险。而对于分期偿还债券（定期返还本金），则面临更高的再投资风险，因为在利率较低的市场环境中，投资者有更多的资产（本金和利息）面临再投资风险。

从这个角度来看，零息票债券对一些投资者来说更具有吸引力，因为它没有息票支付，不存在再投资风险。在前面的讨论中我们得出结论：有相同到期日的两种债券，其中息票利率越低的，面临的利率风险越高。因此，给定到期日的零息票债券使投资者面临很大的利率风险。

4.1.3　提前赎回风险

定义 4.4　提前赎回风险是指：债券契约可能包含一项条款，允许发行人在到期日之前全部或部分地买回或"赎回"已发行的债券，由此给投资者带来的风险。

发行人通常保留此项权利，以便在未来市场利率下降到低于息票利率时，能够灵活地为债券再融资。从投资者角度来讲，提前赎回条款对自己是不利的(详见第1章1.3.5节)。

机构债券、公司债券或市政债券都有可能嵌入提前赎回或终止期权，在这种情况下，发行人可以在约定的到期日之前，买回已经发行在外的债券。尽管通过较低的价格或较高的收益率，可以对投资者所承担的债券提前赎回风险进行补偿，但是，我们很难确定这种补偿是否足够。无论如何，具有可赎回风险债券的收益率会远远高于其他类似的不可赎回债券的收益率。而度量提前赎回风险要考虑期权的很多参数变量，比如说市场条件的变化，这就使得提前赎回风险很难度量。同时，提前赎回风险在债券组合管理中非常具有普遍性，以至于许多市场参与者认为其重要性仅次于利率风险。

4.1.4 信用风险

固定收益债券的信用风险通常包括两类：第一，债券发行人在债券到期时无法履行还本付息义务的风险，这种形式的信用风险也被称为违约风险；第二，债券的价值下降或者债券的表现劣于其他同类的债券所带来的风险，产生这种风险的原因可能是用于补偿债券风险的价差增大(发行人违约的可能性增大)或者债券评价下降。第一类风险，即违约风险，指的是发行者不能履行按时支付本金和利息义务的风险。当违约发生的时候，投资者并不一定会损失全部的投资金额，可以通过法律程序或者协商取回一部分的现金，这部分现金占总金额的比率被称为回收比率(Recovery Rate)，没有办法收回的现金占总金额的比率称为损失比率(Loss Rate)。在知道违约率和回收比率的情况下，违约损失率就可以被计算出来。为了对投资者所承担的违约风险进行补偿，固定收益证券与零违约风险的基准债券之间会有一定的收益率差，这种收益率差被称为风险溢价(Risk Premium)或者价差(Spread)。显然，违约风险越大，其风险溢价越高。第二类风险产生的原因主要是债券较差的市场表现。这种风险被称为信用价差风险，也叫债券息差风险(Credit Spread Risk)，指的是：即使不出现违约，投资者还面临着债券的市场价值下降或者债券价格低于其他债券价格的风险。前面提到，市场对收益率要求的变动会使债券价格往反方向变动，所以如果经济活动中的收益率上升，债券价格就会下降，反之亦然。

债券收益率由两个部分组成：①相似的非违约债券的收益率。②非违约债券高于收益率的溢价是对债券相关风险的补偿。这个风险溢价就是收益率差价。在美国，国债收益率被认为是基准收益率，因为国债被认为无违约风险，它们具有高流动性，不可赎回。风险溢价中用来弥补违约风险的那部分就叫作债券息差。债券息差增加时，债券的市场价格会下降(假定国债利率不变)。债券息差增加导致发行者债务下降的风险被称为债券息差风险。在经济衰退的时候，发行者用来支持债券偿付的现金流会减少，这时投资者的债券息差风险增加，市场中所有债券的价格都会下降。

信用评级是专门的评级公司对于投资者投资债券所面临的违约风险进行评定。这些评级通常由以下三家信用评级公司给出：标准普尔公司(Standard & Poor's)、穆迪投资者服务公司(Moody's)和惠誉国际评级公司(Fitch Ratings)。债券的信用评级一旦确定，信用评级机构就会检测债券发行人的信用质量，并根据情况变化作出不同的信用评级。债券或债券发行人的信用质量改善会获得更优信用评级的奖励，这被称为信用升级(Upgrade)；债券或债券发行人的信用质量恶化会获得更糟的信用评级惩罚，这被称为信用降级(Downgrade)。未预期到的债券或债券发行人的信用降级会增大信用价差，并导致债券价格下降，这种风险被称为信用降级风险(Downgrade Risk)。一般来说，在债券发行人的信用等级改变之前，评级机构就会提前宣布，债券发行人有被升级或降级的可能性。这种升级或降级会在"评级表"或"信用表"上显示。在宣布时，评级机构会说明债券发行人评级改变的可能方向——升级或降级。宣布后，一般3个月内债券发行的信用等级就会改变。另外，评级机构还会制定评级事件一览表(A Rating Outlook)。评级事件一览表中显示一个事件在长期(6个月到2年)是否有可能改变债券发行人的信用等级(升级、降级或保持现有等级)，评级机构以正(很可能升级)、负(很可能降级)或稳定(很可能保持现有等级)在评级事件一览表中标示。

【专栏4-1】

近年来中国债券市场的典型违约案例

1. 上海超日太阳能科技股份有限公司是深交所上市公司，主要从事太阳能电池及相关组件生产销售。公司于2012年3月7日发行5年期、3年末可回售的无担保公司债"11超日债"10亿元。由于光伏行业景气低迷，公司2011和2012年连续亏损。2013年7月，"11超日债"由于发行主体连续两年亏损暂停上市；2014年3月4日，公司公告无法按期足额支付应于3月7日支付的"11超日债"当期利息，构成公募债券市场首单实质违约。经过重组，公司于2014年12月17日发布债券兑付公告，投资者债券本息和罚息全额获赔，总计11.164亿元。

2. 保定天威集团有限公司(简称"天威集团")为央企中国兵器装备集团下属全资子公司。天威集团于2011年2月和4月分别发行了5年期中票10亿元和15亿元，2012年12月和2013年3月分别发行了3年期非公开定向债务融资工具(PPN)各10亿元。2015年4月14日，公司公告称应于4月21日支付的中期票据"11天威MTN2"的8 550万元利息偿付存在不确定性；4月21日公司应付利息违约。"11天威MTN2"成为第一支银行间市场违约债券，同时也成为首只违约的国企债券。

3. 华盛江泉集团有限公司是以钢铁生产为主的民营综合性集团企业。该公司2012年3月12日发行了7年期、5年末可回售的无担保企业债"12江泉债"8亿元，2013年5

月31日发行了7年期、5年末可回售的无担保企业债"13江泉债"6亿元。两只债券都是在交易所市场和银行间市场跨市场发行。

2017年3月13日,"12江泉债"回售本金违约。2017年3月21日,发行人公告称已备妥资金,并委托中证登上海分公司办理其托管部分的1.77亿元回售债券本金发放,资金将于3月22日向投资者派发。2018年3月12日,经过与投资者协商,在银行间市场发行的"12江泉债"回售本金完成兑付。

2018年5月31日,"13江泉债"在上交所的回售本金3 471.5万元按期兑付,但在银行间市场的回售本金违约。

4. 丹东港集团有限公司主营港口装卸堆存和物流贸易业务。该公司2010-2016年期间多次发行短期融资券、超短期融资券、中期票据、定向债务工具和公司债等。2017年10月之后,公司存续的各期债券陆续发生实质性违约:"14丹东港MTN001"于2017年10月回售兑付违约,"15丹东港PPN001"于2018年1月到期兑付违约,"16丹港01"和"16丹港02"于2018年1月末到期兑付违约,"15丹东港MTN001"和"13丹东港MTN1"于2018年3月到期兑付违约。截至2018年底,该公司的存续债券均已发生实质性违约。

5. 富贵鸟股份有限公司为香港联交所上市民营企业,主要从事皮鞋、商务休闲男装及皮具等相关配饰的研发、生产及销售。公司2015年4月发行公募公司债"14富贵鸟"8亿元,2016年7月发行超短期融资券4亿元,2016年8月发行私募公司债"16富贵01",规模13亿元。

2018年4月,公募公司债"14富贵鸟"回售违约,同时引发"16富贵01"加速清偿并于5月8日到期违约,"14富贵鸟"未回售部分也于6月6日提前到期。2018年6月29日,债券主承销商国泰君安以发行人不能清偿到期债务且明显缺乏清偿能力、但仍有重整价值为由,向福建省泉州市中级人民法院提出对公司进行重整。这是首例由债券投资者起诉发行人破产的案例。

6. 凯迪生态环境科技股份有限公司(简称"凯迪生态")为阳光凯迪新能源集团有限公司(简称"阳光凯迪")下属上市子公司(阳光凯迪持股比例为29.08%)。凯迪生态主营生物质发电。

凯迪生态2011年5月发行7年期、5年末可回售中期票据12亿元,2011年11月发行7年期公司债11.8亿元,2016年9月和12月共发行三期公司债合计16亿元。阳光凯迪2010年8月发行10年期企业债10亿元,2016年6月发行5年期、3年末可回售公司债18亿元。

2018年5月,凯迪生态所发行的"11凯迪MTN1"到期违约。2018年9月7日,凯迪生态有两期债券违约,其中"16凯迪01"为回售和付息违约,"16凯迪02"为付息违约。2018年6月,母公司阳光凯迪所发行的"16凯迪债"付息违约。

7. 永泰能源股份有限公司为永泰集团实际控制的 A 股上市公司，历史上曾多次发行债券。2018 年 7 月 5 日，"17 永泰能源 CP004"发生本息实质性违约，由此触发存续期内的"18 永泰能源 CP003""17 永泰能源 CP007""18 永泰能源 MTN001"等多只债券的交叉违约条款，发生多起债券违约事件。

4.1.5　收益率曲线风险

收益率曲线（Yield Curve）是显示一组货币和信贷风险均相同，但期限不同的债券或其他金融工具收益率的图表。纵轴代表收益率，横轴则是距离到期的时间。收益率是指个别项目的投资收益率，利率是所有投资收益的一般水平，在大多数情况下，收益率等于利率，但也往往会发生收益率与利率的背离，这就导致资本流入或流出，从而使收益率向利率靠拢。债券收益率在不同时期的走势未必均匀，这就有可能形成向上倾斜、水平以及向下倾斜的三种收益率曲线。收益率曲线风险主要表现在：同一期限债券的收益率会随着时间的变化而变化，或者随着到期日的临近，而导致收益率发生变化。另外，不同期限债券的收益率的变化幅度也不同。

总体来说，收益率曲线风险在套期保值的情况下显得更为重要。例如，如果一个交易者拥有一个套期保值头寸，或者一个基金或保险公司正需要一种资产来对冲一种负债，这时，收益率曲线风险就很关键。但是，如果基金公司决定投资于中间市场，那么到期日就不太重要了。在另外一种情况下，我们也需要考虑收益率曲线风险，那就是债券互换交易。在债券互换交易中，可能的价值增加完全取决于收益率曲线的平行移动（或其他同等的套利）假定。

4.1.6　通货膨胀风险

定义 4.5　通货膨胀风险（Inflation Risk）又称为购买力风险，是指通货膨胀引起的以购买力衡量的证券现金流量价值的变动而形成的风险。

例如，假设投资者购买债券的息票利率是 5%，但是通货膨胀率是 6%，那么，债券现金流量的购买力实际上已经下降了。除了浮动利率债券，其他债券的投资者都面临着通货膨胀风险，因为债券发行人承诺支付的利率在整个债券期限内是固定不变的。在某种程度上，利率反映了预期的通货膨胀率水平，浮动利率债券的通货膨胀风险水平较低。通货膨胀率用来表示现金的实际购买力，影响整个市场的预期收益率大小。大部分债券的票面利率在存续期间是固定不变的，当通货膨胀的幅度大于债券的票面利率时，将使得债券现金流的实际购买力下降，这种风险就称为通货膨胀风险。例如，如果投资者购买了一个债券，其息票利率为 6%，通货膨胀率为 3%，投资者的购买力没有增加 6%，而只是增加了 3%（=6%−3%）。

【专栏 4-2】

我国发行通货膨胀指数债券的实践意义

通胀指数债券又称为通胀挂钩债券、通胀保护债券等，属于浮动利率债券的一种，在其存续期内，本金和利息与通货膨胀率相关指数挂钩呈周期性调节，是一种借贷双方的利息与本金支付随某一个反映通货膨胀的指标(CPI、RPI 或 GDP 平减指数等)的变化而变化的金融工具。

目前，美国、英国等发达国家均采用本金指数化形式发行通胀债券，即本金在期末按照累计通胀率一次性支付，利息按照发行招标时确定的固定票面利率支付。由于作为付息计算基数的名义本金随挂钩的通胀指数调整，应付利息也随通胀水平变化。

通胀指数债券在全球债券市场占有重要地位，2015—2019 年的年均发行额在3 100 亿美元左右。发达国家(如美国、英国、加拿大、法国、意大利、澳大利亚、日本等)是通胀指数债券发行的主力，通胀债券也是发达国家债券市场的基础工具之一。

发行通胀指数债券的作用：(1)对于投资人来说，通胀指数债券能够降低通胀风险，实现资产保值，锁定真实收益，匹配通胀敏感负债，提升组合多样化，分散组合风险。(2)对发行人来说，通胀指数债券能够减轻债务负担，固定发行成本，降低资产负债错配风险，优化资产负债管理结构。(3)对于宏观经济政策的制定者来说，可以通过通胀指数债券观测通胀预期变化，提高货币政策有效性。

虽然我国目前尚没有通胀指数债券，但是，随着我国债券市场化进程稳步推进，通胀指数债券作为一种对冲通胀、满足投资者保值资产、优化资产负债匹配的有效工具，其发展条件正在成熟。因此，适时发行通胀指数债券将对进一步完善我国债券市场体系具有积极意义。具体来说，第一，发行通胀指数债券将为完善通胀预期指标、加强通胀预期管理、检验货币政策有效性提供切实的依据和参考；第二，通胀债券的波动性低于普通债券，有利于熨平因经济周期引发的波动，稳定市场；第三，发行通胀指数债券属于债券市场的重要基础建设，可以扩充浮息债基准，完善收益率曲线，丰富债券品种，促进零售市场发展。

(资料来源：邓宛竹、刚健华、刘卓识：《我国发行通货膨胀指数债券的现实意义研究》，载《开发性金融研究》，2020(6))

4.1.7 流动性风险

定义 4.6 流动性风险是债券以等于或接近于债券价值的价格出售的难易程度。

流动性风险产生的原因主要是由于某些事件的发生导致债券不能以债券价值出售，衡量债券流动性的基本指标是交易商报出的买价和卖家的卖价之间的价差。交易商报价与卖家卖价之间的价差越大，债券流动性风险越大。

从流动性风险衡量的角度，流动性风险被定义为"并不单纯由大宗交易所导致的买卖价差的增大。"如何在多交易商市场衡量买卖价差取决于如何解释买卖价差。当投资者想在到期日之前卖出持有的债券，那么他要考虑经纪商报出的买入价是否和债券的内在价值接近。流动性风险是指投资者卖出债券的价格低于债券在近期交易中反映的价格。美国证券市场的交易是采用做市商制度，投资者在买卖证券的时候以做市商为中介。做市商对同一证券报出两个价格：买入价格（Bid Price），表示做市商愿意出多少钱来购买该债券；卖出价格（Ask Price），表示从做市商手中买入该债券需要出多少钱。对于做市商来说，其买入价格低于卖出价格，有正的收益，这部分收益是做市商维持市场流动性得到的报酬。对于投资者来说，其买入价高于卖出价，收益为负，这是投资者在进行证券交易过程中所付出的交易成本。买入价格和卖出价格之差称为买卖价差，买卖价差的大小反映了证券在交易过程中的流动性风险大小。买卖价差越大，流动性风险越大。市场流动性的变动可由市场中做市商的数量来决定，当一个新的市场形成时，随着经纪商的不断进入，市场流动性会增加；相反，当债券的吸引力下降时，经纪商离开市场，市场的流动性就会下降。在一个交易足够活跃的市场里面，证券交易的买卖价差通常很小，一般只有几个基点。例如，如表4-5所示，在一个有4个交易商的市场中，每一个报价都是92+32（这种价格表示方式是指数标价，如果一种债券的标价为92+20，那么此种债券的实际价格为92+20/32美元）。

表 4-5　证券交易的买卖价差比较

项目	交　易　商			
	1	**2**	**3**	**4**
买价	1	1	2	2
卖价	4	3	4	5
买卖差价	3	2	2	3

以上所示的买卖差价是相对于交易商来衡量的。从表4-5中可以看出，最好的买卖差价是交易商2和3。

从整个市场来说，最好的买卖差价在于交易商所能给出的最高的买价和最低的卖价。这种流动性风险也被称为市场买卖价差。上面的例子中，最高的买价是2，最低的卖价是3，所以市场买卖价差是1。

对于准备并有能力持有债券至到期日的私人投资者来说，流动性风险无关紧要；与此相反，机构投资者必须定期按市场价格调整头寸。按市场调整头寸简称盯市，是指投资组合管理者必须定期确定投资组合中各种债券的市场价值，为了获得能够反映市场价值的债券价格，债券交易必须足够频繁。国库券具有最好的流动性，相反，其他固定资产，比如珍贵的油画、收藏的艺术品，或者是价值昂贵的住宅，这些资产的流动性很差，很难在市场上及时以市场价值卖出。由于投资者或多或少地偏好流动性，如果债券的流动性降低，那么它的价格也会降低，即投资者要求的收益率越高。

4.1.8 汇率风险

定义 4.7 当投资者持有债券的利息和本金以外国货币偿还或者以外国货币计算，但是用本国货币偿还的时候，债券持有者以本国货币计算的现金流价值受支付本息时的汇率影响，这种由于汇率引起的风险叫作汇率风险。

当外国货币相对于本国货币升值的时候，债券的现金流（以外币计价）可以兑换到更多的本国货币，所以有利于持有债券的投资者；当外国货币相对于本国货币贬值的时候，债券的现金流可以兑换的本国货币减少，不利于持有债券的投资者。非日元面值债券（即用非日元货币进行支付的债券）以日元计量的现金流量是不确定的，以日元计量的现金流量取决于债券偿付时的汇率。例如，假设投资者购买了以加元进行支付的债券，如果加元相对于日元贬值，那么投资者所获得的以日元计量的收入就会减少；当然，如果加元相对于日元升值，那么投资者所获得的以日元计量的收入就会增加，这种风险就被称为汇率风险或货币风险。

除了汇率变化所带来的收入的改变，投资者还面临国内市场的利率风险或市场风险。例如，如果一个日本投资者购买了以欧元进行支付的德国政府债券，假如投资者在到期日之前卖出债券，那么所获得的收益将取决于德国政府债券市场的利率水平以及日元和欧元之间的汇率水平。

4.1.9 波动率风险

定义 4.8 波动性会对债券价格产生不利影响，这种风险被称为波动率风险。

对于附有某些类型的嵌入式期权（例如看涨看跌期权、提前赎回期权）的债券而言，债券价格取决于利率水平和影响嵌入式期权价值的因素，预期的利率波动性就是波动因素之一。具体而言，当预期的利率波动性增大时，期权价值就会上升，对于可赎回债券和抵押债券支持证券而言，投资者将期权授予给债券发行人，也即投资者出让了更有价值的期权，所以债券的价格会下降。

4.1.10 价格波动风险

定义 4.9 价格波动风险是指债券价值因为其价格波动性的改变而改变的可能性。

这是一般的金融资产都会面临的风险，常见的是股票投资者会因为股票价格的下跌而遭受损失，并且价格的波动是由于市场环境所造成的，无法事先进行预防，只能通过对冲的方法来有效降低价格波动风险。特别是对于嵌有期权的债券来说，其期权价值会更容易受到价格波动的影响，价格波动性越大，期权价值也就越高；反之，价格波动性越小,期权价格也就越低。根据期权定价理论,标的资产的价格波动性会影响期权的价格。那么对于嵌入期权的债券来讲,债券的预期收益率波动会影响其嵌入期权的价值,从而影响债券的价格。这种由于预期收益率的波动而引起的风险被称为价格波动风险。

如果预期收益率的波动越大,其他条件不变,嵌入看涨期权价格将会上升,导致可赎回债券价格下降。

如果预期收益率波动减小,将会使嵌入看跌期权的价格下降,进一步使可回售债券的价格下降。

综上所述,可赎回债券的波动性风险是由于预期收益率波动上升带来的风险;而可回售债券的波动性风险是由于预期收益率波动下降带来的风险。

4.1.11 政策风险

定义 4.10 由于政府或法律的原因而导致债券价值下降所带来的风险被称为政策风险。

有时候,政府可能会宣布对某些债券征税或征其他附加税,而有的债券有可能会获得政府的税收减免。上述情况中,有的会对债券的价值造成负面影响;相反,也有可能政府或权威机构的声明对债券的价值有正面影响。

4.1.12 事件风险

定义 4.11 事件风险是指某些突发事件的发生对债券价值的影响。

突发事件包括自然灾害、不可预料的事故、制度变迁、政治因素以及企业并购等,这些突发事件将导致债务人可能无法按期足额清偿本息。这些因素就是突发事件风险。例如,如果发生了大的灾难,一些保险公司将会面临很大的赔偿金额,这就有可能使保险公司的债券现金流支付发生困难,从而导致投资者对于债券的信用风险的重新评估,最终影响到债券的市场价格。中国企业债券面临的事件风险尤为突出,这主要是由于中国资本市场发展不完善和中国产业制度政策不健全所造成的。而这些问题的解决并不是一个短暂的过程,在解决之前,就极有可能导致某些交易品种和市场主体受到限制并因此形成风险。

4.1.13 主权风险

定义 4.12 主权风险是指在偿还贷款或服务方面,政府态度或政策的变化。

政府可能会限制外汇流入服务业或私人。由于不同的政府优惠政策,外汇债券可能会采取不同的支付方式。政权的更替可能会导致上一个政权的债务无法清偿。贷款质量的好坏取决于两方面:借款人偿还贷款的能力和借款人还款的意愿。这对主权风险同样适用,主权风险包括两部分:一国政府还款的意愿和一国政府还款的能力。而后者往往是违约和债务恶化的主要原因。

4.2 信用评级

4.2.1 信用评级的定义

定义 4.13 信用评级就是评价固定收益证券违约风险的大小。

信用评级(Credit Rating),又称资信评级,是一种社会中介服务,为社会提供资信信息,或为单位自身提供决策参考。最初产生于20世纪初期的美国。1902年,穆迪公司的创始人穆迪开始对当时发行的铁路债券进行评级。后来延伸到各种金融产品及各种评估对象。由于信用评级的对象和要求有所不同,因而信用评级的内容和方法也有较大区别。

4.2.2 公司债券的信用评级发展历史

度量公司债券违约风险的最简单常用的工具是公司债券的信用评级。信用评级制度的形成已经有一百多年的历史。1837年,路易斯·塔班在纽约建立了第一个信用评级机构。1847年,约翰·布拉特建立了自己的信用评级机构,并于1857年出版发行了第一本信用评级指南。1909年,美国穆迪公司的创始人约翰·穆迪有创见地提出了给公司债券评级的想法,使信用评级得以进入债券市场。1922年,普尔公司开始对企业债券实施评级,并迅速地将评级拓展到公共债务领域。成立于1920年的标准统计公司也于1924年开始了对工业债券的评级业务。1941年,普尔公司和标准统计公司宣布合并成为著名的标准普尔公司。由于工业化的推动使得经济迅速发展,许多公司进入资本市场通过发行债券筹措资金。然而,发债公司的财务状况好坏参差不齐,再加上资本市场固有的信息不对称,使得债券投资者无法识别持有的各种债券隐含的违约风险究竟有多大。穆迪公司和标准普尔公司各自建立了一套衡量债券风险的信用指标体系,利用这种指标体系可以确定每一种债券的信用级别。投资者可以根据信用评级公司评定的债券等级,判断各种债券的风险状况,再根据自己的风险偏好确定最合适的投资品种,构建最优的债券组合。因此,在西方发达国家,随着经济的迅速发展、资本市场的迅猛扩张,信用评级作为一个独立的行业也得到了飞速发展。目前,美国、法国、英国及日本等发达国家都有自己独立的信用评级体系。

我国的信用评级发端于20世纪80年代后期。1987年2月,国务院颁布了《企业债券管理暂行条例》,信用评级机构首先开始对企业债券进行信用评级。1992年6月,中国信用评级协会筹备会经过多次讨论制定了《债券信用评级办法》。1993年国务院作出明确规定,要求发行企业债券必须经过信用评级,债券发行额度在1亿元以上的还要有全国性的信用评级机构的评估。经过30多年的发展,截至2018年12月31日,中国国内债券市场有13家评级机构,其中,银行间债券市场5家,交易所债券市场8家。采用发行人付费模式的评级机构有 9 家，其中 7 家为内资企业——大公自信、上海新世纪资信评估投资服务有限公司、东方金诚国际信用评估有限公司、联合信用评级有限公司、中诚信证券评估有限公司、鹏元资信评估有限公司、上海远东资信评估有限公司，另外两家合资企业是联合资信评估有限公司、中诚信国际信用评级有限公司。采用投资人付费模式的有 4 家，分别是银行间债券市场的中债资信评估有限责任公司，以及交易所债券市场的上海资信有限公司、中证指数有限公司、北京中北联信用评估有限公司。

4.2.3　信用评级的作用

信用评级的根本目的在于揭示受评对象违约风险的大小，而不是其他类型的投资风险，如利率风险、通货膨胀风险、再投资风险及汇率风险等。

需要指出的是，信用评级不同于股票推荐。前者是基于资本市场中债务人违约风险作出的，评价债务人能否及时偿付利息和本金，但不对股价本身作出评论；后者是根据每股盈利（EPS）及市盈率（PE）作出的，往往对股价本身的走向作出判断。前者针对债权人，后者针对股份持有人。

信用是市场经济发展的必然产物，是现代经济社会运行中必不可少的一环。维持和发展信用关系，是保护市场经济秩序的重要前提。资信评级即由专业的机构或部门按照一定的方法和程序在对企业进行全面了解、考察调研和分析的基础上，作出有关其信用行为的可靠性、安全性程度的评价，并以专用符号或简单的文字形式来表达的一种管理活动。现在，随着我国市场经济体制的建立，为防范信用风险，维护正常的经济秩序，信用评级的重要性日趋明显，主要表现在以下几个方面。

1. 信用评级有助于企业防范商业风险，为现代企业制度的建设提供良好的条件

转换企业经营机制，建立现代企业制度的最终目标是使企业成为依法自主经营、自负盈亏、自我发展、自我约束的市场竞争主体。企业成为独立利益主体的同时，也将独立承担经营风险，信用评级将有助于企业实现最大的有效经济利益。这是因为，任何一个企业都必须与外界发生联系，努力发展自己的客户，这些客户是企业利益实现的载体，也是企业最大的风险所在。随着市场竞争的日益激烈，最大限度地确定对客户的信用政策，成为企业竞争的有效手段之一。这些信用政策，包括信用形式、期限金额等的确定，必须建立在对客户信用状况的科学评估分析基础上，才能达到既从客户的交易中获取最大收益，又将客户信用风险控制在最低限度的目的。由于未充分关注对方的信用状况，一味追求客户订单而造成坏账损失的教训，对广大企业都不可谓不深刻。同时，由于信用评级是对企业内在质量的全面检验和考核，而且信用等级高的企业在经济交往中可以获得更多的信用政策，可以降低筹资成本，因此既有利于及时发现企业经营管理中的薄弱环节，也为企业改善经营管理提供了压力和动力。

2. 信用评级有利于资本市场的公平、公正、诚信

一方面，随着金融市场的发展，各类有价证券发行日益增多，广大投资者迫切需要了解发行主体的信用情况以优化投资选择、实现投资安全性、取得可靠收益。而信用评级可以为投资者提供公正、客观的信息，从而起到保护投资者利益的作用。

另一方面，信用评级也有利于企业低成本地筹集资金。企业迫切要求自己的经营状况得到合理的分析和恰当的评价，以利于银行和社会公众投资者按照自己的经营管理水平和信用状况给予资金支持，并通过不断改善经营管理，提高自己的资信级别，降低筹资成本，最大限度地享受相应的权益。

3. 信用评级是商业银行确定贷款风险程度的依据和信贷资产风险管理的基础

企业作为经济活动的主体单位，与银行有着密切的信用往来关系，银行信贷是其生产发展的重要资金来源之一，其生产经营活动状况的好坏、行为的规范与否，直接关系到银行信贷资金使用好坏和效益高低。这就要求银行对企业的经营活动、经营成果、获利能力、偿债能力等给予科学的评价，以确定信贷资产损失的不确定程度，最大限度地防范贷款风险。

从投资者角度来说，公司债券的信用评级对投资者的作用主要表现在两个方面。

①为投资者提供债券发行人的补充信息。我国企业债券和公司债券发行都要求发行人披露财务状况、债券发行筹集的资金用途、偿还债务本金和利息的资金保障等信息。而债券信用评级提供的信息，除了这些按规定必须披露的信息以外，还涵盖了债券发行人的其他重要信息，如领导者管理能力、新技术和新产品的研究开发能力等在债券发行的法定信息披露中没有的信息，这在一定程度上可以缓解投资者和债券发行人的信息不对称性。

②对债券发行人的生产、经营和管理等各方面的信息进行综合分析，并对债券的风险状况作出一个总的评价和判断。一般的投资者在面对债券发行人提供的繁杂的信息，即便这些信息披露是足够充分的，都不具备足够的分析能力，对债券的风险水平难以作出客观准确的评价。但信用评级机构凭借其拥有的庞大分析师队伍，对债券发行人的各方面的信息进行综合分析，进而对债券的风险水平作出基本的判断。这可以弥补一般投资者分析能力方面的不足和缺陷。

4.2.4 信用评级的分类

信用评级按照评估对象来分，可以分为企业信用评级、证券信用评级、国家主权信用评级和项目信用评级。

1. 企业信用评级

企业信用评级包括工业、商业、外贸、交通、建筑、房地产、旅游等公司企业和企业集团的信用评级以及商业银行、保险公司、信托投资公司、证券公司等各类金融组织的信用评级。金融组织与公司企业的信用评级要求不同，一般公司企业生产经营比较正常，虽有风险，但容易识别，企业的偿债能力和盈利能力也易测算；而金融组织就不一样，容易受经营环境影响，是经营货币借贷和证券买卖的企业，涉及面广、风险大，在资金运用上要求盈利性、流动性和安全性的协调统一，要实行资产负债比例管理，要受政府有关部门监管，特别是保险公司是经营风险业务的单位，风险更大。因此，金融组织信用评级的风险性要比一般公司大，评估工作也更复杂。

2. 证券信用评级

证券信用评级包括长期债券、短期融资券、优先股、基金、各种商业票据等的信用评级。目前主要是债券信用评级，在我国已经形成制度。国家已有明文规定，企业发行债券要向国家认可的债券评级机构申请信用等级。关于股票评级，除优先股外，国内外都不主张对普通股票发行前进行评级，但对普通股票发行后上市公司的业绩评级，即对上市公司经营业绩进行综合排序大家都持肯定态度，而且有些评估公司已经将其编印成册，公开出版。

3. 国家主权信用评级

国家主权信用评级能够体现一国偿债意愿和能力。国家主权信用评级内容很广，除了要对一个国家国内生产总值增长趋势、对外贸易、国际收支情况、外汇储备、外债总量及结构、财政收支、政策实施等影响国家偿还能力的因素进行分析外，还要对金融体制改革、国企改革、社会保障体制改革所造成的财政负担进行分析，最后进行评级。根据国际惯例，国家主权信用等级被列为该国境内单位发行外币债券的评级上限，该国境内单位发行外币债券的信用等级不得超过国家主权信用等级。

4. 项目信用评级

项目信用评级是对某一特定项目进行的信用评级。

4.2.5 信用评级的方法及比较

信用评级的方法是指对受评客体信用状况进行分析并判断优劣的技巧，贯穿于分析、综合和评价的全过程。按照不同的标准，信用评级方法有不同的分类，如定性分析法与定量分析法、主观评级法与客观评级法、模糊数学评级法与财务比率分析法、要素分析法与综合分析法、静态评级法与动态评级法、预测分析法与违约率模型法等。

1. 要素分析法

根据不同的方法，对要素有不同的理解，主要有下述几种方法。

①5C要素分析法。这种方法主要分析以下5个方面的信用要素：借款人品德(Character)、经营能力（Capacity）、资本（Capital）、资产抵押（Collateral）、经济环

境(Condition)。

②5P 要素分析法。这种方法主要分析以下 5 个方面的信用要素：个人因素(Personal Factor)、资金用途因素(Purpose Factor)、还款财源因素(Payment Factor)、债权保障因素(Protection Factor)、企业前景因素(Perspective Factor)。

③5W 要素分析法。5W 要素分析法中的信用要素为：借款人(Who)、借款用途(Why)、还款期限(When)、担保物(What)及如何还款(How)。

④4F 要素分析法。4F 要素分析法着重分析以下 4 个方面要素：组织要素(Organization Factor)、经济要素(Economic Factor)、财务要素(Financial Factor)、管理要素(Management Factor)。

⑤CAMPARI 法。CAMPARI 法即对借款人以下 7 个方面进行分析：品德，即偿债记录(Character)、借款人偿债能力(Ability)、企业从借款投资中获得的利润(Margin)、借款的目的(Purpose)、借款金额(Amount)、偿还方式(Repayment)、贷款抵押(Insurance)。

⑥LAPP 法。LAPP 法分析以下要素：流动性(Liquidity)、活动性(Activity)、盈利性(Profitability)和潜力(Potentialities)。

⑦骆驼评估体系。骆驼评估体系包括 5 个部分：资本充足率(Capital Adequacy)、资产质量(Asset Quality)、管理水平(Management)、收益状况(Earnings)、流动性(Liquidity)，其英文第一个字母组合在一起为"CAMEL"，因正好与"骆驼"的英文名字相同而得名。

上述评级方法在内容上都大同小异，都是根据信用的形成要素进行定性分析，必要时配合定量计算。它们的共同之处都是将道德品质、还款能力、资本实力、担保和经营环境条件或者借款人、借款用途、还款期限、担保物及如何还款等要素逐一进行评分，但必须把企业信用影响因素的各个方面都包括进去，不能遗漏，否则信用分析就不能达到全面反映信用状况的要求。传统的信用评级要素分析法均是金融机构对客户作信用风险分析时所采用的专家分析法。在该指标体系中，重点放在定性指标上，通过他们与客户的经常性接触而积累的经验来判断客户的信用水平。另外，美国几家信用评级公司都认为信用分析基本上属于定性分析，虽然也重视一些定量的财务指标，但最终结论还要依靠信用分析人员的主观判断，最后由评级委员会投票决定。

2. 综合分析方法

综合分析评级方法就是依据受评客体的实际统计数据，利用综合评级得分(或称指数)的数学模型进行计算，得出综合评级得分。

3. 加权评分法

这是目前信用评级中应用最多的一种方法。一般做法是根据各具体指标在评级总目标中的不同地位，给出或设定其标准权数，同时确定各具体指标的标准值，然后比较指标的实际数值与标准值得到级别指标分值，最后汇总指标分值求得加权评估总分。

加权评分法的最大优点是简便易算，但也存在 3 个明显的缺点。

①未能区分指标的不同性质，会导致计算出的综合指数不尽科学。信用评级中往往会有一些指标属于状态指标，如资产负债率并不是越大越好，也不是越小越好，而是越接近标准水平越好。对于状态指标，加权评分法很容易得出错误的结果。

②不能动态地反映企业发展的变动状况。企业信用是连续不断的，加权评分法只考察一年，反映企业的时点状态，很难判断信用风险状况和趋势。

③忽视了权数作用的区间规定性。严格意义上讲，权数作用的完整区间，应该是指标最高值与最低值之间，不是平均值，也不是最高值。加权评分法计算综合指数时，是用指标数值实际值与标准值进行对比后，再乘权数。这就忽视了权数的作用区间，会造成评估结果的误差。因此，加权评分法难以满足信用评级的基本要求。

4. 隶属函数评估法

这种方法是根据模糊数学的原理，利用隶属函数进行综合评估。一般步骤为：首先利用隶属函数给定各项指标在闭区间[0，1]内相应的数值，称为"单因素隶属度"，对各指标作出单项评估。然后对各单因素隶属度进行加权算术平均，计算综合隶属度，得出综合评估的指标值。其结果越接近 0 越差，越接近 1 越好。

隶属函数评级方法较之加权评分法具有更大的合理性，但该方法对状态指标缺乏有效的处理办法，会直接影响评级结果的准确性。同时，该方法未能充分考虑企业近几年各项指标的动态变化，评级结果很难全面反映企业生产经营发展的真实情况。因此，隶属函数评估方法仍不适用于科学的信用评级。

5. 功效系数法

功效系数法是根据多目标规划原理，对每一个评估指标分别确定满意值和不允许值。然后以不允许值为下限，计算其指标实现满意值的程度，并转化为相应的评估分数，最后加权计算综合指数。

由于各项指标的满意值与不允许值一般均取自行业的最优值与最差值，因此，功效系数法的优点是能反映企业在同行业中的地位。但是，功效系数法同样既没能区别对待不同性质的指标，也没有充分反映企业自身的经济发展动态，使得评级结论不尽合理，不能完全实现信用评级所要实现的评级目的。

6. 多变量信用风险二维判断分析评级法

对信用状况的分析、关注、集成和判断是一个不可分割的有机整体，这也是多变量信用风险二维判断分析法的评级过程。

多变量特征是以财务比率为解释变量，运用数量统计方法推导而建立起的标准模型。运用此模型预测某种性质事件发生的可能性，使评级人员能及早发现信用危机信号。经长期实践，这类模型的应用是最有效的。多变量分析就是要从若干表明观测对象特征的变量值(财务比率)中筛选出能提供较多信息的变量并建立判别函数，使推导出的判别函数对观测样本分类时的错判率最小。根据判别分值、确定的临界值对研究对象进行信用风险的定位。

二维判断就是从两方面同时考察信用风险的变动状况：一是空间，即正确反映受评客体在本行业(或全产业)时点状态所处的地位；二是时间，尽可能考察一段时期内受评客体发生信用风险的可能性。

4.2.6 评级机构

目前国际公认的专业信用评级机构有 3 家，分别是穆迪、标准普尔和惠誉国际。

1. 穆迪(Moody)

穆迪(Moody)公司的创始人是 John Moody。他在 1909 年出版的《铁路投资分析》一书中发表了债券资信评级的观点，使资信评级首次进入证券市场。他开创了利用简单的资信评级符号来分辨不同公司发行的债券的做法，正是这种做法将资信评级机构与普通的统计机构区分开来，因此后人普遍认为资信评级最早始于穆迪的铁道债券资信评级服务。1913 年，穆迪将资信评级扩展到公用事业和工业债券上，并创立了利用公共资料进行第三方独立资信评级或无经授权的资信评级方式。穆迪评级和研究的对象以往主要是公司和政府债务、机构融资证券和商业票据，近年来，开始对证券发行主体、保险公司债务、银行贷款、衍生产品、银行存款和其他银行债以及管理基金等进行评级。

2. 标准普尔

标准普尔(S&P)由普尔出版公司和标准统计公司于 1941 年合并而成。普尔出版公司的历史可追溯到 1860 年，当时其创始人 Henry V. Poor 出版了《铁路历史》及《美国运河》，率先开始金融信息服务和债券评级服务。1966 年，标准普尔被麦克劳希尔公司(McGraw Hill)收购。公司主要对外提供关于股票、债券、共同基金和其他投资工具的独立分析报告，已成为一个世界级的权威分析机构。

3. 惠誉国际

惠誉国际(Fitch)是在 1913 年由 John K. Fitch 创办，起初是一家出版公司，近年来，惠誉国际进行了多次重组和并购，规模不断扩大。1997 年公司并购了另一家评级机构 IBCA，2000 年并购了 Duff & Phelps，随后又买下了 Thomson Bankwatch。惠誉国际 97% 的股权由法国 Fimalac 公司控制，业务范围涵盖金融机构、企业、国家、地方政府和结构融资评级，其评级结果得到各国监管机构和债券投资者的广泛认可。

自 1975 年美国证券交易委员会(SEC)认可上述三家公司为"全国认定的评级组织"或称"NRSRO"(Nationally Recognized Statistical Rating Organization)后，三家公司就基本垄断了国际评级行业。这三家评级机构各有侧重，标准普尔侧重于企业评级方面，穆迪侧重于机构融资方面，而惠誉则更侧重于金融机构的评级。

4.2.7 评级指标

评级机构一般均以"现金流量对债务的保障程度"作为分析和预测的核心，信用评级机构采用多变量指标，运用二维判断方法对相关风险进行定量分析和定性判断，并注重不同地区、不同行业或同行业内评级对象信用风险的相互比较。评级指标根据被评对象及经济主体所处行业不同而不同。一般来说，可以分为以下几类。

1. 定量指标

定量指标主要对被评估人运营的财务风险进行评估，考察会计质量，主要包括以下几个指标。

(1)资产负债结构

分析受评企业负债水平与债务结构，了解管理层理财观念和对财务杠杆的运用策略，如债务到期安排是否合理、企业偿付能力如何等。如果到期债务过于集中，到期不能偿付的风险会明显加大，而过分依赖短期借款，则有可能加剧再筹资风险。此外，企业的融资租赁、未决诉讼中如果有负债项目也会加大受评对象的债务负担，从而增加对企业现金流量的需要量，影响评级结果。

(2)盈利能力

较强的盈利能力及其稳定性是企业获得足够现金以偿还到期债务的关键因素。盈利能力可以通过销售利润率、净值报酬率、总资产报酬率等指标进行衡量，同时分析师要对盈利的来源和构成进行深入分析，并在此基础上对影响企业未来盈利能力的主要因素及其变化趋势作出判断。

(3)现金流量充足性

现金流量是衡量受评企业偿债能力的核心指标，其中分析师尤其要关心的是企业经营活动中产生的净现金流(Net Cashflow)。净现金流量、留存现金流量和自由现金流量与到期总债务的比率，基本可以反映受评企业营运现金对债务的保障程度。一般不同行业现金流量充足性的标准是不同的，分析师通常会将受评企业与同类企业相对照，以对受评企业现金流量充足性作出客观、公正的判断。

(4)资产流动性

资产流动性也就是资产的变现能力，这主要考察企业流动资产与长期资产的比例结构。同时分析师还通过存货周转率、应收账款周转率等指标来反映流动资产转化为现金的速度，以评估企业偿债能力的高低。

2. 定性指标

(1)行业风险评价

即评估公司所在行业现状及发展趋势、宏观经济景气周期、国家产业政策、行业和产品市场所受的季节性、周期性影响以及行业进入门槛、技术更新速度等。通过这些指标评估企业未来经营的稳定性、资产质量、盈利能力和现金流等。一般说来,垄断程度较高的行业比自由竞争的行业盈利更有保障、风险相对较低。

(2)业务风险评估

即分析特定企业的市场竞争地位,如市场占有率、专利、研究与开发实力、业务多元化程度等,具体包括以下3点。

①基本经营情况和竞争地位。受评企业的经营历史、经营范围、主导产品和产品的多样化程度,特别是主营业务在企业整体收入和盈利中所占比例及其变化情况,这可以反映企业收入来源是否过于集中,从而使其盈利能力易受市场波动、原料供应和技术进步等因素的影响。此外,企业营销网络与手段、对主要客户和供应商的依赖程度等因素也是必须考虑的分析要点。

②管理水平。考察企业管理层素质的高低及稳定性,行业发展战略和经营理念是否明确、稳健,企业的治理结构是否合理等。

③关联交易、担保和其他还款保障。如果有实力较强的企业为评级对象提供还款担保,可以提高受评对象的信用等级,但信用评级机构分析师要对该担保实现的可能性和担保实力作出评估。此外,政府补贴、母公司对子公司的支持协议等也可以在某种程度上提高对子公司的评级结果。

信用评级除了包含这些公开的信息以外,还隐含其他非公开信息,如通过对企业领导管理层的访谈获得的公司领导管理能力的信息和公司经营发展战略等其他内部信息。而信用评级公司给债券发行人的信用评级是公司债券风险水平的总的评价,它包含的信息比上述公开的评级指标体系所包含的信息要丰富得多。穆迪公司和标准普尔公司的公司债券评级及相应的违约风险状况可如表4-6所示。

表4-6　穆迪公司和标准普尔公司的债券评级

穆迪公司	标准普尔公司	债券的支付能力
AAA	Aaa	品质最高的债券,几乎没有违约的可能性,因此本金和利息支付几乎没有问题
AA	Aa	第二高品质债券,其违约的可能性稍高于 AAA 或 Aaa,支付本金和利息的能力次于 AAA 或 Aaa 债券

续表

穆迪公司	标准普尔公司	债券的支付能力
A	A	第三高品质债券,支付本金和利息的能力仍很强。在经济状况恶化时,支付本金和利息的能力比上面两种高级债券稍差
BBB	Baa	品质优良债券的最后一级,它支付本金和利息的能力,在正常情况下,堪称足够。遇到经济状况恶化时,支付利息和本金的能力可能会削弱,但一般不至于违约
BB	Bb	这些等级的债券属于投机性债券,这些债券支付本金和利息的能力薄弱,尤其遇到经济状况恶化时,很可能会违约,其投机性从上往下逐步增加
B	B	
CCC	Cca	
CC	Ca	

中国的信用评级机构采用的长期信用评级包括投资级和投机级,投资级分为AAA、AA、A、BBB,投机级分为BB、B、CCC、CC、C,除AAA级、CCC级以下等级外,每一个信用等级可用"+""—"符号进行微调,表示略高于或者略低于本等级。

有了债券的信用评级,投资者只要知道债券的信用等级就能明白债券的风险状况。前面四个等级属于优良的投资级债券,后面四个等级属于投机性债券。

违约率的计算有多种方法,但最常见的是两种方法:一种方法是奥尔特曼(Altman)编制的美国普通债券(不含可转换债券)及高收益债券违约的总市场价值与未清偿债券市场价值的商;另一种方法是穆迪公司的办法,将每个信用等级的违约发行者个数除以该信用等级的全部发行者个数,他们定义的违约是指债券发行者有一次没有支付应该支付的利息。

对给定的信用等级,影响违约风险的一个最主要的因素是债券发行的年龄效应。因为从根本上说,信用评级是根据债券发行公司的财务状况来决定信用等级的。但随着时间的推移,公司业务经营的内外环境都会发生变化,如产业发展态势、行业竞争程度、公司领导管理水平等都有可能改变。这些因素的变化,最终会引起公司的财务状况发生或好或坏的变化。因此,债券的期限越长,债券违约风险中的年龄效应可能越大,并且到一定时间可以忽略不计。债券违约风险的年龄效应的最直接反映是债券的信用等级会随着债券年龄的增长发生变化,信用等级可能上升也可能下降,在单个年度里信用等级保持不变的可能性最大。这种信用等级的变化一般称为信用等级转移。

【本章小结】

本章阐述了固定收益证券市场风险的类型、风险的度量,以及信用评级指标体系等问题。

1. 利率风险是指利率变动而影响债券价值的可能性。由于债券利率的相对固定性，如果利率上升，则债券价格会下降。

2. 久期是用来衡量债券价格对利率变化的敏感程度的一个指标。

3. 收益率曲线风险是指：同一期限的债券收益率会随时间的变化而变化；同一债券会因其到期日的临近，收益率发生变化；不同期限的债券收益率变化幅度不同等。

4. 信用风险指的是债券的发行人因违约、信用级别下降或其净资产数量下降等原因可能无法或不愿意按期支付本息的可能性。

5. 流动性风险是指投资者能否及时并有效地将债券变现的不确定性。

6. 再投资风险，即债券持有人在提前收回本金和利息时，可能不得不面临再次运用这些资金投资时收益低于原债券收益的可能。

7. 通货膨胀风险或购买力风险是受物价普遍上涨导致回收资金的实际购买力下降的可能性。

8. 信用评级是由专门的评级公司对投资者投资债券所面临的违约风险进行评定。

【关键词】

市场风险或称利率风险(Interest Risk)

再投资风险(Reinvestment Risk)

提前赎回风险(Call Risk)

信用风险(Credit Risk)

收益率曲线风险(Yield Curve Risk)

通货膨胀风险(Inflation Risk)

流动性风险(Liquidity Risk)

汇率风险(Exchange Rate Risk)

波动率风险(Volatility Risk)

价格波动风险(Price Fluctuation Risk)

政策风险(Political or Legal Risk)

事件风险(Event Risk)

税收风险(Tax Risk)

主权风险(Sovereign Risk)

【思考题】

某公司发行公司债券，正考虑以下两种方案。

第一种：6年到期，面额10万元，票面利率为10％，每半年付息，债券市场价格为

128 000 元；

第二种：7 年到期，面额 10 万元，票面利率为 12%，每半年付息，债券市场价格为 132 000 元。

这两种方案对于该公司来说，支付利息的压力相当。试问这两种方案中，哪种方案更容易被投资者接受？

【本章参考文献】

1. 布鲁斯·塔克曼. 固定收益证券[M]. 北京：宇航出版社，1999.

2. 类承曜. 固定收益证券[M]. 北京：中国人民大学出版社，2008.

3. 林清泉. 固定收益证券[M]. 武汉：武汉大学出版社，2005.

4. Frank J. Poozzi. The Handbook of Fixed Income Securities[M]. 5th ed. Chicago：Irwin Professional Publishing，1997.

扫码听课

第 5 章
固定收益证券定价

【学习目标】

- 掌握债券定价的一般原理和步骤。
- 计算各种支付频率下不附选择权的固定利率债券以及零息债券的价格。
- 了解债券的到期期限与其价格、收益率之间的关系。
- 计算两个付息日之间交易的债券的价格并了解债券的实际报价方式。
- 了解无套利债券定价法的基本思想。
- 掌握 Excel 和 Python 在债券定价中的运用。

【引导案例】

投资者在投资证券时，最关心的两个指标是价格和收益率。对于债券而言，根据投资时期的不同，其价格可以分为发行价格和存续期间的价格，二者往往是不相等的。现在看一个债券投资的实际例子：财政部发行的 2017 年记账式附息(十八期)国债简称"17国债 18"，面值与发行价格均为 100 元，期限为 10 年，2027 年 8 月 3 日到期，票面利率3.59％，每年付息一次，到期支付本金 100 元。2020 年 12 月 18 日，该国债的报价为103.72 元。

表 5-1 "17 国债 18"2020 年 12 月 18 日报价   单位：元

报价	应计利息	全价
103.72	1.36	102.36

2020 年 12 月 18 日的最新报价高于其发行价格，对于投资者而言，这是一个适宜的投资机会吗？要回答这个问题就必须了解债券价格是如何形成的。债券的发行价格一定与面值相等吗？在债券的有效期内，它的价格会发生怎样的变化？影响债券价格的因素又有哪些？净价、应计利息与全价之间的关系如何？

5.1 债券定价的原理

估值是寻求金融资产公允价值的过程。估值的基本原理是任何金融资产的"价格"等于以恰当的贴现率计算的该资产预期现金流的现值。这一原理适用于任何金融资产的定价。依此原理，债券定价的一般步骤如下。

①估计预期现金流，包括现金流的方向、数额和发生时点。

②选择恰当的贴现率（必要收益率）。

③以选择的利率计算预期现金流的现值。

5.1.1 预期现金流估计

现金流是证券预期的现金收入和支出。要准确地描述一笔现金流，至少应该说明该笔现金流的方向、数额和发生时点。现金流的方向，是指对于研究主体而言，是现金收入还是现金支出。以投资者购买附息债券为例，购买时支付的价款为一笔现金流出，而定期息票收入和到期票面价值为现金流入。现金流的发生时点，是指现金流发生的具体时间点，它的界定对于第三步计算现值有重要的意义，因为在考虑货币的时间价值的前提下，2019 年 1 月 1 日发生的 100 元现金流入和 2019 年 12 月 31 日发生的 100 元现金流入，其价值是不同的。

一个债券的面值、到期期限、每年付息次数以及息票利率等参数规定了债券发行者对其持有者许诺的、在不同时点的付款状况，因此这四个参数被称为债券的付款结构参数。如果这四个参数确定且已知，那么债券的现金流就可以完全预期。而实际操作中，只有少数债券的预期现金流比较容易估计，唯一可以确切知道现金流的是那种利率固定并且不附有选择权的债券。在发行人不违约的情况下，无选择权的固定利率附息债券的现金流入由定期息票收入构成的年金和到期日票面价值两部分构成。本章主要介绍无选择权的固定利率附息债券的定价。

一般可以采用图示法描述债券的现金流量，如图 5-1 所示。

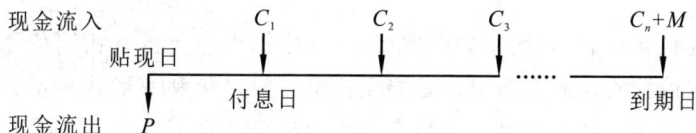

图 5-1 债券的现金流量

其中：P——债券的价格（未来现金流入的现值）；

C_i——各期利息收入；

M——到期票面价值。

【**例 5.1**】2019 年 1 月 1 日，甲支付价款 1 028 元购入某公司发行的 3 年期公司债券，2022 年 1 月 1 日到期，购买日起开始计息。票面价值 1 000 元，票面利率 4%，本金到期支付，利息每年年末支付，最后一期利息随本金一起支付。

分析：该债券的付款结构参数分别是：债券面值为 1 000 元，到期期限为 3 年，每年付息 1 次(年末)，票面利率为 4%，预期现金流完全确定。

解：   每期收到的息票收入＝1 000×4%＝40(元)

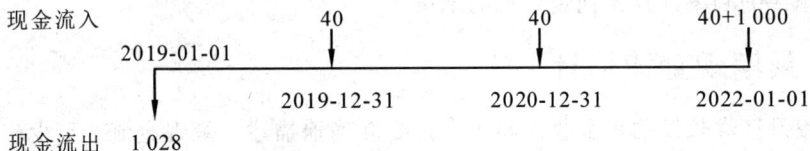

现金流入   40   40   40+1 000

2019-01-01

          2019-12-31   2020-12-31   2022-01-01

现金流出   1 028

5.1.2   选择恰当的贴现率

定义 5.1   必要收益率是投资者在进行投资时所要求的最低收益率，往往作为计算投资预期未来现金流现值的贴现率。

投资者进行债券投资时所要求的利率或折现率叫作必要收益率。要确定恰当的利率进行贴现，投资者必须考虑以下 3 个问题。

第一，投资者接受的最低收益率是多少。一般而言，投资者要求的最低收益率是市场的无风险收益率。

第二，投资者对该项投资要求的必要收益率应当比最低收益率高多少。这个收益率的差值反映了预期现金流自身的风险，也被称为风险溢价水平。

第三，在债券期限内，投资者应该对各期现金流使用相同的利率贴现，还是分别采用不同的利率对每期现金流贴现。传统的贴现定价法将每笔现金流用相同的利率贴现，而使用不同利率贴现的定价方法也被称为无套利定价法。本章接下来将对这两种方法进行对比介绍。

某种债券的必要收益率(适用的贴现率)可以根据市场上具有相同信用等级和相同到期日的无选择权债券的收益率确定。必要收益率一般以年利率形式表示。对于每年付息超过一次的债券，在计算现值时，要注意利率的换算。根据债券市场利率惯例，债券市场上的年利率是半年利率的 2 倍，而不是按实际利率 $r_年＝(1+r_{半年})^2$ 计算。因此，对于到期期限为 T，每年付息 m 次，至到期日为止付款总期限为 $n＝mT$，必要收益率为 R，每期使用的贴现率 r 为 R/m。

5.1.3　预期现金流贴现

确定了债券的预期现金流和投资者要求的必要收益率后，进行现值计算就能得到债券的理论价格，这一方法适用于任何债券定价。下面我们以无选择权固定利率附息债券（以下分析中简称债券）为例，介绍贴现定价法的一般原理。其他债券的定价都可以在此基础上通过改变一些参数得到。

为了简化分析，作出以下 3 个假设：①每年支付一次利息，且在年末发生。②下一次利息支付日距今正好 1 年。③在债券期限内，对每期现金流采用相同的利率折现。

债券的预期现金流由两部分组成：①到期日前，每年年末的定期息票收入。②到期日的票面价值(本金)。

在已知必要收益率的前提下，债券的价格由以下两个现值求和得到：①按年支付的息票收入的现值。②到期票面价值的现值。

根据现值公式，债券价格可以用公式表示为：

$$P = \frac{C}{1+r} + \frac{C}{(1+r)^2} + \frac{C}{(1+r)^3} + \cdots + \frac{C}{(1+r)^n} + \frac{M}{(1+r)^n} \tag{5-1}$$

或者：

$$P = \sum_{t=1}^{n} \frac{C}{(1+r)^t} + \frac{M}{(1+r)^n} \tag{5-2}$$

式中：P——债券价格；

C——每期利息收入；

M——到期票面价值；

r——期间利率(对于按年付息债券，期间利率与必要收益率相等)；

n——期限数(对于按年付息债券，期限数即为到期年限数)；

t——收取利息的时期。

对于固定利率的附息债券，在到期日前，每期期末投资者可以收到相等金额的一笔现金流入，这种特点类似于普通年金。因此，可以运用普通年金现值公式来计算息票支付的现值，债券价格公式也可以表示为：

$$P = C \times \frac{1 - (1+r)^{-n}}{r} + M \times (1+r)^{-n} \tag{5-3}$$

式中：$\dfrac{1-(1+r)^{-n}}{r}$ 为年金现值系数，表示普通年金 1 元，利率为 r，经过 n 期的年金现值，记作 $(P/A, r, n)$。在已知折现率 r 和期限数 n 的条件下，通过查阅"年金现值系数表"(见本书附录 4)得到。$(1+r)^{-n}$ 为复利现值系数，用符号 $(P/S, r, n)$ 表示，在已知折现率 r 和期限数 n 的条件下，通过查阅"复利现值系数表"(见本书附录 2)得到。

【例5.2】某公司在2020年1月1日发行一种债券，其面值为1 000元，到期期限为10年，每年付息一次，且年末付息，年息票利率为8%。假定市场上同类债券的收益率为10%，试确定该债券的发行价格。

解：第一步，估计预期现金流。

该债券的付款结构参数分别为：债券面值为1 000元，到期期限为10年，每年付息1次(年末)，票面利率为8%，预期现金流完全确定。

$$每年年末的息票收入 C = 1\,000 \times 8\% = 80(元)$$
$$到期票面价值 M = 1\,000(元)$$
$$期限数 n = 10 \times 1 = 10$$

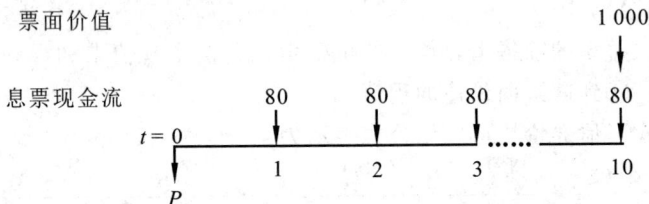

票面价值   1 000

息票现金流   80   80   80   80

$t = 0$ 1   2   3 ······ 10

P

第二步，选择恰当的期间贴现率。

市场同类债券的收益率可以作为确定该债券必要收益率的参考利率，因此债券的必要收益率为10%。

期间贴现率 $r = 10\%$，且在债券期限内保持不变。

第三步，预期现金流贴现。

$$P = \frac{80}{(1+10\%)} + \frac{80}{(1+10\%)^2} + \frac{80}{(1+10\%)^3} + \cdots + \frac{80}{(1+10\%)^{10}} + \frac{1\,000}{(1+10\%)^{10}}$$

已知利率 $r = 10\%$、期限数 $n = 10$，查表得 $(P/A, 10\%, 10) = 6.144\,6$，$(P/S, 10\%, 10) = 0.385\,5$，得到债券的价格：

$$P = 80 \times (P/A, 10\%, 10) + 1\,000 \times (P/S, 10\%, 10)$$
$$= 80 \times 6.144\,6 + 1\,000 \times 0.385\,5$$
$$= 877.068(元)$$

5.1.4 各种利息支付频率下的债券定价

前面的分析中，我们假设固定利率债券每年仅支付一次利息，但有些债券可能每半年支付利息或每季度支付利息等。这就需要利用已掌握的贴现定价原理和步骤，对某些参数进行适当的改变，来研究这类每年付息超过一次的债券定价。

为了简化分析，作出以下两个假设：①下一次利息支付日距今正好一个付息期。②在债券期限内，对每期现金流采用相同的利率折现。

【例 5.3】某公司发行票面金额为 1 000 元，票面利率为 8%，期限为 10 年的债券。该债券每年 1 月 1 日和 7 月 1 日付息一次，到期归还本金。市场同类债券的年收益率为 10%。若发行价格为 920 元，是否应该买入该债券？

解：第一步，估计预期现金流。

该债券的付款结构参数分别为：债券面值 1 000 元，到期年限为 10 年，每年付息 2 次，票面利率为 8%。预期现金流完全确定。

$$每期利息收入 C = 1\ 000 \times 8\% / 2 = 40(元)$$

$$到期票面价值 M = 1\ 000(元)$$

$$期限数 n = 10 \times 2 = 20$$

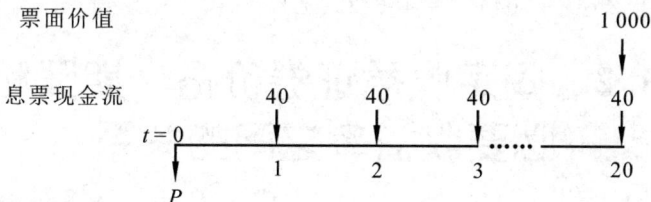

票面价值   1 000

息票现金流   40   40   40   40

$t = 0$ 1   2   3   ······   20

P

第二步，选择恰当的贴现率。

该债券的必要收益率(年利率)为 10%，每年付息 2 次，那么选择的贴现率应该是半年率。由债券市场的惯例知，半年率 $r = 10\% / 2 = 5\%$。

第三步，预期现金流贴现。

$$P = \frac{40}{(1+5\%)} + \frac{40}{(1+5\%)^2} + \frac{40}{(1+5\%)^3} + \ldots + \frac{40}{(1+5\%)^{20}} + \frac{1\ 000}{(1+5\%)^{20}}$$

已知利率 $r = 5\%$、期限数 $n = 20$，查表得 $(P/A, 5\%, 20) = 12.462\ 2$，$(P/S, 5\%, 20) = 0.376\ 9$，得到债券的价格：

$$P = 40 \times (P/A, 5\%, 20) + 1\ 000 \times (P/S, 5\%, 20)$$
$$= 40 \times 12.462\ 2 + 1\ 000 \times 0.376\ 9$$
$$= 875.388(元)$$

该债券目前的发行价格为 920 元，债券的价值为 875.388 元，低于市价，不应该买入。一旦买入，所获得的收益率小于必要收益率 10%。

注意：为了与息票收入期限保持一致，上面对本金现值也是按半年期复利的方式计算。

对到期年限为 T，每年付息 m 次，票面息票利率为 c (年利率)的债券定价过程中，要改变的参数主要有：

$$每期利息收入 C = M \times c / m$$

$$期限数 n = m \times T$$

$$期间利率 r = R/m (R 为必要收益率)$$

5.1.5 零息债券定价

零息债券的现金流只有到期兑付的票面价值，将它贴现即得到零息债券的价值。按照惯例，在零息债券定价中，用于折现的期数是到期年数的 2 倍。对于票面价值为 M，n 年期的零息债券的价格为：

$$P = M \times \left(1 + \frac{r}{2}\right)^{-2n} \tag{5-4}$$

【例 5.4】某零息债券的期限为 10 年，到期价值为 1 000 元。若必要收益率为 8%，计算该债券发行时的价格。

解：$P = 1\,000 \times (1 + 0.04)^{-20} = 456.39$（元）

5.2 固定收益证券价格、期限和必要收益率之间的关系

债券的到期期限和投资者要求的必要收益率是债券定价过程中重要的参数，它们的变化也将引起债券价格的改变。

5.2.1 期限不变条件下债券价格与必要收益率之间的关系

观察到期年限为 10 年，票面价值为 1 000 元，票面息票率为 8%，每年付息两次的债券，在必要收益率分别为 2%，4%，6%，…，20% 时，其价格的变化，如图 5-2 所示。

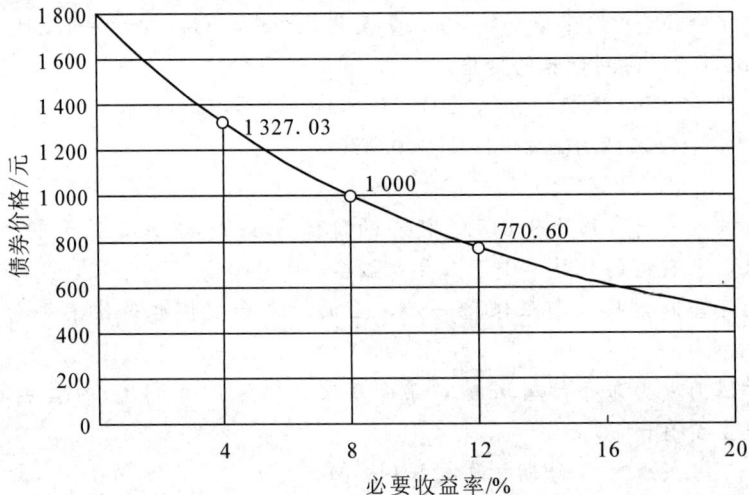

图 5-2 债券价格与必要收益率之间的关系

观察发现，在到期期限不变的条件下，随着必要收益率的不断提高，债券的价格不断降低，二者呈反向变化关系。原因在于债券价格是预期现金流量的现值，必要收益率为贴现率（若每年付息一次），当贴现率提高时，现金流量的现值减少，债券价格也随之下降；反之，当贴现率降低时，现金流量的现值增加，债券价格也随之升高。同时，债券的价格——收益率曲线凸向原点，这种曲线特点被称为"凸性"，在债券投资中具有重要的意义，在本书第7章将重点阐述。

表 5-2 必要收益率、息票率和债券价格之间的关系

到期期限＝20

必要收益率/%	与息票率的关系/%	债券价格/元	与票面价值的关系/元
4	＜8	1 327.03	＞1 000
8	＝8	1 000.00	＝1 000
12	＞8	770.60	＜1 000

从图 5-2 和表 5-2 还可以发现：当必要收益率低于息票率（位于 8% 的左边），债券价格高于票面价值；当必要收益率高于息票率（位于 8% 的右边），债券价格低于票面价值；当必要收益率等于息票率，债券价格等于票面价值。

原因在于，债券发行人在设计债券时综合考虑了市场利率条件后确定其息票利率，此时债券的价格接近其票面价值。但至债券发行时，市场利率条件可能发生了变化，在新的市场必要收益率下，投资者要获得"合理收益"唯一能改变的只有债券价格变量。当市场收益率高于息票利率时，若债券仍以 1 000 元的票面价值出售，投资者购买债券并持有至到期的收益率为息票率 8%，此时，若投资者在期初将 1 000 元投资其他具有相同风险特征但能获取市场收益率的证券，将得到更高的投资收益，这样比较之后，将没有人购买债券。因此在市场收益率高于息票利率的情况下，债券必须以低于票面价值的价格出售，其差额是发行人补偿给投资者的利息收入。当市场收益率低于息票率时，若债券仍以 1 000 元的票面价值出售，那么以票面价值购买债券的投资者将获得超过市场收益率水平的收益率，作为交易对方的债券发行人原本能以更低的市场利率筹集资本，却付出了更高的代价。因此在市场收益率低于息票利率的情况下，债券必须以高于票面价值的价格出售，其差额是对发行人高筹资成本的弥补，同时也可以理解为是投资者为获得更高的投资收益而多付出的成本。

息票利率、必要收益率和债券价格之间的关系可以表述为：

①如果债券息票利率高于必要收益率，债券价格高于票面价值，称为债券溢价发行。

②如果债券息票利率等于必要收益率，债券价格等于票面价值，称为债券平价发行。

③如果债券息票利率低于必要收益率，债券价格低于票面价值，称为债券折价发行。

5.2.2 利率不变条件下债券价格与期限之间的关系

如果必要收益率在债券期限内保持不变,那么在债券购买日至到期日这段时间内,债券的价格会发生什么变化呢?对于平价发行的债券,其息票利率等于必要收益率,随着到期日的临近,债券仍将以票面价值出售,即在必要收益率不变的条件下,平价发行的债券在整个债券期限内价格保持不变。但是溢价发行债券和折价发行债券则存在"价值回归"的现象。

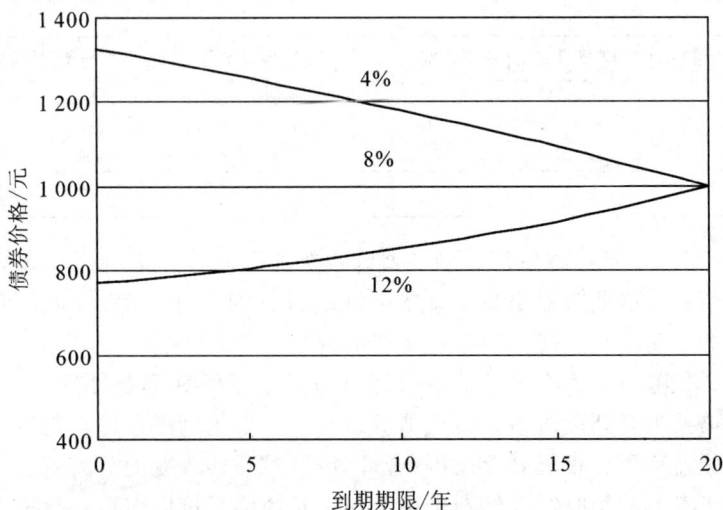

图 5-3 债券价格的时间轨迹

图 5-3 给出了票面价值为 1 000 元,息票率为 8%,每年付息 2 次的 10 年期的附息债券在必要收益率为 4%、8% 和 12% 时,其价格随到期日的临近而变化的轨迹。从图中可以发现,无论必要收益率为多少,当时间逐渐向到期日推移,债券的价格越来越接近票面价值 1 000 元。

5.3 固定收益证券的实际市场价格

前面对附息债券的定价都是假定债券价格的计算日距离下一个付息日正好有一个完整的付息期间,即在付息日计算债券的价格。但在现实中不是只在付息日才需要计算债券的价值,大多数的债券交易都发生在两个付息日之间。接下来,我们将讨论发生在两个付息日间的债券交易中的定价问题。

这种情况下的债券交易可以如图 5-4 所示。

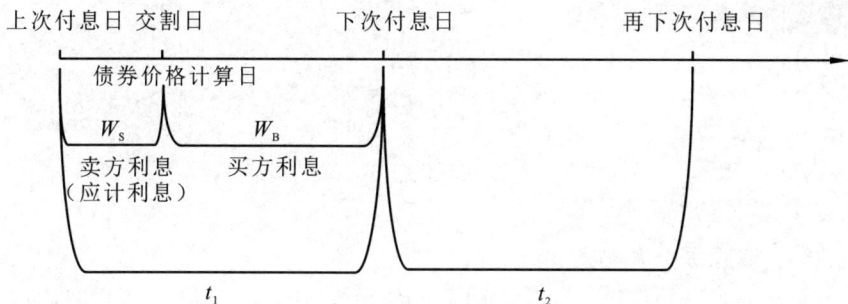

图5-4 付息日间债券交易示意图

其中：W_S——t_1 中属于卖方计息的时间；

W_B——t_1 中属于买方计息的时间；

t_1 和 t_2——两次付息日间的时间跨度。

5.3.1 应计利息的计算

定义 5.2 应计利息是指从上次付息日到交割日这段时间内债券所产生的、应归属于卖方的这部分利息。

债券在两个付息日之间交易，必须考虑此计息期间的利息分配。利息分配依据的分界日期为债券的交割日，因为利息享有权随着债券所有权的转移而转移。因此，对于 t_1 期间，交割日前的利息归债券的卖方所有，交割日后的利息归债券的买方所有。从上次付息日到交割日这段时间内债券所产生的、应归属于卖方的这部分利息被称为应计利息（Accrued Interest）。

1. 计息天数的计算

计算应计利息时首先需要解决的问题是，从上次付息日到交割日这段时间内，共有多少天，即应计利息的计息天数是多少。在实际操作中，债券计息的时间惯例一般有以下4种情况。

解：①实际天数/实际天数，应计息天数与计息周期均按实际天数计算。

②30/360，应计息天数按每月30天计算，计息周期按1年360天计算。

③实际天数/360，应计息天数按实际天数计算，计息周期按1年360天计算。

④实际天数/365，应计息天数按实际天数计算，计息周期按1年365天计算。

大多数美国中长期国债以及中国国债均采用实际天数/实际天数的计息时间惯例。美国公司债券、市政债券等采用30/360的方法计算计息天数。

【例5.5】某债券每年付息2次，第一个付息日为3月30日，第二个付息日为9月30日，若交割日为6月2日，那么第一个付息日距离交割日有多少天？

解：①实际天数/实际天数：

3 月	31－30＝1 天
4 月	30 天
5 月	31 天
6 月	2 天
总共天数	64 天

②30/360，假设每个月都是 30 天：

3 月	30－30＝0 天
4 月	30 天
5 月	30 天
6 月	2 天
总共天数	62 天

在 30/360 惯例下，设 $D_1/M_1/Y_1$ 表示前期的 Y_1 年第 M_1 月第 D_1 天，$D_2/M_2/Y_2$ 表示后期的 Y_2 年第 M_2 月第 D_2 天，则计算两期之间的天数可用公式：

$$(Y_2-Y_1)\times 360+(M_2-M_1)\times 30+(D_2-D_1)$$

例 5.5 也可运用公式计算：$(6-3)\times 30+(2-30)=62$（天）。

2. 债券的应计利息

债券的应计利息从上一付息日（含）开始到起息日（不含）累加计算。注意，这里的起息日通常是交割日，但是交割日一定是营业日，而起息日却不一定。为了简化分析，我们使用的公式中一律采用交割日，而不是起息日。

$$AI=C\times\frac{\text{上一付息日至交割日的天数}}{\text{该付息周期天数}} \tag{5-5}$$

式中：AI——应计利息；

C——每期利息收入。

【例 5.6】沿用例 5.5，若债券的面值为 1 000 元，息票利率为 8%，则应计利息为：

解：①实际天数/实际天数：

$$AI=1\,000\times 8\%/2\times\frac{64}{183}=13.99(\text{元})$$

②30/360，假设每个月都是 30 天：

$$AI=1\,000\times 8\%/2\times\frac{62}{180}=13.78(\text{元})$$

5.3.2 两个付息日间交易的债券定价

由估值的基本定理可知，任何债券的价格都是其预期产生的未来现金流以合理的利率进行贴现的现值。两个付息日间交易的债券定价也不例外。据此，可以有计算交割日债券价格的一种方法：将交割日后属于买方的所有利息和到期本金贴现至交割日。

【例5.7】A公司发行的5年期债券于2020年3月10日发行上市，2025年3月10日到期，息票利率为8%，每半年付息一次，付息日为3月10日和9月10日，面值为100元。交割日为2022年10月18日，其价格是多少？假定市场同类债券的必要收益率为10%，采用30/360法计算计息天数。

解：
$$每期利息收入=100\times8\%/2=4(元)$$

从上一次付息日2022年9月10日到交割日2022年10月18日，属于卖方的计息日数为：
$$(2022-2022)\times360+(10-9)\times30+(18-10)=38(天)$$
$$W_S=38/180=0.211(半年)，W_B=(180-38)/180=0.789(半年)$$

从交割日后的下一个付息日至债券到期总共有4个半年。

在2022年9月10日至2023年3月10日的付息期间上，应归属于买方的利息为：
$$4\times0.789=3.156(元)$$
$$期间利率=10\%/2=5\%$$

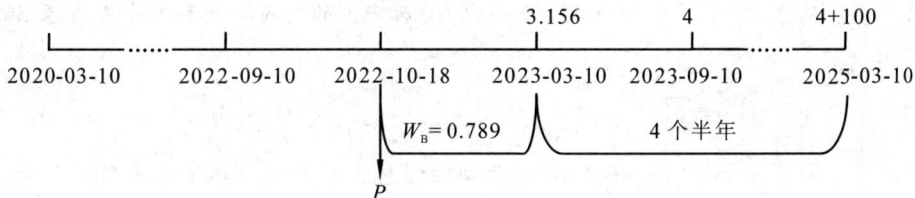

$$债券的价格=\frac{3.156}{(1+0.05)^{0.789}}+\frac{4}{(1+0.05)^{1+0.789}}+\cdots+\frac{4}{(1+0.05)^{4+0.789}}+$$
$$\frac{100}{(1+0.05)^{4+0.789}}$$
$$=\frac{3.156}{(1+0.05)^{0.789}}+\sum_{t=1}^{4}\frac{4}{(1+0.05)^{t+0.789}}+\frac{100}{(1+0.05)^{4+0.789}}$$
$$=95.85(元)$$

在运用以上方法计算交割日债券价格时，需要特别注意以下几点。

①交割日后第一个付息日折现的现金流不是每期利息收入4元，而是将此计息期间中属于卖方的利息扣除后的剩余部分3.156元，即应归属于买方的利息。

②现金流3.156元对应的折现期限并不是一个完整的付息期间，而是从交割日至下一次付息日这个时间段。为了统一时间单位(此处为半年)，应计算出应计息天数与计息周期的比例(142/180)。

这种方法在计算债券价格时比较直接，但是由于 W_B 的存在，使得交割日后所有的时间阶段都不再是完整的时间阶段，均含有小数部分，计算起来比较困难。

鉴于此，下面介绍计算交割日债券价格的第二种方法：将上次付息日后的所有利息和到期本金贴现至上次付息日(即前面介绍的付息日债券价格的计算)，然后从这一现值中扣除属于卖方利息的现值，将余额还原至交割日，就得到了交割日的价格。

【例 5.8】仍以例 5.7 说明这种方法的具体运用。

解：

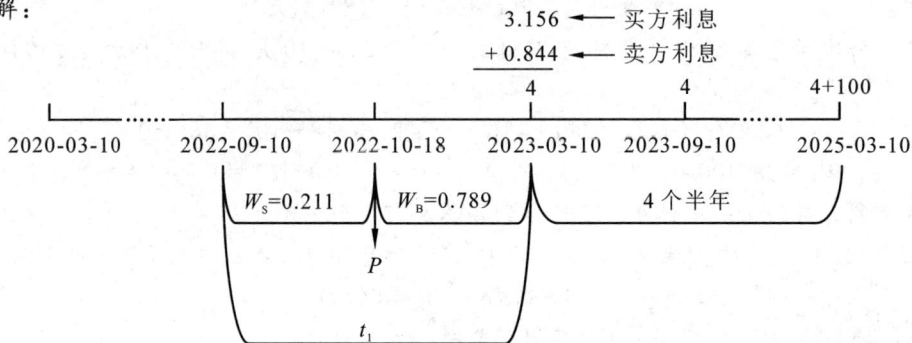

第一步，将 2022 年 9 月 10 日(上个付息日)后产生的所有利息和本金贴现至 2022 年 9 月 10 日。

$$PV = \sum_{t=1}^{5} \frac{4}{(1+0.05)^t} + \frac{100}{(1+0.05)^5} = 95.668(\text{元})$$

第二步，计算在 2023 年 03 月 10 日收到的利息收入中应归属于卖方所有的部分(应计利息)，并将其贴现至 2022 年 09 月 10 日。

$$4 \times 0.211 = 0.844(\text{元})$$

$$PV_S = \frac{0.844}{(1+0.05)^1} = 0.804(\text{元})$$

第三步，将第一步中计算出的付息日的债券价格扣除卖方利息现值后的剩余部分还原至 2022 年 10 月 18 日(交割日)。

$$PV - PV_S = 95.668 - 0.804 = 94.864(\text{元})$$

$$\text{交割日价格} = 94.864 \times (1+0.05)^{0.211} = 95.85(\text{元})$$

5.3.3 债券的报价方式

定义 5.3 债券的全价是指债券的行情价格包含了应计利息，剔除应计利息后的债券价格称为净价。

债券的行情价格一般可以用两种方式表示：一是全价(Full Price)，是指债券的行情价格包含了应计利息；二是净价(Clean Price)，它剔除了应计利息的部分，直接反映债券本身从交割日至到期日的价值。对于不处于违约状态中的债券而言，全价与净价的关系可以简单表示为：净价＝全价－应计利息。按财政部的有关规定，目前我国债券交易采用净价报价，买方支付卖方全价。

表 5-3　上交所 2020 年 12 月 18 日部分国债行情数据

证券代码	名称	收盘价/元	收益率/%	应计利息额/元	全价/元
10504	05 国债(4)	104.86	2.93	0.39	105.25
10619	06 国债(19)	100.43	2.77	0.30	100.73
19009	10 国债 09	98.80	4.12	0.71	99.51
19023	10 国债 23	109.50	3.30	1.54	111.04
19029	10 国债 29	99.61	3.87	1.14	100.75
19105	11 国债 05	106.70	3.83	1.37	108.07
19212	12 国债 12	101.94	3.94	0.97	102.91
19309	13 国债 09	112.11	2.81	2.63	114.74
19403	14 国债 03	101.38	−12.55	4.11	105.49
19505	15 国债 05	107.73	1.70	1.27	109.00

（资料来源：和讯网）

表 5-3 中，收盘价即为债券净价价格，以 06 国债(19) 为例，100.73 的全价＝100.43 元的净价＋0.30 元的应计利息额。全价表示的债券价格变动受两方面影响：一是由于市场利率波动和供求关系引起的债券本身价值的变化，这部分价格实际就是"净价"；二是随着已计息天数增加而逐日积累的应计利息，它引起的债券价格变动部分容易对债券投资者产生误导，使其无法准确判断国债的内在价值。净价交易下，剔除了应计利息对债券价格的影响部分，让交易价格随行就市，充分反映市场利率和供求关系的变化，投资者可以根据净价的波动，准确地计算出债券投资的收益率。因此，各国的债券交易一般都采用净价报价方式。

【例 5.9】沿用例 5.7 的期间交易债券定价的例子，对债券的全价、净价和应计利息三者的关系进行更直观的描述。

解：

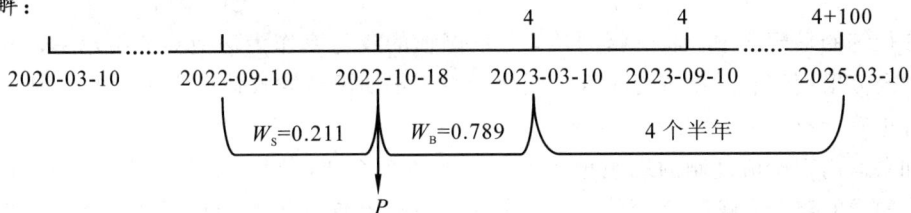

$$全价 P = \sum_{t=0}^{4} \frac{4}{(1+0.05)^{t+0.789}} + \frac{100}{(1+0.05)^{4.789}} = 96.66(元)$$

$$应计利息 AI = 4 \times 0.211 = 0.844(元)$$

$$净价 P = 96.66 - 0.844 = 95.816(元)$$

值得注意的是，在计算全价时，是将交割日后买方收到的定期息票收入和到期本金直接贴现至交割日，交割日后第一个付息日的现金流为全部息票收入(不再区分买方和卖方应得)，包含有卖方应得部分(应计利息)。全价扣除应计利息即得净价，它与例 5.7 计算的债券价格粗略相等。两者的差异部分是因为应计利息并未折现至交割日，如果把应计利息折现后，再计算净价，则两者应一致。

$$净价 P = 96.66 - \frac{0.844}{(1+0.05)^{0.789}} = 95.85(元)$$

5.4　无套利定价法

5.4.1　无套利定价的基本思想

定义 5.4　无套利定价法(No-Arbitrage Pricing)，将附息债券视为一揽子零息债券的组合，分别对附息债券的每一笔现金流采用相对应期限的零息债券的收益率进行贴现，加总后得到附息债券的价格，这样的定价法下投资者无法通过剥离债券本息来获取任何无风险利润。

前面债券定价的所有例子都假定在债券期限内，对每一笔现金流都采用相同的贴现率进行贴现。考虑某 5 年期国债 A，面值为 100 元，票面利率为 8%，每半年付息一次，一直到到期日的 10 个半年中，它的现金流量如表 5-4 所示。

表 5-4　各时期现金流量

时　期	现金流/元
1~9 期	4
10 期	104

在传统的贴现法中，将选择同类 5 年期国债的收益率作为该债券的贴现率，并对每一笔现金流采用该收益率进行贴现。假设同类 5 年期国债的收益率为 10.8%，那么该债券的理论发行价格为 89 元。

如果运用现金流复制的思想理解该债券的总现金流，则可以将该债券视为 10 个零息债券构成的组合：第一个面值为 4 元，6 个月后到期；第二个面值为 4 元，1 年后到期；依此类推，第九个面值为 4 元，4 年半（9 个半年）后到期；第十个面值为 104 元，5 年后到期，即每个零息债券都有与付息日（对于本金而言是到期日）相同的到期日，面值与对应的债券 A 的每期现金流相等。复制债券 A 的零息债券组合，如表 5-5 所示。

表 5-5　零息债券组合

序　号	到期值（面值）/元	期限/年
1	4	0.5
2	4	1
3	4	1.5
4	4	2
5	4	2.5
6	4	3
7	4	3.5
8	4	4
9	4	4.5
10	104	5

　　持有该零息债券组合得到的现金流与购入债券 A 一致，假设信用风险等因素相当，那么该零息债券组合与债券 A 应有相同的初始价值，否则存在无风险套利机会。为解释这一套利过程，假设了以下 10 个不同期限的国债年度收益率（如表 5-6 所示），并以此作为零息债券的贴现率，计算零息债券组合的初始价值。

表 5-6　计算零息债券组合初始价值

期　限	零息债券面值/元	到期收益率	零息债券现值/元
0	—	—	90.062 4
1	4	0.080 0	3.846 2
2	4	0.083 0	3.687 6
3	4	0.089 0	3.510 2
4	4	0.092 0	3.341 4
5	4	0.094 0	3.179 3

期　限	零息债券面值/元	到期收益率	零息债券现值/元
6	4	0.097 0	3.010 6
7	4	0.100 0	2.842 7
8	4	0.104 0	2.666 5
9	4	0.106 0	2.513 1
10	104	0.108 0	61.464 9

由表 5-6 可知，零息债券组合的初始价值为 90.062 4 元，高于债券 A 的发行价格，所以在 $t=0$ 时刻，我们可以通过买入债券 A，卖出零息债券组合来获取无风险利润。具体操作及各期现金流情况如表 5-7 所示。

表 5-7　套利过程分析

时　期	操作及各期现金流/元		总现金流/元
	买入债券 A	卖出零息债券组合	
0	−89.396 5	+90.062 4	+0.665 9
1	+4	−4	0
2	+4	−4	0
3	+4	−4	0
4	+4	−4	0
5	+4	−4	0
6	+4	−4	0
7	+4	−4	0
8	+4	−4	0
9	+4	−4	0
10	+104	−104	0
期初 $t=0$，获得无风险利润 0.665 9 元			

由此看来，在利用传统贴现法进行债券定价的情况下，投资者可以通过构建具有相同现金流模式的零息债券组合来获取无风险利润，而这种套利活动的不断进行将促使债

券价格回归均衡，最终等于零息债券组合的初始价值。因此，合理的贴现方法应该是将附息债券都看作一揽子零息债券的组合，组合中的每一零息债券都有与付息日（对于本金而言是到期日）相同的到期日，面值与对应的债券的每期现金流相等，通过计算这种零息债券组合的初始价值来为任何附息债券定价。这样的定价法下，投资者将不会通过剥离债券本息来获取任何无风险利润，因此这种定价法被称为无套利定价法。简单说来，就是对附息债券的每一笔现金流采用相对应期限的零息债券的收益率进行贴现。

5.4.2 无套利定价方法的应用

定义 5.5 即期利率曲线是指零息票国债的收益率与它的到期期限之间的关系。

定义 5.6 理论即期收益率曲线，是指根据实际零息国债收益率推导出来的收益率曲线。

要使用无套利定价法，确定构建组合的每一个零息债券的价值，就有必要先确定有相同到期日的零息票国债的收益率，这个收益率被称为即期利率。描述即期利率和它的到期期限之间关系的曲线被称为即期利率曲线（Spot-Rate Curve）。由于不存在期限超过 1 年的零息票国债，因此无法单独通过观测零息票国债的收益率来构建即期利率曲线，需要借助于理论推导。根据实际零息票国债收益率推导出的收益率曲线也叫作理论即期利率曲线（Theoretical Spot-Rate Curve）。在本书第 6 章会详细介绍如何推导理论即期利率曲线。

必须注意的是，国债收益率曲线的功能是为其他种类债券或债券市场提供定价基础，对于附息国债可以直接利用国债收益率曲线来进行定价，对于公司债券等其他种类债券还必须在考虑信用风险等因素后，在国债收益率曲线基础上确定债券每一笔现金流的适用的贴现率。

5.5 Excel 和 Python 在债券定价中的应用

我们介绍了各种情况下的不含选择权债券的定价原理和方法，在涉及计算价格部分，我们主要是采用查阅"年金现值系数表"和"复利现值系数表"来求解，这在实际运用中，有很多局限性。本节将介绍 Excel 和 Python 在债券定价中的应用，以弥补手工计算的不足。

5.5.1 Excel 中的债券计算函数

Excel 的内建函数中，针对债券定价及其相关计算的函数共有 26 个，按债券类型和计算指标分类如表 5-8 所示。

表 5-8　Excel 2007 中的债券计算函数

债券类型	计算指标	函　　数	功　　能
定期付息债券	价格	**PRICE( )**	返回定期付息的面值为 100 元的债券的价格
	收益率	**YIELD( )**	返回定期付息有价证券的收益率
	利息	**ACCRINT( )**	返回定期付息债券的应计利息
	计息天数及日期	**COUPDAYBS( )**	返回从付息期开始到交割日之间的天数（应计利息天数）
		COUPDAYS( )	返回交割日所在的付息期的天数
		CUOPDAYSN( )	返回从交割日到下一付息日之间的天数
		COUPNCD( )	返回交割日后的下一个付息日的日期
		CUOPPCD( )	返回交割日前的上一个付息日的日期
		COUPNUM( )	返回交割日和到期日之间的应付息次数
	久期	DURATION( )	返回定期付息债券的久期
		MDURATION( )	返回面值为 100 元的债券的 Macauley 修正久期
到期付息债券	价格	**PRICEMAT( )**	返回到期付息的面值为 100 元的债券的价格
	收益率	**YIELDMAT( )**	返回到期付息的债券的年收益率
	利息	**ACCRINTM( )**	返回到期一次性付息债券的应计利息
	其他	RECEIVED( )	返回一次性付息的有价证券到期收回的金额
		INTRATE( )	返回一次性付息债券的利率
国库券	价格	**TBILLPRICE( )**	返回面值为 100 元的国库券的价格
	收益率	**TBILLYIELD( )**	返回国库券的收益率
		TBILLEQ( )	返回国库券的债券等价收益率
其他类	价格	ODDFPRICE( )	返回首期付息日不固定的面值为 100 元的债券的价格
		ODDLPRICE( )	返回末期付息日不固定的面值为 100 元的有价证券的价格
		PRICEDISC( )	返回折价发行的面值为 100 元的债券的价格
	收益率	ODDFYIELD( )	返回首期付息日不固定的债券的收益率
		ODDLYIELD( )	返回末期付息日不固定的债券的收益率
		DISC( )	返回债券的贴现率
		YIELDDISC( )	返回折价发行的债券的年收益率

在这 26 个债券计算函数中，与本章内容相关的主要是关于价格、利息和指标的函数(以黑色粗体标注)，其他指标类函数将在后面的章节中进行介绍。本节将以定期付息债券为例，讲解 Excel 函数在债券定价中的应用。

Excel 函数都有若干个参数，对于债券计算函数，一些参数是通用的，所有的参数可以大致分为以下几类。

第一，价格、收益率和利率。

①价格(pr)：债券在有效期内进行交易的价格。

②面值(par)：债券票面价格。

③到期清偿值(redemption)：债券到期兑付的价格。

④收益率(yld)：债券的必要收益率或到期收益率。

⑤利率(rate)：债券的票面利率。

第二，债券交易中的各种日期。

①发行日(issue)：债券发行的日期。

②交割日(settlement)：发行日后，债券交割的日期。

③到期日(maturity)：债券有效期截止的日期。

④首次付息日(first_coupon)：首次支付债券利息的日期。

⑤末次付息日(last_coupon)：最后一次支付债券利息的日期。

以上各类债券日期作为参数输入时，必须设置为日期格式，一般可用 DATE( )函数输入。例如，某债券的交割日为 2007 年 10 月 15 日，那么输入公式为"=DATE(2007，10，15)"。

第三，计息频率和惯例。

①计息频率(frequency)：债券每年支付利息的次数，其取值只能为 1、2 或 4。

按年支付，frequency＝1；

按半年支付，frequency＝2；

按季度支付，frequency＝4。

②计息天数惯例(basis)：basis 函数为逻辑值，取值为从 0～4 的整数，分别对应 5 种类型的计息天数惯例，如表 5-9 所示。

表 5-9 不同取值下 basis 函数表示的计息天数惯例

basis 函数取值	计息天数惯例
0 或省略	美国(美国证券交易商协会)30/360
1	实际天数/实际天数
2	实际天数/360
3	实际天数/365
4	欧洲 30/360

其中，欧洲 30/360 与美国 30/360 的区别在于，按欧洲惯例将 31 日计入下月。

5.5.2 定期付息债券的计算

1. 债券定价

定期付息债券的交易价格用 PRICE( ) 函数计算。

PRICE( ) 函数返回定期付息的面值为 100 元的债券的价格。

语法：PRICE(settlement，maturity，rate，yld，redemption，frequency，basis)。

函数 PRICE( ) 的计算公式如下：

$$PRICE = \frac{redemption}{\left(1 + \dfrac{yield}{frequency}\right)^{n + \frac{DSC}{E}}} + \sum_{t=0}^{n} \frac{C}{\left(1 + \dfrac{yield}{frequency}\right)^{t + \frac{DSC}{E}}} - C \times \frac{A}{E}$$

式中：DSC——交割日与下一个付息日之间的天数；

E——交割日所在的付息期的天数；

n——交割日与到期日之间的付息次数；

A——应计息天数；

C——定期息票收入。

【例 5.10】沿用例 5.7，A 公司发行的 5 年期债券于 2020 年 3 月 10 日发行上市，2025 年 3 月 10 日到期，息票利率为 8%，每半年付息一次，付息日为 3 月 10 日和 9 月 10 日，面值为 100 元，到期偿还。交割日为 2022 年 10 月 18 日，其价格是多少？假定市场同类债券的必要收益率为 10%，采用 30/360 法计算计息天数。

解：如图 5-5 所示，该债券的价格为 95.817 元。

	A	B	C	D	E
1					
2	债券付款结构参数				
3	债券面值（redemption）	100			
4	票面利率（rate）	8%			
5	到期年限T	5			
6	每年付款次数（frequency）	2			
7	定期息票收入C	4			
8	付款期限n	10			
9	必要收益率（yld）	10%			
10					
11	债券发行日（issue）		2020-3-10		
12	债券交割日（settlement）		2022-10-18		
13	债券到期日（maturity）		2025-3-10		
14	债券价格（pr）	PRICE（B12，B13，B4，B9，B3，B6，0）			
15		95.817			
16					

图 5-5 PRICE( ) 函数计算债券价格

与例 5.9 的计算结果对比可以发现，PRICE( )函数得到的债券价格为净价，剔除了应计利息，从 PRICE( )函数的计算公式也可以发现，它与两个付息日交易的债券定价公式类似。计算债券的发行价格或付息日交易的债券价格也可以运用 PRICE( )函数，仅是把 settlement 参数设为债券发行日日期或付息日日期即可。

根据债券定价的一般原理，任何债券的价格为债券预期未来现金流的现值，我们也可以利用投资中的 NPV( )、PV( )等函数计算债券的价格。

NPV( )函数是基于一系列将来的收入(正值)和支出(负值)现金流和指定的贴现率，返回一项投资的净现值。现金流收到时间必须均匀分布并出现在每期末尾，但并不要求每期现金流等额。应用于债券定价中，未来现金流就是定期息票收入和到期本金，均为现金流入(正值)，贴现率就是投资者要求的必要收益率。语法为 NPV(rate，value1，…)。

PRICE( )函数用于计算某项投资的一系列未来偿还额的现值或一次性偿还额的现值。PV( )函数可以应用于固定利率附息债券和零息债券的定价，返回的债券价格以负值出现，表示购买债券为一项现金流出活动。语法为 PV(rate，nper，pmt，fv，type)。现金流类型 type 是一个逻辑函数，如果为 1，表示现金流出现在每期期初；如果为 0 或省略，则表示付款在期末。对于固定利率附息债券，pmt 即为定期息票收入，fv 为到期偿还本金额。对于零息债券，pmt 省略，fv 为到期偿还额。

应用 NPV( )函数和 PV( )函数在计算债券价格时，需注意两点：第一，NPV( )函数和 PV( )函数都要求未来现金流均匀分布，所以只能应用于计算债券发行价格或付息日的债券价格，不能用于两个付息日之间交割的债券定价；第二，rate 参数在 NPV( )函数和 PV( )函数中，不是债券函数中的票面利率，而是指投资者要求的期间必要收益率，如果给定的是年化必要收益率，必须根据付息频率转换为期间收益率。

例 5.10 如果使用 Python 计算，可采用以下两种方法。

方法一

第一步：

```
In [1]: def price1(t1,m,t,r,par,yld):
   ...:     """
   ...:     以 30/360 方式计息的债券价格计算
   ...:     t1     距离上一次付息的时间
   ...:     m      债券付息的频率
   ...:     t      剩余付息次数
   ...:     r      票面利率
   ...:     par    债券面值
   ...:     yld    必要收益率
```

```
    ...:        """
    ...:        pmt＝par＊(r/m)        #每次付息
    ...:        a＝[]
    ...:        for i in range(t):        #计算利息的折现值
    ...:             c＝pmt/(1＋yld/m)＊＊(i+1－t1＊m)
    ...: a. append(c)
    ...:
    ...:        pr1＝sum(a) ＋ par/(1+yld/m)＊＊(t－t1＊m)        #不扣除上一次
付息后到交割日日期的利息
    ...:        pr＝pr1－pmt＊t1＊m        #扣除上一次付息后到交割日日期的利息
    ...:        print('每一期利息的现值:',a)
    ...:        print('债券价格＝',pr)
    ...:        return pr        #函数返回值
```

第二步：

```
In [2]: price1(38/360,2,5,0.08,100,0.10)        #用定义的函数进行计算
    每一期利息的现值:[3.848965237597677,3.665681178664454,3.4911249320613846,
3.3248808876775087,3.1665532263595324]
    债券价格＝95.81659167690441
Out[2]: 95.81659167690441
```

方法二

```
In [1]: def price2(t1,m,t,r,par,yld):
    ...:        importnumpy as np
    ...:        """
    ...:        以 30/360 方式计息的债券价格计算
    ...:        t1        距离上一次付息的时间
    ...:        m        债券付息的频率
    ...:        t        剩余付息次数
    ...:        r        票面利率
    ...:        par        债券面值
    ...:        yld        必要收益率
    ...:        """
```

```
   …：      pmt＝par＊(r/m)        ＃每次付息
   …：      a＝[]
   …：      b＝[]
   …：      for i in range(t)：
   …：          if i＜t−1：
   …：              a. append(pmt)
   …：          else：
   …：              a. append(pmt＋par)
   …：      a＝np. array(a)
   …：      for i in range(t)：
   …：          b. append(1/((1＋yld/m) ＊ ＊ (i＋1−t1 ＊ m)))
   …：      b＝np. array(b)
   …：      pr1＝np. sum(a ＊ b)      ＃不扣除上一次付息后到交割日日期的利息
   …：      pr＝pr1−pmt ＊ t1 ＊ m      ＃扣除上一次付息后到交割日日期的利息
   …：      print('每一期现金流：',a)
   …：      print('每一期折现系数：',b)
   …：      print('债券价格＝',pr)
   …：      return pr      ＃函数返回值
```

```
In [2]：price2(38/360,2,5,0.08,100,0.10)      ＃用定义的函数进行计算
每一期现金流：[ 4. 4. 4. 4. 104. ]
每一期折现系数：[0.96224131 0.91642029 0.87278123 0.83122022 0.79163831]
债券价格＝95.81659167690442
Out[2]：95.81659167690442
```

【例 5. 11】某公司于 2020 年 1 月 1 日发行票面金额 100 元，票面利率为 8％，期限为 10 年的债券。该债券每年 1 月 1 日和 7 月 1 日付息一次，到期归还本金。市场同类债券年收益率为 10％，试确定该债券的发行价格。

解：在 Excel 表格中建立如图 5-6 所示的计算模型，具体操作如下。

①在范围 B3：B6 的单元格中依次输入债券面值、票面利率、到期年限、每年付款次数等债券付款结构参数值，在 B9 中输入必要收益率。

②息票收入 $C＝M×r/m$，在 B7 中输入公式"＝B3×B4/B6"，得到定期息票收入。

③付款期限 $n＝mT$，在 B8 中输入公式"＝B5×B6"，得到付款总期限。

④根据以上信息可以得到债券的现金流，如范围 F4：F23 所示。

⑤计算每期现金流的现值有两种方法：一是利用现值公式；二是利用 PV（ ）函数，可以直接在单元格中输入公式，也可以利用 Excel 的函数对话框输入，这里是单独计算每一期现金流的现值，所以 PV（ ）函数的 pmt 参数省略，在 fv 参数中输入当期现金流值即可。

应用类似的方法，在范围 G4:G23、H4:H23 生成债券各期现金流的现值。

⑥债券定价公式法，就是将各期的现金流现值加总，利用 SUM（ ）函数即可。

⑦利用 NPV（ ）函数，需要期间必要收益率和现金流，在 B16 中键入公式"=NPV（B9/B6，F4:F23）"即可，注意必要收益率一般都以年化收益率形式表示，在运用时要根据每年的付款频率转化为期间收益率。

⑧PV（ ）函数的运用相对简便，只要确定了期间贴现率、付款总期限、每期固定付款额和到期本金额即可，不需将债券的现金流模式单独列示，在 B19 中键入公式"=PV（B9/B6，B8，B7，B3）"，得到的债券价格为负数，表示对于债券投资者而言，这是一笔现金流出。

⑨PRICE（ ）函数：在 B22 和 B23 中以日期格式输入相应的日期（或使用"=DATE（2020，1，1）"和"=DATE（2030，1，1）"），在 B24 中输入公式"=PRICE（B22，B23，B4，B9，B3，B6，0）"，即得到债券的价格。注意，PRICE（ ）函数中息票利率和必要收益率均为年化收益率，不用转换为期间收益率，同时第 7 个参数为 basis，根据选择的计息天数惯例赋予相应的逻辑值，此例中选择的计息天数惯例为 30/360，所以赋予 0 值。

	A	B	C	D	E	F	G	H
1		债券付款结构参数				债券现金流		
2								
3	债券面值M	100			时期	现金流	现值	
4	票面利率r	8%			1	4	3.81	3.81
5	到期年限T	10			2	4	3.63	3.63
6	每年付款次数m	2			3	4	3.46	3.46
7	定期息票收入C	4			4	4	3.29	3.29
8	付款期限n	20			5	4	3.13	3.13
9	必要收益率	10%			6	4	2.98	2.98
10					7	4	2.84	2.84
11		债券定价			8	4	2.71	2.71
12	债券定价公式法	sum(G4:G23)			9	4	2.58	2.58
13	债券发行价格=	87.54			10	4	2.46	2.46
14					11	4	2.34	2.34
15	NPV()函数法	NPV（B9/B6，F4：F23）			12	4	2.23	2.23
16	债券发行价格=	87.54			13	4	2.12	2.12
17					14	4	2.02	2.02
18	PV（ ）函数法	PV（B9/B6，B8，B7，B3）			15	4	1.92	1.92
19	债券发行价格=	-87.54			16	4	1.83	1.83
20					17	4	1.75	1.75
21	PRICE()函数法	PRICE(B22,B23,B4,B9,B3,B6,0)			18	4	1.66	1.66
22	交易日	2020-1-1			19	4	1.58	1.58
23	到期日	2030-1-1			20	104	39.20	39.20
24	债券发行价格=	87.54			G4=F4/(1+$B$9/$B$6)^E4		H4=PV($B$9/$B$6,E4,,-F4)	

图 5-6 Excel 中四种方法计算债券发行价格

四种方法的计算结果一致，均为 87.54 元，表明债券折价发行，因为息票利率低于同类投资的市场必要收益率。容易看出，在计算债券发行价格时，最便于使用的是 PV( ) 函数，其次是 PRICE( ) 函数的方法。在实际运用时，应根据债券类型、现金流模式和交割日时点确定相应的方法。

例 5.11 如果使用 Python 计算，可采用以下两种方法。

方法一

第一步：

```
In [1]: def issue_price(m,t,r,par,yld):
   ...:
   ...:        """
   ...:        计算债券发行价格
   ...:        m    付息的频率
   ...:        t    债券期限
   ...:        r    票面利率
   ...:        par    债券面值
   ...:        yld    必要收益率
   ...:        """
   ...:        pmt=par * (r/m)       #每次付息
   ...:        a=[]
   ...:        for i in range(m * t):       #计算利息的折现值
   ...:            c=pmt/(1+yld/m) * * (i+1)
   ...:            a. append(c)       #把每一期利息的现值存储在列表 a 中
   ...:        issue_price=sum(a) + par/(1+yld/m) * * (m * t)       #计算债券发
行价格
   ...:        print('每一期利息的现值列表：',a)       #呈现列表 a
   ...:        print('债券发行价格=',issue_price)       #呈现最终债券的发行价格
   ...:        return issue_price       #函数返回值
```

第二步：

```
In [2]: issue_price(2,10,0.08,100,0.1)       #用定义的函数进行计算
每一期利息的现值列表：[3.8095238095238093,3.6281179138321993,3.455350394125904,
3.2908098991675274,3.1341046658738354,2.9848615865465096,2.8427253205204854,
2.707357448114748,2.5784356648711886,2.4556530141630364,2.338717156345749,
```

2.227349672710237,2.121285402581178,2.020271811982074,1.92406839236388,
1.8324460879656002,1.7451867504434284,1.662082619469932,1.5829358280666017,
1.50755793149200016]
债券发行价格＝87.53778965746
Out[2]：87.53778965746

方法二

```
In [1]: def issue_price2(m,t,r,par,yld):
   ...:     import numpy as np
   ...:     """
   ...:     计算债券发行价格
   ...:     m     付息的频率
   ...:     t     债券期限
   ...:     r     票面利率
   ...:     par     债券面值
   ...:     yld     必要收益率
   ...:     """
   ...:     pmt＝par＊(r/m)     #每次付息
   ...:     a＝[]
   ...:     b＝[]
   ...:     for i in range(t＊m):     #生成现金流列表
   ...:         if i<t＊m－1:
   ...:             a.append(pmt)
   ...:         else:
   ...:             a.append(pmt＋par)
   ...:     a＝np.array(a)
   ...:     for i in range(t＊m):     #生成折现系数列表
   ...:         b.append(1/((1+yld/m)＊＊(i+1)))
   ...:     b＝np.array(b)
   ...:     issue_price2＝np.sum(a＊b)     #计算债券发行价格
   ...:     print('每一期现金流:',a)     #呈现列表 a
   ...:     print('每一期折现系数:',b)
   ...:     print('债券发行价格＝',issue_price2)     #呈现最终债券的发行价格
   ...:     return issue_price2     #函数返回值
```

In [2]: issue_price2(2,10,0.08,100,0.1)   #用定义的函数进行计算
每一期现金流：[4. 4. 4. 4. 4. 4. 4. 4. 4. 4. 4. 4. 4. 4. 4. 4. 4. 4. 4. 104.]
每一期折现系数：[0.95238095 0.90702948 0.8638376 0.82270247 0.78352617 0.7462154
0.71068133 0.67683936 0.64460892 0.61391325 0.58467929 0.55683742 0.53032135
0.50506795 0.4810171 0.45811152 0.43629669 0.41552065 0.39573396 0.37688948]
债券发行价格＝87.53778965745997
Out [2]: 87.53778965745997

2. 利息的计算

使用 ACCRINT( )函数计算定期付息债券的应计利息。

ACCRINT( )函数返回定期付息债券的应计利息。

语法：ACCRINT(issue, first_interest, settlement, rate, par, frequency, basis)

函数 ACCRINT( )的计算公式如下：

$$ACCRINT = par \times \frac{rate}{frequency} \times \sum_{i=1}^{NC} \frac{A_i}{NL_i}$$

式中：A_i——奇数期内第 i 个准付息期的应计息天数；

NL_i——奇数期内第 i 个准付息期的正常天数；

NC——奇数期内的准付息期期数，如果该数含有小数位，向上进位至整数。

【例5.12】沿用例5.7，A 公司发行的 5 年期债券于 2020 年 3 月 10 日发行上市，2025 年 3 月 10 日到期，息票利率为 8%，每半年付息一次，付息日为 3 月 10 日和 9 月 10 日，面值为 100 元，到期偿还，交割日为 2022 年 10 月 18 日。假定市场同类债券的必要收益率为 10%，采用 30/360 法计算计息天数。

解：具体计算见图 5-7。

34	定期付息债券应计利息计算	
35	发行日（issue）	2020-3-10
36	起息日（first_interest）	2020-3-10
37	交割日（settlement）	2022-10-18
38	票面利率（rate）	8%
39	面值（par）	100
40	付息频率（frequency）	2
41	计息天数惯例（basis）	0
42		
43	ACCRINT	20.8444444

图 5-7 定期付息债券应计利息计算

将 Excel 中的 ACCRINT( )函数计算结果与例 5.9 对比可以发现，ACCRINT( )函数计算的应计利息和我们前面提到的应计利息的含义不同，后者是指在两个付息日间交易的债券交易中，从上次付息日到交割日期间累计的应归属于卖方的那部分利息，而实

际上 Excel 函数返回的是从债券首次付息日到交割日这段时间内累计的利息值。ACCRINT( )函数返回值扣除交割日前的所有付息日已支付的利息额就得到了交割日所处付息期应付利息中归属于卖方的那部分"应计利息"。在此例中，从首次起息日 2020 年 3 月 10 日到交割日 2022 年 10 月 18 日，共有 5 个付息日，定期息票额为 4 元，即已支付利息 20 元，用 ACCRINT( )函数返回值 20.844 扣除已支付利息 20 元，就得到了交割日所处付息期中归属于卖方的应计利息额 0.844 元，与例 5.9 中计算结果一致。

例 5.12 如果使用 Python 计算，方法如下。

第一步：

```
In [1]: def accrint(n,t1,m,r,par):
   ...:         """
   ...:         计算应计利息
   ...:         n       已经付息的次数
   ...:         t1      距离上一次付息的时间
   ...:         m       付息的频率
   ...:         r       票面利率
   ...:         par     债券面值
   ...:         """
   ...:         pmt = par * (r/m)         #计算每期的利息
   ...:         accrint = pmt * (n+t1 * m)       #计算应计利息
   ...:         print("应计利息=",accrint)        #呈现结果
   ...:         return accrint       #函数返回值
```

第二步：

```
In [2]: accrint(5,38/360,2,0.08,100)       #用定义的函数进行计算
应计利息=20.844444444444445
Out[2]: 20.844444444444445
```

3. 付息期的计算

在 Excel 中共有 6 个关于债券付息期的函数，如表 5-10 所示。

表 5-10 Excel 的债券付息期函数

函数名称	功　　能
COUPDAYBS( )	返回从付息期开始到交割日之间的天数(应计利息天数)
COUPDAYS( )	返回交割日所在的付息期的天数

续表

函数名称	功　能
CUOPDAYSNC（　）	返回从交割日到下一付息日之间的天数
COUPNCD（　）	返回交割日后的下一个(Next)付息日的日期
CUOPPCD（　）	返回交割日前的上一个(Prior)付息日的日期
COUPNUM（　）	返回交割日和到期日之间的应付息次数

它们之间的关系可以用图 5-8 表示。

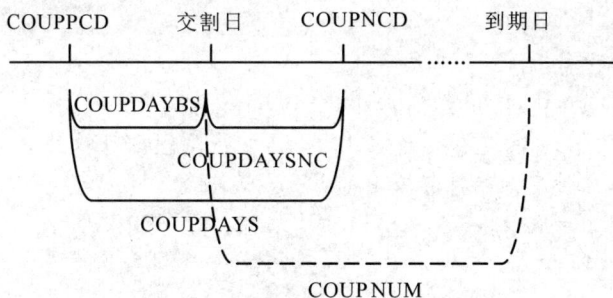

图 5-8　债券计息期函数之间的关系

这 6 个函数的参数均为 settlement、maturity、frequency 和 basis，计算并不复杂。

【例 5.13】A 公司发行的 5 年期债券于 2020 年 3 月 10 日发行上市，2025 年 3 月 10 日到期，息票利率为 8%，每半年付息一次，付息日为 3 月 10 日和 9 月 10 日，面值为 100 元，到期偿还。交割日为 2022 年 12 月 18 日。计算该债券的付息期。

解：如图 5-9 所示，图中用 5 种计息天数惯例计算了 6 个函数的值，可以清楚地了解这些计息函数的意义和相互关系，也可以理解不同计息天数惯例的区别以及对函数返回值的影响。

18		定期付息债券付息期计算				
19	交割日（settlement）	2022-2-18	2022-12-18	2022-12-18	2022-12-18	2022-12-18
20	到期日（maturity）	2025-3-10	2025-3-10	2025-3-10	2025-3-10	2025-3-10
21	付息频率（frequency）	2	2	2	2	2
22	计息天数惯例	美国30/360	实际/实际	实际/360	实际/365	欧洲30/360
23	basis	0	1	2	3	4
24						
25	COUPDAYBS	98	99	99	99	98
26	CUOPDAYSNC	82	83	83	83	82
27	COUPDAYS	180	182	180	182.5	180
28						
29	COUPPCD	2022-9-10	2022-9-10	2022-9-10	2022-9-10	2022-9-10
30	COUPNCD	2023-3-10	2023-3-10	2023-3-10	2023-3-10	2023-3-10
31	COUPNUM	5	5	5	5	5
32						

图 5-9　定期付息债券付息期计算

例 5.13 如果使用 Python 计算，方法如下。

```
In [1]: def coup(s='2022-12-18',m='2025-3-10',f=2):
   ...:     """
   ...:     s：交割日,格式为日期。例:'2022-12-18'
   ...:     m：债券到期日,格式为日期。例:'2025-3-10'
   ...:     f：付息频率,格式为数字,可以取1或2。例:'2'
   ...:     计息天数惯例使用实际/实际
   ...:     """
   ...:     import pandas as pd
   ...:     import datetime
   ...:     date=pd.date_range(s,m,freq='D')  #生成交割日到到期日的所有日期
   ...:     m_d=str(date[-1])[5:10]      #得到到期日的月份和日
   ...:     #根据付息频率计算或有的另一付息日的日期
   ...:     m_d_m=int(m_d[:2])
   ...:     m_d_1="
   ...:     m_d_2="
   ...:     if m_d_m-6>0:
   ...:         m_d_1=str(m_d_m-6)+m_d[2:]
   ...:
   ...:     if m_d_m+6<10:
   ...:         m_d_2='0'+str(m_d_m+6)+m_d[2:]
   ...:     elif m_d_m+6<13:
   ...:         m_d_2=str(m_d_m+6)+m_d[2:]
   ...:     #根据付息频率和前部分得到的付息日来确定每年的付息年月日
   ...:     if f==2:
   ...:         date_1=[]
   ...:         for i in range(len(date)):
   ...:             if str(date[i])[5:10]==m_d_1:
   ...:                 date_1.append(str(date[i])[:10])
   ...:         elif str(date[i])[5:10]==m_d:
   ...:                 date_1.append(str(date[i])[:10])
   ...:         elif str(date[i])[5:10]==m_d_2:
   ...:                 date_1.append(str(date[i])[:10])
```

```
   ...:        elif f==1:
   ...:                date_1=[]
   ...:                for i in range(len(date)):
   ...:                    ifstr(date[i])[5:10]==m_d:
   ...:                        date_1.append(str(date[i])[:10])
   ...:        date_2=pd.to_datetime(date_1)
   ...:        "
   ...:
   ...:        经过以上过程:
   ...:        date 为 pandas 的日期格式,存储了交割日到证券到期日的所有天数日期。
   ...:        date_1 为列表,存储了所有剩余付息日的字符串格式。
   ...:        date_2 为 pandas 的日期格式,存储了所有剩余付息日的日期格式。
   ...:
   ...:
   ...:        "
   ...:
   ...:        print('剩余的付息日为:',date_2)
   ...:        print('剩余付息次数为:',len(date_1))
   ...:        print('下一个付息日为:',date_2[0])
   ...:        print('交割日距离最近的付息日天数:',date_2[0]-date[0])
   ...:        print('交割日距离证券到期日天数:',date[-1]-date[0])
```

```
In [2]: coup(s='2022-12-18',m='2025-3-10',f=2)
剩余的付息日为:DatetimeIndex(['2023-03-10','2023-09-10','2024-03-10','2024-09-
10','2025-03-10'],
dtype='datetime64[ns]',freq=None)
剩余付息次数为:5
下一个付息日为:2023-03-10 00:00:00
交割日距离最近的付息日天数:83 days 00:00:00
交割日距离证券到期日天数:813 days 00:00:00
```

除了以上介绍的定期付息债券的价格、利息和付息期函数外,久期和收益率函数在定期债券计算中也非常重要,在本书第 6 章、第 7 章会陆续介绍。其他类型债券的计算函数可以参照同类定期付息债券函数的使用方法。实际上,在理解了债券相关指标的原理后,运用 Excel 和 Python 函数进行计算并不复杂。首先要明白函数的含义和功能,然后根据债券的类型、现金流模式和债券指标类型选择相应的计算函数,最后确定需要的参数及其意义,就能运用 Excel 和 Python 计算债券的相关指标了。

【本章小结】

本章以不附选择权的固定利率附息债券为例介绍了固定收益债券定价的原理和一般步骤。

1. 债券的价格等于以恰当的贴现率计算的该债券预期现金流的现值,这一估值原理适用于任何债券的定价。债券定价的三个步骤为:第一,估计预期现金流,包括现金流的方向、数额和发生时点;第二,选择恰当的贴现率(必要收益率);第三,以选择的利率计算预期现金流的现值。对于不附选择权的固定利率附息债券而言,现金流量等于定期息票收入加上票面价值。零息债券没有息票利息,其价格就是到期价值的折现。对于每年支付多次利息的债券而言,必须根据支付频率调整必要收益率和期限。

2. 在到期期限不变的条件下,随着必要收益率的不断提高,债券的价格不断降低,二者呈反向变化关系。如果债券息票利率高于必要收益率,债券价格高于票面价值,称为债券溢价发行。如果债券息票利率等于必要收益率,债券价格等于票面价值,称为债券平价发行。如果债券息票利率低于必要收益率,债券价格低于票面价值,称为债券折价发行。

3. 对于平价发行的债券,其息票率等于必要收益率,随着到期日的临近,债券仍将以票面价值出售,即在必要收益率不变的条件下,平价发行的债券在整个债券期限内价格保持不变。但是溢价发行债券和折价发行债券则存在"价值回归"的现象。

4. 在两个付息日之间交易债券,必须考虑应计利息。包含应计利息的债券价格被称为全价;全价扣除应计利息,称为债券的净价。目前主要债券市场均采用净价报价方式,实际交割时,买方支付卖方全价。

5. 运用无套利定价法计算债券价格,简单说来,就是将附息债券视为一揽子零息债券组合,对附息债券的每一笔现金流采用相对应期限的零息债券的收益率进行贴现。这种定价下,投资者将不会通过剥离债券本息来获取任何无风险利润。运用无套利定价法的关键在于推导理论即期利率曲线。

6. 在理解了债券定价的原理后,运用 Excel 和 Python 进行计算并不复杂。首先要明白函数的含义和功能,然后根据债券的类型、现金流模式和债券指标类型选择相应的计算函数,最后确定需要的参数及其意义,就能运用 Excel 和 Python 计算债券的价格、收益率和利息等。

【关键词】

必要收益率(Required Yield)

应计利息(Accrued Interest)

全价(Full Price)

净价(Clean Price)

无套利定价法（No-Arbitrage Pricing）

即期收益率曲线（Spot-Rate Curve）

理论即期收益率曲线（Theoretical Spot-Rate Curve）

【练习题】

1. 甲债券和乙债券除了票面利率不同以外，其他条件都相同。两份债券的到期期限都是 3 年，面值均为 100 元。甲债券的票面利率为 10%，当前市场价格为 95.19 元；乙债券的票面利率为 12%，则它的市场价格应为多少？

2. 面值为 1 000 元、3 年期的零息债券，距离到期日还有 2 年，如果市场必要收益率为 5%，那么该债券当前的价格应为多少？（复利计算）

【思考题】

1. 简述债券价格、期限与必要收益率之间的关系。

2. 简述无套利债券定价法的基本思想。

3. 什么是债券全价和净价？二者之间有什么关系？为什么目前主要债券市场都采用净价报价方式？

【本章参考文献】

1. [美]弗兰克·J. 法博齐. 固定收益证券手册[M]. 任若恩，李焰，等，译. 北京：中国人民大学出版社，2005.

2. [美]弗兰克·J. 法博齐. 债券组合管理[M]. 骆玉鼎，高玉择，等，译. 上海：上海财经大学出版社，2004.

3. 汤镇宇，徐寒飞，李鑫. 固定收益证券定价理论[M]. 上海：复旦大学出版社，2004.

4. 潘席龙. 固定收益证券分析[M]. 成都：西南财经大学出版社，2006.

5. 王兴德. 投资学原理及其计算机方法[M]. 北京：清华大学出版社，2008.

6. 王晓民. Excel 2002 高级应用——金融财务[M]. 北京：机械工业出版社，2003.

扫码听课

第6章
固定收益证券的收益率

【学习目标】

- 能够计算到期收益率。
- 能够计算即期利率、远期利率和折现因子。
- 构造债券收益率曲线。
- 掌握利率期限结构理论。
- 理解收益率差价形成的原因。

【引导案例】

Wind 资讯统计数据显示，就发行利率而言，2020 年 5 月交易所公司债券的最高利率为 8%，较上月最高利率下行 50BP；最低发行利率为 1.79%，较上月最低利率下行 1BP。与 2020 年 4 月相比，一般公司债券方面，AAA 级平均发行利率上行、利差扩大，AA＋级和 AA 级平均发行利率下行、利差收窄；私募债券方面，AA＋级利率下行、利差收窄，AAA 级和 AA 级平均发行利率上行、利差扩大。就 3 年期一般公司债券而言，与 2020 年 4 月相比，5 月 AA 级、AA＋级和 AAA 级发行平均利率分别下行 111BP、下行 113BP、上行 27BP，平均利差分别收窄 138BP、收窄 117BP、扩大 20BP。

在完成利率市场化之前，债券收益率将受到利率市场化、经济增速、储蓄率的共同影响，而且利率市场化进程本身也会影响债券收益率。利率市场化完成之后，利率才由经济增速、储蓄率等因素决定。不考虑储蓄率的影响，债券收益率将在经济增速附近波动。

上述资讯统计数据中，固定收益证券的利差、收益率无疑是关键词。作为投资者，必须能够正确衡量债券的收益水平，才能进行有效的投资决策。

6.1 到期收益率、即期利率和远期利率

投资者持有某种固定收益证券的目的是获得一定的收益，当投资者购买一种债券

时，他可能获利的来源主要有 3 个：①债券发行者向持有人支付的利息。②持有人将利息再投资获得的利息。③持有人处置(出售、折现等)所持有债券所产生的资本利得。为了分析债券持有人的收益状况，本节将介绍到期收益率(Yield to Maturity)、即期利率(Spot Rate)和远期利率(Forward Rate)的概念、计算方法等内容。

6.1.1 到期收益率

1. 到期收益率的含义

定义 6.1 到期收益率(Yield to Maturity，YTM)是指投资者购买债券后一直持有至到期日为止(中途不出售转让)所能获得的年报酬率，也就是俗称的"收益率"。

"收益率"是一种折现率，它能使通过投资债券所获得的现金流的现值等于初始投资的市场价格。按照这种折现关系理解，到期收益率的计算公式如下：

$$P = \sum_{i=1}^{N} \frac{C}{(1+YTM)^i} + \frac{F}{(1+YTM)^N} \tag{6-1}$$

式中：P——债券买入的市场价格；

$\quad\quad C$——利息；

$\quad\quad F$——债券面值；

$\quad\quad N$——付息次数；

$\quad\quad YTM$——每年的到期收益率。

利用以上公式即可计算出到期收益率 YTM。可以看出，到期收益率不仅考虑了当前的利息收入，而且还考虑了投资者持有债券到期时的资本利得。它考虑了现金流的时间因素。

【**例 6.1**】某投资者购入一张面额为 1 000 元，票面利率为 8% 的债券，该债券 10 年后到期，每年付息一次，下一次付息正好在 1 年后。购入时市场价格是 1 070.2 元，其到期收益率是多少？

解：将数据代入式(6-1)：

$$1\ 070.2 = \sum_{i=1}^{10} \frac{80}{(1+YTM)^i} + \frac{1\ 000}{(1+YTM)^{10}}$$

得出 $YTM = 7\%$。

在日常的商业和金融活动中，除了到期收益率之外与债券有关的常见的"收益率"概念是：①"名义收益率"(Nominal Yield)是指债券的年利息率。例如，面值为 100 元的债券每年利息的收入是 8 元，那么，每年的名义收益率为 8%。②"当期收益率"(Current Yield)是每年的利息收入与市场价格的比值。当期收益率=C/P，C=年利息，P=债券的市场价格。如果①中的债券认购价格为 90 元，那么，每年的当期收益率为 8.89%。

根据投资者对债券认购时间与投资期限的不同，如图 6-1 所示，债券收益率亦可分为认购收益率、到期收益率和持有期收益率 3 种。

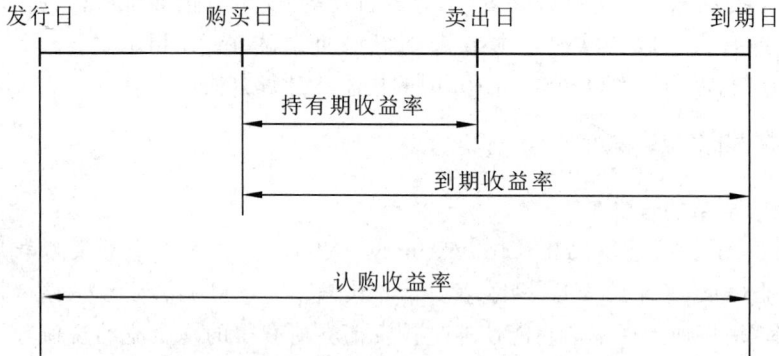

图 6-1 不同收益率的期限区别

2. 到期收益率的计算

由于债券的种类繁多，计算债券到期收益率的方式也要根据不同的债券类型而变化，但是只要掌握到期收益率的定义，计算到期收益率就很简单。下面就介绍几种到期收益率的计算方法。

(1)实际年收益率(Effective Annual Yield)

在不考虑复利因素的条件下，以年付息频率乘期间利率可以得到年化利率，这个过程即为利率的年化。例如，如果知道半年收益率，可把它乘 2 使之年度化。相反，如果知道年利率要确定半年利率，我们可以把它除以 2。

实际上这种对特定期间(周、月、季、半年等)收益率年度化的方法是不正确的。假定用 100 元以 8% 的年利率投资 1 年，年末得到利息 8 元。再假定用 100 元作同样投资，只是利息每半年按 4%(年利率的一半)支付一次。第二种投资得到的年末终值是 108.16 元。100 元的利息收入是 8.16 元，利率或收益率因而是 8.16%(8.16 元/100 元)，8.16% 叫作实际年收益率。实际年收益率是考虑各种复利的情况下，债券 1 年期限内的收益率，常用来转化利息非按整年支付的债券的收益率。而到期收益率是一个全期利率，也就是整个债券有效期内的收益率，债券有效期为非整年时，就可以对其进行实际年度化，方便对不同债券的收益率进行比较。

为将期间利率转化为实际年收益率，可以用下面的公式：

$$实际年收益率 = (1 + 期间利率)^m - 1 \qquad (6-2)$$

式中：m——年支付频率。

可见，必须知道债券的支付频率，才能计算期间利率，进而计算债券的实际年收益率。

按照前面的例子，利息按半年支付，期间利率是 4%(=8%/2)，支付频率是每年两次。因此：

$$实际年收益率=(1+0.04)^2-1=8.16\%$$

即该债券 1 年的实际年收益率为 8.16%。

(2)零息债券的到期收益率

定义 6.2 零息债券(Zero-Coupon Bond)是指以贴现方式发行，不附息票，而于到期日时按面值一次性支付本利的债券。

零息债券的到期收益率公式为：

$$P=\frac{F}{(1+YTM)^N}\Rightarrow YTM=\left(\frac{F}{P}\right)^{\frac{1}{N}}-1 \tag{6-3}$$

式中：P——零息债券的市场价格；

$\quad\quad F$——到期价值(票面价值)；

$\quad\quad N$——距到期日的年数；

$\quad\quad YTM$——每年的到期收益率。

【例 6.2】某面值为 1 000 元的零息债券现在的市场价格为 400 元，20 年后到期，计算这一债券的到期收益率。

解：
$$YTM=\left(\frac{1\ 000}{400}\right)^{\frac{1}{20}}-1=4.69\%$$

(3)一次还本付息债券到期收益率

一次还本付息债券指的是发行者平时不支付利息，只在债券到期时一次性清偿本息。一次还本付息债券到期收益率的计算方法和零息债券到期收益率的计算方法相近：

$$YTM=\left(\frac{F}{P}\right)^{\frac{1}{N}}-1 \tag{6-4}$$

式中：P——零息债券的市场价格；

$\quad\quad F$——到期价值；

$\quad\quad N$——距到期日的年数；

$\quad\quad YTM$——每年的到期收益率。

【例 6.3】某一次还本付息债券面值 100 元，期限 2 年，票面利率 9%，按面值发行，计算该债券的到期收益率。

解：该一次还本付息债券的到期价值 F 为 $100+100\times9\%\times2=118$(元)。

$$YTM=\left(\frac{118}{100}\right)^{\frac{1}{2}}-1=8.63\%$$

(4)非整年付息债券的到期收益率

例 6.1 中，该债券是每年付息一次的，但是许多债券的利息并非按整年支付，下面以半年付息一次的债券为例介绍这类债券的到期收益率是如何计算的。

某债券面值为 100 元，还有 8 年到期，票面利率为 7%，半年支付一次利息，下一次利息支付正好在半年后，该债券当前价格为 94.17 元，求该债券的年到期收益率。

从题目中可以得知，票面利率为 7%，则每半年支付利息为 $100 \times 7\% \div 2 = 3.5$ 元，债券 8 年后到期，那么付息次数为 $8 \times 2 = 16$，将这些数据代入到期收益率公式：

$$94.17 = \sum_{i=1}^{16} \frac{3.5}{(1+YTM)^i} + \frac{100}{(1+YTM)^{16}} \Rightarrow YTM = 4\%$$

求出该债券的半年到期收益率为 4%，因此，该债券的年到期收益率则为 $4\% \times 2 = 8\%$。我们将其转化为年收益率，英美市场的惯例是将其乘 2，为 8%。欧洲市场的惯例是 $(1+0.04)^2 - 1 = 8.16\%$，也就是实际年收益率。

(5)贴现债券的到期收益率

计算贴现债券到期收益率重点是按一定的贴现率计算债券的市场价格。

【例 6.4】某贴现债券面值 1 000 元，期限 180 天，以 10.5% 的贴现率公开发行，计算该债券的到期收益率。

解：　　　　　债券的价格 $= 1\,000 \times (1 - 10.5\% \times 180/360) = 947.5$(元)

$$到期收益率 = \frac{1\,000 - 947.5}{947.5} \times \frac{365}{180} = 11.24\%$$

(注：计算到期收益率等收益率，1 年都是按 365 天来计算。计算贴现率，一般按照 1 年 360 天来计算)

3. 对到期收益率的最后说明

(1)到期收益率可以用来衡量回报率

到期收益率并不是准确衡量回报率的指标，一个债券的到期收益率高于另一个债券的到期收益率并不意味着前者好于后者。因为到期收益率大小受债券票面利率、期限的影响，要全面考虑才能比较两种债券的优劣。

(2)到期收益率衡量债券的报酬存在缺陷

投资债券的报酬来源有：票面利息收入、利息收入再投资与卖出(或被赎回)债券的资本利得，到期收益率同时包含了上述 3 种收入来源，考虑的层面最完整，但到期收益率有两个重要的假设——必须持有至到期日且每期收到的利息收入再投资，可获得与到期收益率相等的利息水准。然而现实的债券投资中并非全然符合这两点假设，比如利率波动是很正常的现象，因此每期利息的再投资报酬率几乎不可能相等，因此到期收益率衡量债券的报酬存在着盲点。

(3)Malkiel 债券定价定理

Malkiel 在 1962 年对债券价格、债券利息率、到期年限以及到期收益率之间进行了研究后，提出了债券定价的五大定理。至今，这五个定理仍被视为债券定价理论的经典。

定理一：债券的市场价格与到期收益率成反比关系。如果到期收益率上升时，债券价格会下降；反之，到期收益率下降时，债券价格会上升。

定理二：当债券的收益率不变，即债券的票面利率与收益率之间的差额固定不变时，债券的到期时间与债券价格的波动幅度之间成正比关系。即到期时间越长，价格波动幅度越大；反之，到期时间越短，价格波动幅度越小。

定理三：随着债券到期时间的临近，债券价格的波动幅度减少，并且是以递增的速度减少；反之，到期时间越长，债券价格波动幅度增加，并且是以递减的速度增加。

定理四：对于期限既定的债券，由收益率下降导致的债券价格上升的幅度大于同等幅度的收益率上升导致的债券价格下降的幅度。即对于同等幅度的收益率变动，收益率下降给投资者带来的利润大于收益率上升给投资者带来的损失。

定理五：对于给定的收益率变动幅度，债券的票面利率与债券价格的波动幅度之间成反比关系。即票面利率越高，债券价格的波动幅度越小。

【专栏 6-1】

国债期限溢价在我国宏观经济预测中的应用

广义的期限溢价分为 3 种形式：第一种是回报溢价，指某一期长期零息债券预期收益率减去当期短期利率之差；第二种是远期溢价，指远期利率减去未来预期的即期利率之差；第三种是收益溢价，指零息债券收益率减去从现在至持有到期的即期利率预期均值之差。本文分析测算的是收益溢价。期限溢价的概念不同于期限利差，后者是长短端债券收益率的差值，实际上包含着长短端期限溢价之差。

期限溢价在美国宏观经济预测中有诸多应用，比如美国国债收益率曲线倒挂常伴随信用紧缩，这对美国的经济衰退有预测效果。此外，期限溢价能够反映市场风险情绪，与恐慌指数——芝加哥期权交易所波动率指数（VIX）走势大致相同。期限溢价预测作用的经济解释为：期限溢价本身是逆周期的，即当经济扩张时，市场风险偏好上升，其要求的风险补偿降低；当经济改善时，金融资产波动率和风险降低，市场要求的风险补偿降低；当货币政策收紧时，通胀风险下降，市场要求的风险补偿也降低。

理论上，债券的期限越长，对应的期限溢价就越高，收益率曲线越难出现倒挂现象。当投资者对短期经济的预期过于悲观时，其对长期不确定性所寻求的溢价将降低，甚至长端期限溢价会低于短端，即出现收益率曲线倒挂现象，表明宏观经济存在下行压力。

分别以不同期限的存款类机构质押式回购利率（DR 系列）、全市场加权平均回购利率（R 系列）、上海银行间同业拆放利率（Shibor 系列）作为基准利率，测算中国国债期限溢价。从计算结果来看，除以 R007 为基准利率计算的期限溢价外，根据大多数基准利率测算的 10 年期以上国债品种期限溢价均出现负值，说明市场对短期经济增长略持悲观态度，认为长期经济环境好于短期。DR 系列综合了银行间市场和交易所市场的情况，样本覆盖更广。3 个月期的债券品种比 7 天期债券品种的收益率扰动小，更能反映资金供需。所以综合来看，以存款类机构 3 个月期质押式回购利率(DR3M)为基准利率测算的期限溢价更具可信性。

测算 10 年期国债期限溢价与名义国内生产总值(GDP)增速之间的动态相关性，可以发现 10 年期国债期限溢价是名义 GDP 增速的同步指标。同时还得出，以 DR3M 为基准利率测算的 10 年期国债期限溢价与全体产业债信用利差之间也存在一定相关关系，且具有领先性。

综上，中国国债期限溢价对经济增长、信用溢价预测均有较大的借鉴意义。

(资料来源：闵兴征、王开：《中国国债期限溢价测算及应用》，载《债券》，2020(1)：33-36)

6.1.2 即期利率与远期利率

1. 即期利率的定义与计算

(1)即期利率的定义

定义 6.3 即期利率(Spot Rate)是某一给定时点上零息债券的到期收益率。

可以把即期利率想象为即期贷款合约的利率。即期贷款合约是指合约一经签订，贷款人立即把资金提供给借款人。换句话说，即期利率等于 0 时刻贷款、t 时刻一次性还本付息所要求的到期收益率。即期利率通常用年利率表示。

(2)即期利率的计算

对于零息债券，即期利率可以直接按零息债券的到期收益率计算，公式如下：

$$P_t = \frac{F_t}{(1+S_t)^t} \tag{6-5}$$

式中：P_t——t 年期零息债券的市场价格；

$\quad\quad F_t$——债券的票面价值；

$\quad\quad S_t$——即期利率。

【例 6.5】 有两种零息债券分别记为 A，B。债券 A 1 年后到期，1 年后还本 1 000 元，现在的市场价格为 975.5 元；债券 B 的市场价格为 797.19 元，2 年后投资者可得到 1 000 元。问：债券 A 的 1 年即期利率为多少？债券 B 的 2 年即期利率为多少？

解：可知不同期限即期利率是不同期限债券的到期收益率，公式为：

$$P_t = \frac{F_t}{(1+S_t)^t}$$

在此处，债券 A 和债券 B 的票面价值 $F_{t=A,B}$ 都为 1 000 元，债券 A 的期限是 1 年，债券 B 的期限为 2 年，债券 A 的市场价格为 $P_A=975.5$ 元。债券 B 的市场价格为 $P_B=797.19$ 元。代入公式得：$S_A=2.5\%$，$S_B=12\%$。

市场中很少有像例 6.5 中债券 B 这样超过 1 年的零息债券，大多数长期限的债券是附息的，因此无法直接通过观察零息债券的收益率获得长期限即期利率。所以需要借助理论推导，根据实际存在的零息债券推导出即期利率，由理论推导而来的即期利率称为理论即期利率。

附息债券即期利率的计算与到期收益率的计算公式十分相像，但是两者有着本质差别。下面介绍如何对附息债券计算即期利率。

债券可以视为一系列的现金流，每一笔现金流都可以被看作一张零息债券。这意味着一张 10 年期、利率为 8％、面值为 1 000 元、每年付息一次的债券可以拆解为 10 张零息债券的组合（9 张 1 年期的 80 元的零息债券，再加上一张 10 年期的 1 080 元的零息债券）。

在市场有效率的情况下，理论上不存在无风险的套利机会，拆解债券的现值总和应等于原附息债券的现值价格。则可将付息债券的即期利率通用公式表述如下：

$$P_n = \sum_{i=1}^{n-1} \frac{C}{(1+S_i)^i} + \frac{C+F}{(1+S_n)^n} \tag{6-6}$$

式中：P_n——到期时间为 n 的债券的市场价格；

　　　C——债券每期派发的利息；

　　　S_i——理论即期利率（随期限 i 变动而变动）；

　　　F——债券的票面价值。

【例 6.6】假设市场上只有债券 A 和债券 B，已知 A 为 1 年期零息债券，其收益率为 3％，B 为 2 年期附息债券，利率为 4％，每年付息一次，其面值为 100 元，现市场价格为 92.6 元，求 2 年期的即期利率。

解：可知 A 的收益率就是 1 年期即期利率，将其他数据代入公式(6-6)：

$$92.6 = \frac{4}{(1+3\%)} + \frac{100+4}{(1+S_2)^2}$$

解得 2 年期零息债券的理论即期利率 $S_2 = 8.27\%$。

运用例题中的方法，可以继续推导以后各年的理论即期利率。构造理论即期利率，起初是从美国国债市场出发的。因为在那里，每隔半年付息一次，对应一张息票。每一张息票都可看作一张零息债券。3 年有息债券就可以拆成 6 张零息债券，2 年可拆成 4 张。利用公式，配合市场上的债券价格、票面利率，就可以推算出目前各年期的理论即期利率。在计算即期利率时应当注意下面两点：①若可以直接找到某期限的零息债券，即期利率可以直接计算。②对附息债券采用息票仿真拆解法来计算即期利率。把息票债券看作一个不同期限零息债券的组合，这样就可以利用零息票债券的利率期限结构进行计算。

（3）折现因子

定义 6.4　折现因子①(Discount Factor)指的是一个货币单位在不同时间的现值。

———————————

① 在第 5 章学习计算债券价格时，我们曾用到年金现值系数，现值系数又称为折现因子。

若 t 期的即期利率为 S_t，折现因子等于 t 年后到期价值为 1 元的债券的现值：

$$d_t = \frac{1}{(1+S_t)^t} \tag{6-7}$$

折现因子主要是为方便实际操作而制定的，通常我们看到的都是一个表对应不同的贴现率还有时间长度。查出现值系数，将各期的净现金流量乘对应的现值系数即得现值。

【例 6.7】现有 2 年期的附息债券，面值为 100 元，利率为 8%，每年付息一次，折现因子 $d_1=0.926$，$d_2=0.808$，该债券的现值为多少？

解：第一年的现金流为 8 元，第二年为 108 元。

$$PV = 0.926 \times 8 + 0.808 \times 108 = 94.672(元)$$

式(6-7)体现了由即期利率计算折现因子的思想，反过来由折现因子也可以计算出即期利率的大小，两者都是现金流时间因素的表现。

2. 远期利率的定义与计算

(1)远期利率的定义

定义 6.5 远期利率(Forward Rate)是从未来的某一时点到另一时点的利率。它可以由即期利率推导出来。

远期利率指的是当前时刻双方约定好的从未来某个时点开始的一段时间内的借款利率，它是未来借入货币的利率，也可以表示投资者在未来特定日期购买的零息票债券的到期收益率。远期利率也按年利率计算。

即期利率和远期利率的区别在于计息日起点不同，即期利率的起点在当前时刻，而远期利率的起点在未来某一时刻。例如，若当前时刻为 2020 年 9 月 26 日，这一天债券市场上不同剩余期限的几个债券品种的收益率就是即期利率。而在这一天以未来某个时间(如 2021 年 9 月 26 日)为起点的债券的收益率是远期利率。图 6-2 清晰表现了即期利率与远期利率的不同。

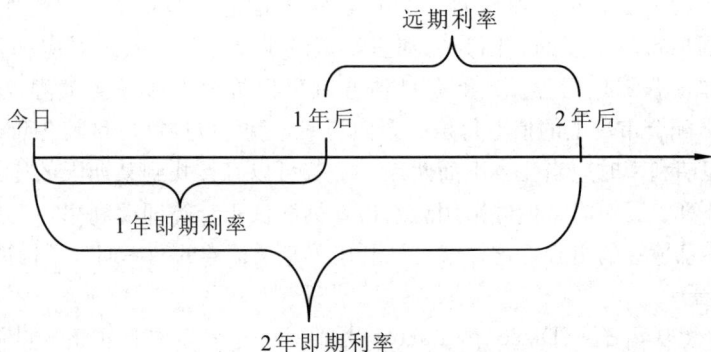

图 6-2 即期利率与远期利率

（2）远期利率的计算

远期利率和即期利率的计算方法如出一辙。用 $f_{m,n}$ 表示远期利率，其中 m 表示 m 年后开始借款，n 为未来还款日期，$f_{m,n}$ 表示 m 年后 $n-m$ 期的远期利率。

【例 6.8】某投资者签订了一份远期合同，根据约定 1 年后贷款 3 000 元，3 年后偿还本息 3 300 元。问 1 年后的 2 年期的远期利率为多少？

解：

$$3\ 000=\frac{3\ 300}{(1+f_{1,3})^2},\ f_{1,3}=4.88\%$$

3. 即期利率与远期利率的关系

假定现在决定用 1 元钱进行一项 2 年期的投资，目前有两种方案可供选择。

①持有至到期方案：投资一种 2 年期债券，并持有至到期日。

②滚动投资方案：先投资 1 年期的债券并持有至到期日，到期后将所得再投资另一种 1 年期债券，同样持有至到期。

假设市场充分有效率，没有套利的机会，1 年期零息债券即期利率 6%，2 年期零息债券即期利率 7%。无套利条件保证了两种投资方案具有相同的期望收益。那么：

$$(1+S_2)^2=(1+S_1)(1+f_{1,2})$$

代入数据，得：

$$(1+7\%)^2=(1+6\%)(1+f_{1,2})\Rightarrow f_{1,2}=8\%$$

推广到一般情况，对任意的期限 n 有：

$$(1+S_n)^n=(1+f_{0,1})(1+f_{1,2})(1+f_{2,3})\cdots(1+f_{n-1,n}) \tag{6-8}$$

也就是说由即期利率可以推出隐含的远期利率，其中 $f_{0,1}=S_1$。

因此，远期利率可以由 m 期与 n 期的即期利率推算出来。

6.2 收益率曲线

通过上一节的学习可以发现，债券的收益率与债券的期限有着紧密联系，本节将介绍一种可以直观表示两者关系的分析工具——收益率曲线。

6.2.1 收益率曲线的定义

定义 6.6 收益率曲线（Yield Curve）是描述债券到期收益率和到期期限之间关系的曲线。

收益率曲线是显示信用质量相同，但到期期限不同的债券收益率和剩余到期期限相互关系的曲线。在二维坐标体系中，常用纵轴代表收益率，横轴则是剩余到期的时间。一般我们所说的收益率曲线表示的是零息债券的到期收益率，也就是即期利率与债券期限关系，此时收益率曲线也称利率期限结构曲线（详见本章 6.3 节）。然而在大众媒体中，提到的期限结构是指政府附息债券的收益率曲线。因为传统上利率的期限结构是用到期收益率给出的，用到期收益率构造的曲线有一个缺陷，即到期收益率除了受供求影响之外，还受息票利率、计息次数的影响，这样，就会导致相同期限可能对应多个到期收益率，使收益率曲线不唯一。

根据债券发行主体的不同，收益率曲线可以分为国债收益率曲线、企业债收益率曲线等。根据利率种类的不同，又可以分为到期收益率曲线、即期收益率曲线和远期收益率曲线。

图 6-3 是一条债券收益率曲线，A 点表示期限为 t_A 的债券 A 的收益率为 R_A。

在图 6-3 中，可以考察出收益率曲线都是和具体时间相互对应的，收益率曲线的形状暗含了债券收益率和债券期限的关系趋势。在谈到收益率时，财经评论员通常会表示收益率"走上"或"走下"，这其实是对收益率曲线的整体形状的描述。

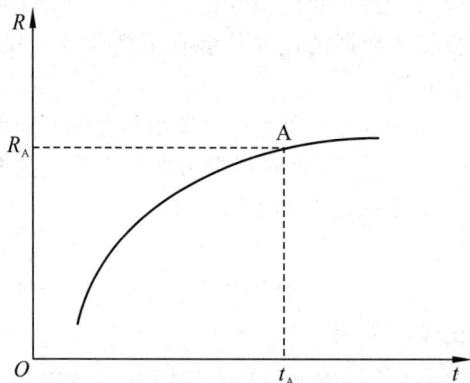

图 6-3　收益率曲线

6.2.2　几种典型的收益率曲线

债券收益率曲线的形状可以反映出当时长短期利率水平之间的关系，是分析未来利率走势预期和进行市场定价的基本工具，也是对当前经济状况的判断和进行投资的重要依据。常见的收益率曲线有下面 3 种类型。

1. 向上倾斜的收益率曲线(正向收益率曲线)

一般情况下，收益率曲线是向右上方倾斜的(如图 6-4 所示)，因为债券的期限越长收益率就会越高，这反映了债券的收益率从短期到长期上升的情形。就这种收益率曲线而言，若长期收益率的升幅大于短期收益率，收益率曲线会变陡，暗示了长期债券持有人认为经济在不远的将来会有所增长。陡峭的收益率曲线一般频繁地出现在经济衰退之后的稳定并开始复苏之时。

正向的收益率曲线被认为是经济稳定的信号。经济增长缓慢但非常稳定，股票和债券市场也同样趋于稳定。但应注意的是，收益率曲线只是一个指标，并非预言家。当收益率曲线看上去正常时，经济也可能发生衰退。

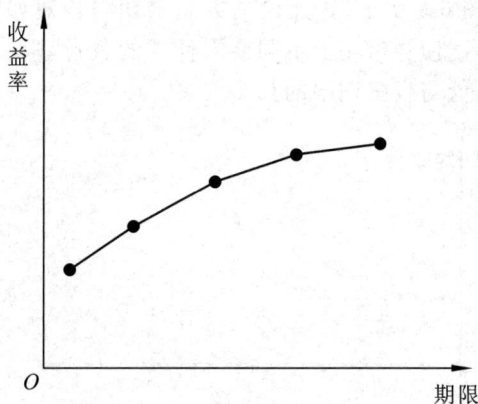

图 6-4　向上倾斜的收益率曲线

2. 向下倾斜的收益率曲线(反向收益率曲线)

反向的收益率曲线则是从左向右下滑(如图 6-5 所示)，反映短期收益率高于长期收益率的异常情况。这可能是因为投资者预期通货膨胀率长期而言要下降，或是债券的供给将大幅减少，这两种预期都会压低收益率。反向收益率曲线表明在某一时点上债券的投资期限越长，收益率越低，也就意味着社会经济进入衰退期。

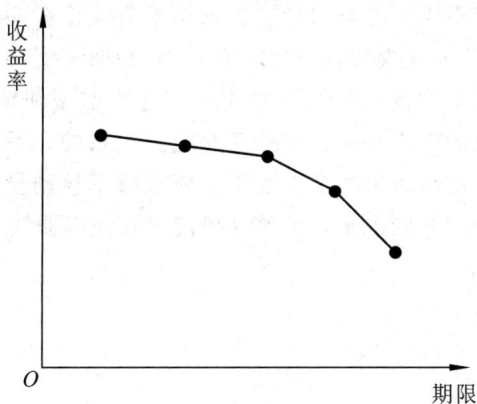

图 6-5　向下倾斜的收益率曲线

这是与经济扩张相反的信号。向下倾斜的收益率曲线意味着经济可能发生衰退，这时就必须对迅速扩张的经济加以有效控制。利率被推高导致企业扩张所贷资金的成本更高。如果行动够快，可以减少衰退的影响甚至会防止其发生。

3. 水平的收益率曲线

水平收益率曲线(如图 6-6 所示),无论债券剩余期限长短如何,各种剩余期限的债券其到期收益率完全一样,债券市场上不同期限债券的收益率从短期到长期几乎是趋于水平的。表明收益率的高低与投资期限的长短无关。

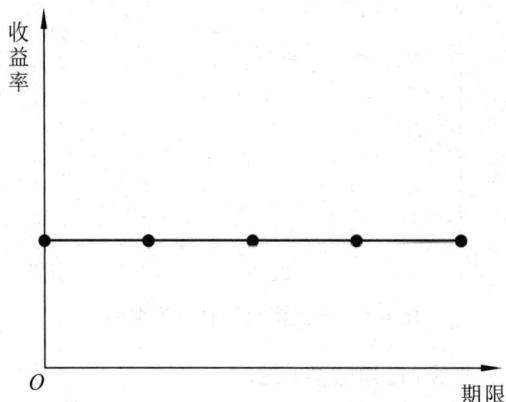

图 6-6 水平的收益率曲线

水平的收益率曲线意味经济会出现不正常情况。水平的收益率曲线有时候被看作发生反向的早期征兆,但是水平收益率曲线之后所跟随的经济衰退现象是不正常的。

上述 3 种收益率曲线都属于静态的描述。收益率曲线存在 3 种基本的变动方式,即平行移动、斜向移动(收益率曲线的斜率变大或变小)和曲率变动(曲线形态的改变),称之为动态描述。以水平移动为例,我们介绍如何描述收益率曲线的动态曲线。如图 6-7 所示,不难发现,坐标轴的含义与静态收益率曲线是一致的,不同之处是我们运用箭头表示收益率曲线的变化,虚线表示各个期限所对应收益率移动量,图中显示为不同期限的收益率都同时向上移动到相同水平,显然这描述了收益率曲线的向上平移。

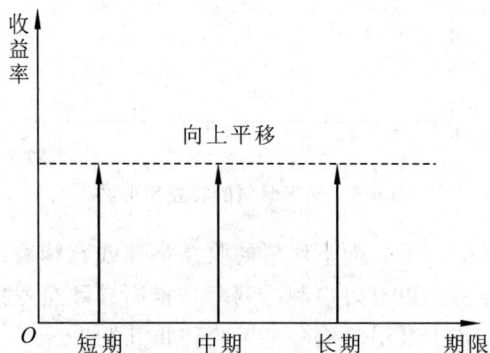

图 6-7 平行移动

6.2.3　收益率曲线的作用

1. 反映债券的利率水平和市场状况

收益率曲线的编制综合利用了市场上已知的所有债券价格信息，如双边报价、结算价和发行价等，由于价格波动必然引起利率波动，因此收益率曲线能够反映即时的债券市场利率水平，进而反映出市场对整体经济和金融的走势预期及债券市场供求关系的变化等情况。

2. 为金融工具定价提供参考

通常，债券的定价是用债券未来现金流的贴现现值，而贴现率则需要从收益率曲线中获得。由于完整平滑的收益率曲线既反映了市场参与者对短、中、长期利率的总体预期，又可以从中找到任意期限的贴现率，因此收益率曲线是市场参与者在债券一、二级市场中交易定价的重要参考。收益率曲线除可被直接用来对债券进行定价外，还可以用于其他金融工具的定价。例如商业银行的内部转移定价，理财产品等中间业务定价，利率远期、利率互换及利率期权等利率衍生产品的定价。更重要的是，商业银行实行市场化存贷款利率也需要参考收益率曲线。

3. 量化信用风险

不同信用等级的债券对应不同的收益率曲线，对不同信用等级债券的收益率曲线进行比较，曲线之间的高低程度反映出市场对各信用等级风险溢价的点差定量判断。通常信用等级越低则收益率曲线越高，反之则相反，国债因具有无信用风险特征，因而国债收益率曲线最低，具有最基础的定价参考作用。

4. 促进统一的市场化利率形成

不同的机构采用不同方法和选用不同的价格样本可编制出不同的收益率曲线，但只有当某一收益率曲线的公允性得到市场的普遍认可后，才会形成一个被广泛参考的共同定价基准，即公允收益率曲线。由于公允收益率曲线是在市场中产生又被市场广泛接受，市场参与者的交易定价就会比较接近，从而形成统一的市场化利率基准。

【专栏 6-2】

美国经济衰退警钟再鸣！美债收益率现 12 年来最严重"倒挂"

2019 年 8 月 7 日，美国股市经历了 2019 年以来最惨痛的一天，同时一个非常关键的经济预警指标也引起了市场重视，那就是美国国债收益率出现十多年以来最严重的倒挂，为美国经济可能出现的衰退重重地敲响了警钟。

美国国债收益率倒挂是什么意思？这其中有两个关键性的指标，分别是 3 个月期和 10 年期美国国债收益率。一般来说，到期时间越远，发生违约风险的可能性就会越大，而在资本市场上，风险越高的资产收益率往往也就越高。所以，10 年期美国国债收益率应该高于 3 个月到期的美国国债，即曲线斜率应该为正。但是美国国债市场上的现行情况却与之相反，形成了倒挂。而在 2019 年 8 月 7 日的交易中，随着美国股市暴跌，10 年期美国国债收益率降至 2016 年 11 月以来的最低水平，几乎完全抹去了特朗普胜选后的所有涨幅。与 3 个月期美国国债收益率相比，最大差距达到 32 个基点。上一次出现如此严重的倒挂是在 2007 年 4 月，当时，次贷危机爆发的红灯刚刚隐隐亮起。国债收益率倒挂在全球范围内都被视作一个非常重要的经济衰退的预警指标。在过去 50 年中，美国经济每一次衰退前都有类似的倒挂情况出现，其中包括上一次的次贷危机。

当然，如果倒挂只是偶发性的，那么也并不一定会直接导致衰退。但是，要知道这一次的倒挂早在去年年底就有经济学家提出警告，持续到现在已经半年有余，并且倒挂幅度越来越深。市场分析认为，鉴于美国经济面临的多重风险，近期 10 年期国债收益率还存在进一步下跌的可能性。美联储降息可能在一定程度上有助于扭转当前的倒挂趋势，当前市场押注美联储很快再次降息的概率也在不断提升，这对美联储的货币政策制定又提出了新的挑战。

(资料来源：央视网新闻，2019-08-07)

6.3　利率期限结构

上节提到一般我们所说的收益率曲线表示的是零息债券的到期收益率与债券期限关系，这样的收益率曲线也称利率期限结构曲线。本节研究的就是这种特殊的收益率曲线——即期利率曲线。利率期限结构在债券定价方面的作用十分重要，本节将对这一重要知识的相关理论予以集中介绍。

6.3.1　利率期限结构的定义

定义 6.7　利率期限结构(Term Structure of Interest Rate)指的是即期利率与债券期限的相互关系。

利率期限结构指的是即期利率与债券期限的关系结构，收益率曲线是利率期限结构的几何形式。

长短期零息债券的到期收益率不一定相等。不同到期期限的零息债券的到期收益率和到期期限间的关系就构成利率期限结构。图 6-8 显示了利率结构中的三种基本类型。

A 类型表示随着期限 T 的延长，即期利率 R 呈现上升趋势；而 C 正好相反，为下降趋势；B 类型则表示零息债券的到期收益率不受期限的影响。

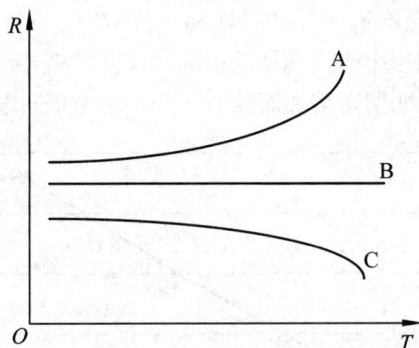

图 6-8 三种利率期限结构

6.3.2 利率期限结构的构建

1. 仿真拆解方法

在本章 6.2 节中，计算理论即期利率时已经介绍了这一方法，下面的利率期限结构就是按上述方法构建的。

假设市场上存在 4 种每年付息一次的债券，面值 100 元，它们的剩余期限、票面利率和市场价格如表 6-1 所示。

表 6-1 四种债券的信息

剩余期限/年	票面利率/%	市场价格/元
1	0	97.5
2	4	100.05
3	6	101.5
4	6	102.00

分别将这 4 种国债进行息票剥离，计算出利率期限结构。

第一种债券：$97.5 = \dfrac{100}{1+S_1} \Rightarrow S_1 = 2.56\%$

第二种债券：$100.05 = \dfrac{4}{1+S_1} + \dfrac{104}{(1+S_2)^2} \Rightarrow S_2 = 4.00\%$

第三种债券：$101.5 = \dfrac{6}{1+S_1} + \dfrac{6}{(1+S_2)^2} + \dfrac{106}{(1+S_3)^3} \Rightarrow S_3 = 5.57\%$

第四种债券：$102.00 = \dfrac{6}{1+S_1} + \dfrac{6}{(1+S_2)^2} + \dfrac{6}{(1+S_3)^3} + \dfrac{106}{(1+S_4)^4}$

$\Rightarrow S_4 = 5.52\%$

最后得到：$S_1 = 2.56\%$，$S_2 = 4.00\%$，$S_3 = 5.57\%$，$S_4 = 5.52\%$。

把这些数据绘制成即期利率与到期期限的曲线关系，就得到所谓的利率期限结构。该例所示的即期利率是随着到期期限增加而逐渐上升，在4年期限处，即期利率略微降低。

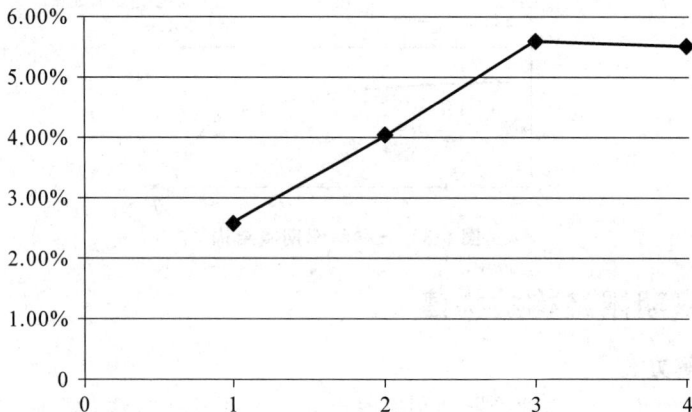

图 6-9　利率期限结构曲线

2. 计量方法

仿真拆解法可以构造理论即期利率曲线。但是，在债券市场上，存在着多种债券，选取不同的债券所推导的即期利率曲线可能存在差异。因此运用计量方法构造理论即期利率曲线则比较常用。

假设市场上存在许多附息债券，P_i 表示第 i 种债券的价格，第 i 种债券在时间 t 的现金流记为 C_{it}，d_t 是折现因子，即 t 年后1元钱的现值。那么债券的价格可以表达为：

$$P_i = d_1 C_{i1} + d_2 C_{i2} + \cdots + d_n C_{in} + \varepsilon_i \tag{6-9}$$

其中，ε_i 为随机误差项，表示由于其他因素导致债券的实际价格与上述公式计算出来的价格的差异。公式中，只有 d_t 是未知量，我们可以运用回归分析的方法，利用可以获得的所有债券数据对 d_t 进行计量估计。当我们得到一系列的值 d_t 后，运用折现因子表达式 $d_t = \dfrac{1}{(1+S_t)^t}$ 就可以推导出来即期利率 S_t，进一步，我们可以构造出即期利率曲线。

6.3.3　利率期限结构理论

利率期限结构理论重点分析了收益率曲线的形状以及形成原因。主要的理论有无偏预期理论(The Unbiased Expectation Theory)、流动性溢价理论(The Liquidity Premium Theory)、优先偏好理论(The Preferred Habitat Theory)和市场分割理论(The Market Segmentation Theory)。

1. 无偏预期理论

(1)无偏预期理论的主要假设

①投资者只对债券的预期收益率敏感，其行为取决于预期收益的变动。在这一假设下投资者仅仅考虑收益率而不管投资的风险与债券期限。

②市场中所有参与者的预期是相同的。

③在投资者的投资组合中，期限不同的债券是完全可以替代的。完全替代的债券具有相等的预期收益率。

④金融市场是完全竞争的。

(2)无偏预期理论的基本思想

无偏预期理论是最早产生的一种期限结构理论，该理论的主要发展是希克斯(Hicks)和卢茨(Lutz)作出的，而后马尔基尔(Malkiel)等人进一步发展了该理论。无偏预期理论的主要观点是：长期债券的到期收益率等于长期债券到期之前人们对于短期即期利率预期的平均值。无偏预期理论在投资者预期与利率变动之间建立了一种对应关系，预期发生改变，收益曲线的形状也会随之发生变化。

无偏预期理论对不同期限债券到期收益率不同的原因解释为对未来即期利率不同的预期值。如果人们预期未来的即期利率相对于现在的即期利率会上涨，则利率期限结构是向上倾斜的；如果人们预期未来的即期利率相对于现在的即期利率会下跌，则利率期限结构是向下倾斜的。

以向下倾斜的收益率曲线为例。人们根据未来即期利率的预期调整自己的金融行为，在次贷危机时期，政府为了刺激经济会采取宽松的货币政策，而预期市场利率将会走低。由于预期"政府"将引导短期利率下降，因此投资者若投资短期债券，届时再投资的利率会比现在还低，还不如此刻立即投资长期债券，锁定长期高利率的报酬，因此，长期债券在市场上变得很抢手，其市场价格也会跟着高涨，那么长期债券的利率也随其市场价格的高涨而被压低。用简单的数据描述这一现象，只考察 2 年的时间，若现在的 1 年即期利率为 3％，2 年即期利率为 5％，市场均衡时远期利率约为 7.04％，此时政府公布了宽松的货币政策，假设人们形成了未来即期利率(1 年后的 1 年即期利率)下降到 6％的预期，对某一用 1 元钱投资的投资者来说，现在有两种投资方式：一种是现在投资 2 年期债券，收益率为(1+5％)(1+5％)−1＝10.25％；另一种是滚动投资，即现在持有 1 年期债券，未来将由该债券到期时获得的现金再投资 1 年期债券，那么在这一投资方式下，其收益率为(1+3％)(1+6％)−1＝9.18％，显然滚动投资方式的收益小于第一种投资方式，那么该投资者现在肯定会选择购买 2 年期债券，若市场参与者都这么做，2 年期债券的需求大大上升，市场价格也会高涨，其收益率随之变小，则短期债券收益率相对较高，最终收益率曲线向下倾斜。可见，在本例中，由于未来即期利率存在下跌的预期(7.04％变成了6％)，最终导致长期债券的收益率下降，产生了向下倾斜的收益率曲线。相反的，上扬的收益率曲线也可以按此思路分析，本文不再赘述。

现实中的利率期限结构一般以向上倾斜居多，为什么通常情况下是上扬的？无偏预期理论很难给予解释。此外，法马、曼昆等学者的研究也表明1年期以下的美国国库券收益率并不遵循无偏预期理论。

2. 流动性溢价理论

(1)流动性溢价理论的主要假设

①流动性报酬溢价随债券期限的长度而增加。

②借款者发行债券是为筹集稳定的资金，因此，他们为了减少资本损失的风险而偏好发行长期债券。

(2)流动性溢价理论的基本思想

流动性溢价理论最早是由希克斯提出的，并经科塞尔(Kessil)做了进一步补充。该理论在纯预期理论的基础上，充分考虑了投资于债券的风险，认为长期债券的流动性低于短期债券，这是由于持有长期债券确定是有风险的，而这一风险会随着债券到期日增长而增加。远期利率与预期的未来即期利率的利差就是流动性溢价。流动性溢价是为鼓励投资者购买期限更长、风险也更大的债券，而向投资者提供的额外回报。即：

长期利率＝短期利率的预期值＋流动性溢价

按照流动性溢价的观点，收益率曲线一般应该是向上倾斜的；只有在预期未来短期利率下降到一定程度，以致使流动性补偿无法抵消预期利率下降的程度时，才会出现下降的收益率曲线。收益率曲线的形状是预期与溢价的综合作用造成的。

关于流动性溢价理论的争论主要表现在两个方面：第一，流动性溢价是否始终大于零？默顿(Merton)和考克斯(Cox)等人认为流动性溢价是随时间而变化的，却不一定是时间的增函数，从而隐含了溢价可能为负的可能性。第二，流动性溢价的大小到底是多少？对于这个问题，学者们有不同的看法，某些学者认为流动性溢价在0.54％～1.56％的幅度内变动；另一些学者认为流动性溢价不会超过0.5％。

3. 市场分割理论

(1)市场分割理论的主要假设

①投资者对于不同种期限的债券具有不同的偏好，因此他们只关心自己所偏好的那种期限的债券的预期收益率。

②在期限相同的债券之间，投资者将根据预期收益水平的高低决定取舍，即投资者是理性的。

③理性投资者对其投资组合的调整有一定的局限性，许多客观因素使这种调整滞后于预期收益水平的变动。

④期限不同的债券不是完全替代的。

(2)市场分割理论的基本思想

市场分割理论与预期理论完全不同，它的最早倡导者是卡伯特森(Cul-bertson)，该理论认为预期理论的假设条件在现实中是不成立的，因此也不存在预期形成的收益曲线；市场分割理论将不同期限的债券市场视为完全独立和分割开来的市场。因此，各种期限债券的预期收益率由该种债券的供给与需求来决定，并不受到其他期限债券预期收益率的影响。

市场分割理论认为出于一些法律以及市场参与者目标等因素，借款人和贷款人会把他们的交易局限于一个特定的期限，也就是说存在短期债券市场、中期债券市场以及长期债券市场。这一假说认为，长期债券市场的投资者群体不同于短期债券市场中的投资者群体。收益率曲线的形状就是由这些不同的偏好综合而成的。

市场分割理论的批评者认为金融市场的运行效率要远远高于市场分割理论所形成的市场效率，投资者事实上更愿意在不同期限的市场之间转移资金，而不是固守于某一市场。

4. 优先偏好理论

(1)优先偏好理论的主要假设

①期限不同的债券之间是互相替代的。

②不同期限债券的预期收益率的差距并不大，通常情况下，投资者存在喜短厌长的倾向。

③投资者只有在获得正的时间溢价时，才愿意转而持有长期债券。

(2)优先偏好理论的基本思想

优先偏好理论由莫迪利安尼(Modigliani)和萨奇(Sutch)提出，该理论与流动性溢价理论有一个相同的观点：长期利率是预期利率加上一定的风险溢价。但其并不认为风险溢价随着期限长度而增加。他们认为不同类别的投资者具有优先偏好习惯，这使投资者一般会处于自身偏好的期限市场进行交易。投资者选择特定的不同期限的债券，并不像完全市场分割下的参与者那样出于法律等因素的约束，而是出于自身的消费偏好。

由于投资者对于持有短期债券存在较强偏好，只有加上一个正的时间溢价作为补偿时，投资者才会愿意持有长期债券，因此，时间溢价大于零。即使短期利率在未来的平均水平保持不变，长期利率仍然会高于短期债券利率，这就是收益率曲线通常向上倾斜的原因。收益率曲线的形状受各种期限债券供需双方的偏好多寡而定，故曲线形状并不固定。

在利率期限结构中，很多时候优先偏好理论并不作为一种独立的理论而存在，有时它作为一种对预期理论的修正和补充，有时又被看作市场分割理论的另外一种变形。

6.4 收益率差价

6.4.1 收益率差价的定义

收益率差价(Yield Spread)是指各种债券收益率不同,彼此存在差价。因为此项差价会随时间变动,有时是升水(溢价,Premium),有时是贴水(折价,Discount),因而市场操作者便可借此机会来谋取利益。

收益率差价可以用来衡量一只债券与无风险收益率的差价,以反映这只债券的风险溢价,与无风险收益率的差价越大,说明该只债券的存在的风险越大,所以要提供更高的风险溢价来补偿投资者承担的额外风险。此外,通过对比当前的收益率差价和历史的收益率差价,可以考察投资机会。例如,2020 年 10 月,1 年期国债收益率为 2.5%,5 年期国债收益率为 3%,则两只债券的收益率差价为 0.5%。假如历史上这两只债券的收益率差价约为 1%,也就是说,多数时期 1 年期国债的收益率仅有 2% 左右,目前 2.5% 的收益率是较高的,投资者就会据此买入 1 年期国债。

【专栏 6-3】

影响美债收益率曲线的重要因素

短端利率走势受美国货币政策决定。美国利率市场化程度高,联邦基金利率的变化可以迅速传导至市场利率,因此美国的货币政策直接决定了短端利率走势,联邦基金利率与短端利率走势非常贴合。对于货币决策,美联储有三个最重要的考量,分别是 GDP 的增长、通胀指标和就业。

长端利率走势主要受通胀预期影响。按照伯南克(2013)的三分法,10 年期美债收益率可被看成:一是通胀预期,由基本面决定,受到实际通胀水平和未来经济增长动能的影响;二是未来实际短期利率走势,由美联储的货币政策决定,货币政策会考虑未来通胀水平的影响;三是期限溢价,影响因素包括对长期债券可感知风险变化、监管因素和国债的供需结构变化等。需要补充的是,期限溢价是指投资者持有长期国债而非短期国债而承担的风险补偿。区别于期限利差(即长端利率—短端利率),期限溢价可以看作是期限利差的构成部分,是影响期限利差的一个因素,若期限溢价下降,带动长端收益率下行,会压低期限利差。

在以上三个变量中,通胀预期带来的变化最大,较大程度地影响长期利率的走势。通胀预期形成既与市场对未来经济形势的判断分不开,也与当期通胀水平有关。一般来说,现实的通货膨胀率越高,通胀预期就越高;通货膨胀的持续时间越长,通货膨胀的预期也就越高。因此,从实际债券收益率走势来看,长端收益率曲线与 CPI 同比走势非常贴近。

短端收益率变化主要影响期限利差变化。短端利率变化受货币政策影响的敏感度高，在加息、降息周期中主导期限利差的变化。加息周期中，短端利率对货币政策更为敏感，短端上行幅度超过长端变动，长短端利差收窄甚至出现倒挂，国债收益率曲线呈现"熊平"走势。降息过程中，短端利率下行速度更快，下行幅度大于长端利率变动，国债收益率呈现"牛陡"走势。

长端利率变化影响期限利差程度有限。从历史上来看，长端利率对期限利差的影响并不明显，从已有的少数几个时期来看，当短端利率稳定在某一区域时，长端利率变化导致期限利差收窄或扩大，收益率曲线进而演化成"牛平"或"熊陡"的状态，较为明显的时期有 2008—2016 年，由于美联储施行量化宽松政策，短端利率长期保持在 0 的位置，当时长端利率的主导期限利差变化，收益率曲线分别于 2013—2014 年呈现"熊陡"状态，2014—2015 年呈现"牛平"状态。

（资料来源：招商银行研究院：《不一样的美债收益率曲线倒挂》，www.pinlue.com/article/2018/12/25/5/287935348843.html，2018 年 12 月 24 日，有改动）

6.4.2 收益率差价的成因

形成收益率差价的原因有很多，主要包括以下几方面。

1. 供求关系

债券的供求将直接影响债券的市场价格和债券收益率。若某种债券的需求大于供给，该债券价格有可能上升，其收益率可能下降。

2. 发行主体

不同种类的发行主体代表了不同的风险与收益率，以不同的能力履行契约所规定的义务。例如，公司企业、外国公司、金融机构等。

3. 发行主体的信用

债券发行主体的信用等级是影响债券收益率的重要因素。债券发行主体的信用度越低，投资者所要求的收益率越高；反之则较低。

4. 债券的流动性

一般来说，流动性越大的债券，投资者出手速度较快，投资者要求的收益率越低；反之，则要求的收益率越高。

5. 税收因素

债券投资者的税收水平也将影响其税后收益率，其中包括所得税以及资本利得税两个方面。不同的债券条款对于不同投资者来说，意味着不同的税后收益率。

6. 附加条款

市场中债券的附加条款各不相同，如果债券发行条款中赋予发行主体或投资者采取某种行动的权利，这一条款将影响投资者的收益率。一般来说，如果条款对债券发行主体有利，比如提前赎回条款，则投资者将要求相对于同类债券来说较高的利差。

6.4.3　中国市场的信用利差与影响因素分析

信用利差反映的是债券收益率与无风险收益之间的溢价，而这部分溢价由债券的期限、品种、特殊条款、信用风险等多重因素共同决定。为了客观真实全面的反映信用利差，我们将信用利差拆解为两个部分，即"期限利差＋广义信用利差"，其中广义信用利差又包括狭义信用利差和流动性溢价，狭义信用利差来源于市场对于债券违约的担忧。具体而言，可以体现为信用债收益率与同期限国债收益率的差额。在中国，由于国债的免税因素，更多地采用信用债收益率与同期限政策性金融债(国开债)的差额作为信用利差的参考。

国内信用利差的影响因素主要可以从信用利差的构成逻辑以及信用债供需两个角度来分析。从信用利差的构成来看，主要可以分解为风险溢价和流动性补偿(以国开债为计算基础已经剔除了税收差异的影响)：前者包括违约损失补偿和预期损失，后者主要是指对信用债流动性不足、加杠杆空间及便利程度差异所要求的补偿。由于信用利差直观体现为信用债收益率与无风险收益率的差额，信用利差走势受到信用债供需两方面影响：在需求端方面，总体流动性水平会影响投资债券的资金总量，而投资者结构变化、市场情绪及风险偏好则会影响在既定资金总量下对利率债和信用债的配比切分；在供给端方面，宏观经济环境、企业经营情况、融资政策等方面都会对企业合意融资成本产生影响。

结合历史运行情况来看，流动性溢价是影响国内信用利差走势的主要因素，这体现在信用利差与基础利率走势一致性较强，与宏观经济周期及企业信用基本面关系较弱，尤其是2015年以来信用利差与基本面的背离较为明显。相比之下，信用风险与信用利差走势并不清晰，但在违约事件密集发生的阶段，恐慌情绪会显著提高信用利差的短期波动性。

行业利差是指由于行业信用品质的差异，在同一债券品种和信用等级的债券中，不同行业的信用利差水平有所不同，也可以体现为某行业信用利差与同等级平均水平(如同等级中票收益率)的相对差额。国内信用债估值定价的行业分化十分明显，不同行业同等级主体的信用利差差异显著。

信用债行业利差的分化源于信用等级的行业可比性较差。国外评级行业发展超过百年，经过长期积累的违约率校验，行业间的可比性更强。相比之下，国内评级行业起步较晚，行业内级别排序相对可靠，但跨行业可比效果尚不充分，例如煤炭 AAA 的信用债与电力 AAA 的信用债级别相同，但信用品质的实质性差异较大，并直接体现在估值定价上。

6.5 Excel 在收益率计算中的应用

6.5.1 到期收益率的计算

使用 IRR( )函数计算债券的到期收益率。该函数返回由数值代表的一组现金流的内部收益率。这些现金流不一定必须为均衡的,但它们必须按固定的时间间隔发生,如按月或按年。

IRR( )函数返回由数值代表的一组现金流的内部收益率。

语法:IRR(values,guess)

说明:内部收益率为投资的回收利率,其中包含定期支付(负值)和收入(正值)。其中:values 为数组或单元格的引用,包含用来计算内部收益率的数字,values 必须包含至少一个正值和一个负值,以计算内部收益率,函数 IRR( )根据数值的顺序来解释现金流的顺序,故应确定按需要的顺序输入了支付和收入的数值,如果数组或引用包含文本、逻辑值或空白单元格,这些数值将被忽略;guess 为对函数 IRR( )计算结果的估计值,Excel 使用迭代法计算函数 IRR( ),从 guess 值开始,函数 IRR( )不断修正收益率,直至结果的精度达到 0.000 01%,在大多数情况下,并不需要为函数 IRR( )的计算提供 guess 值,如果省略 guess,则假设它为 0.1(10%)。

【例 6.9】计算某国债在 2014 年 4 月 1 日以 92 元购买时的收益率。

解:为了说明方便,该国债的到期日及年付息金额信息在图 6-10 中都已显示出来。

B9	▼	:	×	✓	fx	=IRR(C2:C8)
	A	B	C	D	E
1	日期	期数	现金流		
2	2014-04-01	0	-92		
3	2015-04-01	1	3.5		
4	2016-04-01	2	3.5		
5	2017-04-01	3	3.5		
6	2018-04-01	4	3.5		
7	2019-04-01	5	3.5		
8	2020-04-01	6	103.5		
9	收益率	5.080%			
10					

图 6-10 某国债到期日、年付息金额及收益率

因为该债券是每年的 4 月 1 日付息,可以直接使用 Excel 中的 IRR( )函数来处理。读者可能会产生疑问:债券现金流都是正的,哪里有负的现金流,才能应用 IRR( )函数呢?购买付出的 92 元就是第一笔负的现金流,因此收益率可以很方便地写成"=IRR(C2:C8)",经 Excel 计算得出结果,就是 5.080%。

运用IRR( )函数计算收益率时，需要把各个时间点的现金流的数据全部输入Excel，对于计算期限较长的附息债券，这样非常烦琐。YIELD( )函数则更加简便。

YIELD( )函数返回定期付息证券的收益率。

语法：YIELD(settlement，maturity，rate，pr，redemption，frequency，basis)

说明：settlement是证券的成交日，maturity为有价证券的到期日，rate为有价证券的年息票利率，pr为面值为100元的有价证券的价格，redemption为面值为100元的有价证券的清偿价值，frequency为年付息次数，basis为日计数基准类型(0或省略为30/360，1为实际天数/实际天数，2为实际天数/360，3为实际天数/365，4为欧洲30/360)。

【例6.10】某人于2014年9月15日用100元购买了债券，到期日2020年6月30日，到期支付200元，息票半年利率为6.1%，按半年期付息，以实际天数/365为日计数基准，求该债券的收益率。

解：如图6-11所示，在D7计算单元中输入公式"=YIELD(B1，B2，B5，B4，B3，B6，B7)"，即可计算出债券的收益率为16.93%。

D7 　 fx =YIELD(B1,B2,B5,B4,B3,B6,B7)

	A	B	C	D	E
1	成交日	2014-09-15			
2	到期日	2020-06-30			
3	票面价值	200			
4	发行价格	100			
5	息票半年利率	6.10%			
6	年付息频率	2			
7	日计数基准	3	债券收益率	16.93%	
8					

图6-11　YIELD( )函数计算债券收益率

6.5.2　实际年收益率的计算

EFFECT( )函数返回实际年利息率。

语法：EFFECT(nominal_rate，npery)

说明：其中nominal_rate为名义利率，npery为每年的复利期数。如果该函数不可用，并返回错误值 #NAME?，请安装并加载"分析工具库"加载宏。如果任一参数为非数值型，函数EFFECT( )返回错误值#VALUE!。如果nominal_rate≤0或npery<1，函数EFFECT( )返回错误值 #NUM!。该函数利用给定的名义年利率和1年中的复利期次，计算实际年利率。

【例6.11】某票据利率为8%，半年付息一次，则对应的实际年利率为多少?

解：如图6-12所示，EFFECT(8%，2)的计算结果为8.16%。

	A	B	C
1	利率	8%	
2	付息次数	2	
3			
4		=EFFECT(8%,2)	
5		0.0816	

图 6-12　EFFECT( )函数计算债券收益率

计算复杂的债券收益率时，Excel 为我们提供了帮助。明白函数的含义和功能后，根据债券的类型、现金流模式和债券指标类型选择相应的计算函数，最后确定需要的参数及其意义，就能运用 Excel 计算债券的相关收益率指标了。

6.6　Python 在收益率计算中的应用

6.6.1　利用自助法构建债券收益率曲线

短期即期利率可以从各种短期证券中获得，长期即期利率可以通过短期即期利率和长期付息债权到期收益率计算，这种方法称之为自助法。

下面来说明收益率曲线的引导过程，表 6-2 为不同到期日和价格的债券列表。

表 6-2　不同到期日和价格的债券列表

债券本金/美元	剩余期限/年	年息/%	债券价格/美元
100	0.25	0	97.5
100	0.50	0	94.5
100	1.00	0	90.0
100	1.50	8	96.0
100	2.00	12	101.6

投资者投资现值为 97.5 美元，面额为 100 美元的 3 个月无息债券可以赚 2.5 美元的利息，该债券的即期汇率计算如下：

$97.5 = 100/e^{0.25y}$

$y = 0.10127$

同理，连续复利 3 个月无息债券的即期利率如表 6-3 所示。

表 6-3　无息债券的即期利率列表

剩余期限/年	即期利率/%
0.25	10.127
0.50	10.469
1.00	10.536

有了即期利率，现在可以计算 1.5 期的债券定价。公式如下：

$$4e^{(-0.10469)(0.5)}+4e^{(-0.10536)(1.0)}+104e^{(-y)(1.5)}=96$$

从而可以得到 1.5 年期的债券的即期利率是 10.681%，同理可以得到 2 年期债券的即期利率是 10.808%。

Python 实现引导收益率曲线的代码如下，将这段代码保存为 Bootstrap Yield Curve.py：

```
In [1]: import math
   ...:
   ...:     class BootstrapYieldCurve():
   ...:     def __init__(self):
   ...:     self.zero_rates=dict()  # 将零息债券的利率与时间匹配
   ...:     self.instruments=dict()  # 将工具与时间进行匹配
   ...:
   ...:     def add_instrument(self,par,T,coup,price,compounding_freq=2):
   ...:         """ 通过到期日来存储工具信息 """
   ...:         """par 表示面值
   ...:            T 表示到期时间
   ...:            coup 表示息票值
   ...:            price 表示债券价格"""
   ...:     self.instruments[T]=(par,coup,price,compounding_freq)
   ...:     def get_zero_rates(self):
   ...:         """ 计算一个零息债券利率的列表"""
   ...:     self.__bootstrap_zero_coupons__()
   ...:     self.__get_bond_spot_rates__()
   ...:         return [self.zero_rates[T] for T in self.get_maturities()]
   ...:
```

```
    ...:    def get_maturities(self)：
    ...:        """ 将输入的到期日进行排序 """
    ...:        return sorted(self.instruments.keys())
    ...:
    ...:    def __bootstrap_zero_coupons__(self)：
    ...:        """ 从零息债券中获取即期利率 """
    ...:        for T inself.instruments.keys()：
    ...:            (par,coup,price,freq)＝self.instruments[T]
    ...:            if coup ＝＝ 0：
    ...: self.zero_rates[T]＝\
    ...: self.zero_coupon_spot_rate(par,price,T)
    ...:
    ...:    def __get_bond_spot_rates__(self)：
    ...:        """ 获得每一个到期债券的即期利率 """
    ...:        for T inself.get_maturities()：
    ...:            instrument ＝self.instruments[T]
    ...:            (par,coup,price,freq)＝instrument
    ...:            if coup ！＝ 0：
    ...: self.zero_rates[T]＝\
    ...: self.__calculate_bond_spot_rate__(T,instrument)
    ...:
    ...:    def __calculate_bond_spot_rate__(self,T,instrument)：
    ...:        """ 通过自助法获得其他债券的即期利率 """
    ...:        try：
    ...:            (par,coup,price,freq)＝instrument
    ...:            periods＝T ＊ freq ♯ 息票支付的次数
    ...:            value＝price
    ...: per_coupon＝coup / freq ♯ 息票支付期
    ...:            for i in range(int(periods)－1)：
    ...:                t＝(i＋1)/float(freq)
    ...: spot_rate＝self.zero_rates[t]
    ...: discounted_coupon＝per_coupon ＊ \
    ...:                    math.exp(－spot_rate ＊ t)
```

```
      ...:                          value −=discounted_coupon
      ...:                  """推导特定期限的即期利率"""
      ...:           last_period=int(periods)/float(freq)
      ...:           spot_rate=−math. log(value /(par+per_coupon))/last_period
      ...:                    return spot_rate
      ...:              except:
      ...:                  print ("Error：spot rate not found for T=%s" % t)
      ...:
      ...:           def zero_coupon_spot_rate(self,par,price,T):
      ...:              """从零息债券中获得即期利率 """
      ...: spot_rate=math. log(par/price)/T
      ...:                  return spot_rate
```

将 BootstrapYieldCurve 类实例化，从表 6-2 中添加每个债券的信息：

```
In [2]：from BootstrapYieldCurve import BootstrapYieldCurve
   ...: yield_curve=BootstrapYieldCurve()
   ...: yield_curve. add_instrument(100,0.25,0,97.5)
   ...: yield_curve. add_instrument(100,0.5,0,94.9)
   ...: yield_curve. add_instrument(100,1.0,0,90)
   ...: yield_curve. add_instrument(100,1.5,8,96,2)
   ...: yield_curve. add_instrument(100,2,12,101.6,2)
   ...: y =yield_curve. get_zero_rates()
   ...: x =yield_curve. get_maturities()
   ...: """将获得的数据存储进 x、y"""
```

调用类中的 get_zero_rates 方法，返回与到期日相同顺序的即期利率列表，分别储存在 y 和 x 的变量中，绘制出图像如图 6-13 所示。

```
In [3]: import matplotlib. pyplot as plt
   ...: plt. plot(x,y)
   ...: plt. title("Zero Curve")     #定义图形名称
   ...: plt. ylabel("Zero Rate (%)")     #定义 y 轴的名称
   ...: plt. xlabel("Maturity in Years")     #定义 x 轴名称
   ...: plt. show()
```

如图 6-13 所示为自助法绘制的零息债券收益率曲线，但是由于数据太少，曲线不够平滑。

零息债券收益率曲线
（Zero Coupon Yield Curve）

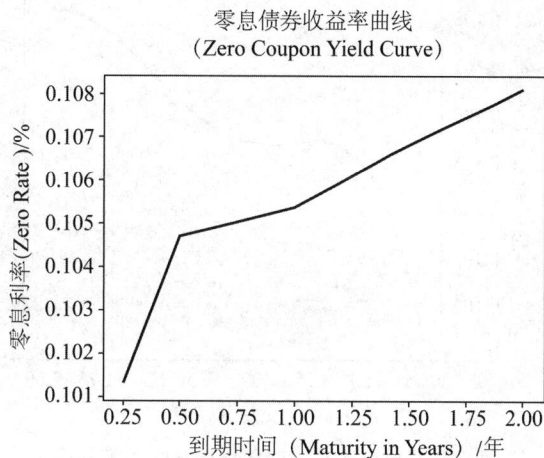

图 6-13　零息债券收益率曲线

我们可以利用插值法将曲线变得更加平滑，代码如下：

```
In [4]: import numpy as np
   ...: from scipy.interpolate import spline
   ...: """插值法,50 表示插值个数,个数>=实际数据个数
   ...: 一般来说差值个数越多,曲线越平滑"""
   ...: x=np.array(x)
   ...: y=np.array(y)
   ...: x_new=np.linspace(min(x),max(x),50)
   ...: y_smooth=spline(x,y,x_new)
   ...: plt.plot(x_new,y_smooth)
   ...: plt.show()
```

如图 6-14 所示为经过插值法改进的零息债券收益率曲线，相比于图 6-13，曲线更加平滑。在正常的收益率曲线的环境中，到期时间越长，利率越大，我们得到了一个向上倾斜的收益率的曲线。

6.6.2　利用 Python 计算远期利率

计划在未来投资的投资者希望获知未来的利率情况，其隐含在即使利率的期限结构中，例如，一年后一年期债券的即期利率是多少？我们可以用下公式计算远期利率：

零息债券收益率曲线
(Zero Coupon Yield Curve)

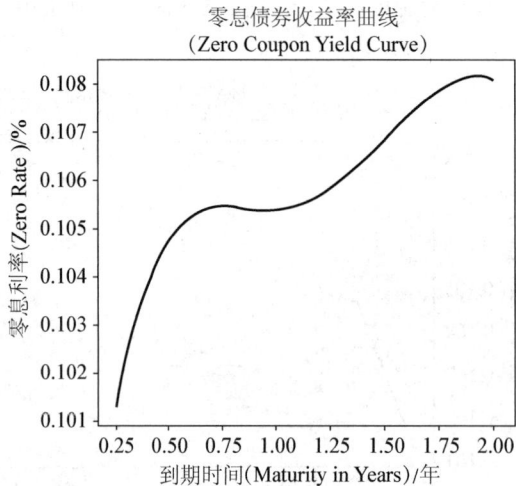

图 6-14 插值法改进的零息债券收益率曲线

我们假设是连续复利计算，远期利率的公式可以被如下推导：

$$e^{r_1 T_1} \times e^{r_{\text{forward}}(T_2 | T_1)} = e^{r_2 T_2}$$

再对两边同时取对数，可得：

$$r_1 T_1 + r_{\text{forward}}(T_2 - T_1) = r_2 T_2$$

再移项可得：

$$r_{\text{forward}} = \frac{r_2 T_2 - r_1 T_1}{T_2 - T_1}$$

如下的代码可以借助即期利率列表生成远期利率列表：

```
In [1]: class ForwardRates(object):
   ...:     def __init__(self):
   ...:         self.forward_rates=[]
   ...:         self.spot_rates=dict()
   ...:         """定义一个远期利率的类"""
   ...:
   ...:     defadd_spot_rate(self,T,spot_rate):
   ...:         self.spot_rates[T]=spot_rate
   ...:         """将获得的即期利率添加进列表"""
   ...:
   ...:     def __calculate_forward_rate___(self,T1,T2):
```

```
    ...:             R1 = self. spot_rates[T1]
    ...:             R2 = self. spot_rates[T2]
    ...:         forward_rate=(R2 * T2 - R1 * T1)/(T2 - T1)
    ...:             return forward_rate
    ...:         """根据公式计算出远期利率
    ...:         T1 表示短期债券的到期时间
    ...:         T2 表示长期债券的到期时间"""
    ...:
    ...:         def get_forward_rates(self):
    ...:             periods=sorted(self. spot_rates. keys())
    ...:             for T2,T1 in zip(periods,periods[1:]):
    ...:         forward_rate=\
    ...:         self. __calculate_forward_rate___(T1,T2)
    ...:         self. forward_rates. append(forward_rate)
    ...:                 return self. forward_rates
    ...:         """获得远期利率列表"""
```

再使用前面由收益率曲线导出的即期利率,可以得到以下的结果:

```
In [2]: fr=ForwardRates()
    ...: fr. add_spot_rate(0. 25,10. 127)
    ...: fr. add_spot_rate(0. 50,10. 469)
    ...: fr. add_spot_rate(1. 00,10. 536)
    ...: fr. add_spot_rate(1. 50,10. 681)
    ...: fr. add_spot_rate(2. 00,10. 808)
    ...: """将表格的数据输入函数"""
    ...: print(fr. get_forward_rates())
[10. 810999999999998]
```

得到的结果是[10. 810999999999998, 10. 603, 10. 971, 11. 189]

6.6.3 利用 Python 计算到期收益

到期收益率是购买债券所能获得的现金流现值等于债券当前市价的收益率。

【例 6.12】假设一个 1.5 年期的债券,利率为 5.75%,面值为 100 美元,该债券现价是 95.0428 美元,每半年付息一次,定价方程如下:

$$95.0428 = \frac{c}{\left(1+\frac{y}{n}\right)^{nT_1}} + \frac{c}{\left(1+\frac{y}{n}\right)^{nT_2}} + \frac{100+c}{\left(1+\frac{y}{n}\right)^{nT_3}}$$

这里，c 是每期支付的利息，T 是剩余的付息年数，n 是利息的支付频率，y 是待求的到期收益率。

解：本例使用牛顿迭代法求解到期收益率，代码如下，将文件另存为 ytm.py：

```
In [1]: from scipy import optimize
   ...: def bond_ytm(price,par,T,coup,freq=2,guess=0.05):
   ...:     freq=float(freq)
   ...:     periods=T * freq
   ...:     coupon=coup/100. * par/freq
   ...:     dt=[(i+1)/freq for i in range(int(periods))]
   ...:     ytm_func=lambda y: \
   ...:     sum([coupon/(1+y/freq) * * (freq * t) for t indt])+\
   ...:     par/(1+y/freq) * * (freq * T)  — price
   ...:     """根据牛顿迭代法获得到期收益率
   ...:             par 表示面值
   ...:             T 表示到期时间
   ...:             coup 表示息票值
   ...:             price 表示债券价格"""
   ...:
   ...:     return optimize. newton(ytm_func,guess)
```

使用前文示例的参数，得到以下结果：

```
In [2]: ytm=bond_ytm(95.0428,100,1.5,5.75,2)
In [3]: print(ytm)
0.09369155345239477
```

可以得知债券的 YTM 为 9.369%。

【本章小结】

本章介绍了债券的到期收益率、即期利率和远期利率的概念和计算，推导并构建了利率期限结构，列举了几种典型的收益率曲线，以及主要利率期限结构理论对这些曲线的解释。

1. 到期收益率是指投资者购买债券后一直持有至到期日为止(中途不出售转让),所能获得的年报酬率,它是能使投资债券所获得的现金流的现值等于债券初始市场价格的折现率。计算类型主要有:零息债券、一次还本付息债券和非整年付息债券等。

2. 即期利率是指某一给定时点上零息债券的到期收益率。远期利率是投资者在未来特定日期购买的零息票债券的到期收益率。在无套利条件下,两者通过以下公式联系在一起:

$$(1+S_n)^n = (1+f_{0,1})(1+f_{1,2})(1+f_{2,3}) \cdots (1+f_{n-1,n})$$

3. 收益率曲线是一种二维曲线,它刻画了债券收益率与到期期限的变动趋势。典型的收益率曲线有三种形状:正向收益率曲线、反向收益率曲线和水平收益率曲线。

4. 利率期限结构指的是即期利率与债券期限的关系结构。目前主要有四种利率期限结构理论:无偏预期理论、流动性溢价理论、优先偏好理论以及市场分割理论。

5. 对于收益率差价现象进行了简单的介绍,并对其形成因素予以分析。

6. 通过介绍 Python 在收益率计算中的应用,对计算零息债券收益率曲线、远期利率和到期收益进行细致讲解,了解实际操作方式。

本章的 6 节内容都是固定收益证券的基础知识,熟练掌握这些知识对以后的学习和应用有着重要的意义。

【关键词】

到期收益率(Yield to Maturity)

即期利率(Spot Rate)

远期利率(Forward Rate)

收益率曲线(Yield Curve)

利率期限结构(Term Structure of Interest Rate)

【练习题】

1. 甲公司发行了一种债券,其面值 1 000 元,票面利率 8%,期限 3 年,到期一次还本付息。投资在债券发行 1 年后以 1 090 元价格买入并持有至到期,则到期收益率为多少?

2. 乙公司发行了一种债券,其面值 1 000 元,期限 90 天,以 8%的贴现率发行。某投资者以发行价买入后持有到期,该债券的发行价格和该投资者的到期收益率分别是多少?

3. 某国债为附息国债,一年付息一次,期限 10 年,票面金额为 100 元,票面利率为 6%。某投资者在该债券发行时以 101.40 元的发行价购入,持满 2 年以后以 100.20 元的价格卖出,那么投资者的持有期收益率和直接收益率分别是多少?

4. 已知市场利率如下表：

剩余期限/年	票面利率/%	市场价格/元
1	3.60	100
2	4.10	100
3	4.60	100

求 2、3 年期的即期利率。

5. 比较利率期限结构基本理论的不同思想。

【思考题】

1. 收益率的种类有很多，如到期收益率、持有期收益率、当期收益率等，查阅相关资料说明它们的区别。

2. 如何推导利率期限结构？四种主流利率期限结构理论各有什么不足？

3. 我国收益率曲线是什么形状的？

4. 通货膨胀预期对即期利率预期变化有什么影响？

【本章参考文献】

1. 谢云山，林妙莹. 利率期限结构理论综述[J]. 云南财贸学院学报，2005(1).

2. 谢剑平. 固定收益证券[M]. 北京：中国人民大学出版社，2004.

3. 叶永刚. 固定收入证券概论[M]. 武汉：武汉大学出版社，2001.

4. 林清泉. 固定收益证券[M]. 武汉：武汉大学出版社，2005.

5. Frank J. Fabozzi. The Handbook of Fixed Income Securities[M]. McGraw-Hill Companies，2005.

扫码听课

第7章
固定收益证券的价格波动

【学习目标】

- 了解债券价格波动的特征及其与利率之间的关系。
- 掌握 Macaulay 久期和修正久期的计算公式。
- 掌握凸度的概念。
- 了解凸度和久期的关系。

【引导案例】

　　2019 年 8 月 17 日，中国人民银行发布 15 号公告称，为深化利率市场化改革，促进贷款利率"双轨合一"，提高利率传导效率，推动降低实体经济融资成本，决定改革完善贷款市场报价利率(LPR)形成机制。

　　LPR 改革前，商业银行大部分人民币资产负债业务均与中央银行存贷基准利率挂钩，市场利率的变动对银行整体利率风险敞口的影响较小。LPR 改革后，贷款业务将转变为参考市场化程度更高的 LPR 定价，而存款仍维持中央银行基准利率定价，存贷款业务基差风险明显提升，增大了利率风险敞口。另外，随着 LPR 价格下行，可能引发存量贷款客户提前还款或借新还旧，期权风险增大，进一步考验银行应对客户行为与市场利率变动的能力。

　　相比于商业银行，大多数金融租赁公司高度依赖资产和负债之间的期限错配，资金短拆长用，往往负债端资金波动较大，而资产端长期处于钝化状态。同时与银行相比，金融租赁公司在利率走势研判能力、风险识别和资产定价能力乃至信息系统配套等各个方面都有较大差距，LPR 改革无疑将加大金融租赁公司所面临的利率风险。

　　可见，在利率市场化的形势下，利率风险上升成为金融机构最主要的风险之一，也是影响固定收益产品价格的核心因素。

7.1 固定收益证券价格波动的特征

影响固定收益证券价格的因素有很多，例如利率风险、违约风险、通货膨胀风险、流动性风险等。但是其中最主要的是利率风险，特别是利率变化导致证券价格变动的风险。

固定收益证券的价格等于预期现金流的折现值，因此证券价格和收益率呈反方向变动。我们通过一个例题来进一步说明。

【例7.1】一种固定收益证券的面值为1 000元，票面利率为8％，2020年9月20日到期，每年9月20日支付利息。计算该证券在2013年9月20日的价格。

解：每年支付息票为：$(8\% \times 1\,000) = 80(元)$

息票支付的现值为：$80 \times \dfrac{[1-(1+r)^{-7}]}{r}$

本金的现值为：$\dfrac{1\,000}{(1+r)^7}$

证券的价格为：$80 \times \dfrac{[1-(1+r)^{-7}]}{r} + \dfrac{1\,000}{(1+r)^7}$

当投资者要求的收益率（即市场利率）为5％时，根据上式可得该证券的价格为1 173.612元。表7-1列出了不同收益率下该证券的价格。

表7-1 证券价格和收益率的关系

收益率/%	息票现值/元	面值现值/元	证券价格/元
5	462.912	710.7	1 173.612
6	446.592	665.1	1 111.692
7	431.144	622.7	1 053.844
8	416.512	583.5	1 000.012
9	402.640	547.0	949.640

从表7-1可以看出，固定收益证券的价格和收益率呈反向变动，这是固定收益证券的一个重要的普遍性规律。将表7-1中收益率和价格的相应数据绘成图7-1。

为了更好地了解固定收益证券价格波动的特点，在表7-2中列出了12种票面金额均为1 000元，票面利率分别为0％、7％、9％、12％，每种票面利率的债券期限分别为5年、10年、20年的不同债券在不同收益率下的价格。

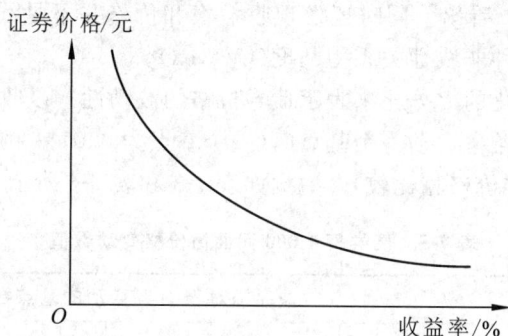

图 7-1　证券价格和收益率的反向关系

表 7-2　1 000 元面值债券在不同收益率下的价格

单位：元

票面利率/%	期限/年	收益率水平						
		9.50%	9.90%	9.99%	10.00%	10.01%	10.10%	10.50%
0.00	5	628.7	616.8	614.2	613.9	613.6	611.0	599.5
0.00	10	395.3	380.5	377.2	376.9	376.5	373.3	359.4
0.00	20	156.3	144.8	142.3	142.0	141.8	139.4	129.2
7.00	5	902.3	887.8	884.5	884.2	883.8	880.6	866.5
7.00	10	840.9	818.5	813.6	813.1	812.5	807.7	786.5
7.00	20	778.0	749.5	743.3	742.6	741.9	735.8	709.7
9.00	5	980.5	965.2	961.8	961.4	961.0	957.6	942.8
9.00	10	968.2	943.7	938.3	937.7	937.1	931.7	908.5
9.00	20	955.6	922.3	915.0	914.2	913.4	906.3	875.6
12.00	5	1 097.7	1 081.3	1 077.6	1 077.2	1 076.8	1 073.2	1 057.2
12.00	10	1 159.1	1 131.4	1 125.3	1 124.6	1 123.9	1 117.9	1 091.5
12.00	20	1 222.0	1 181.4	1 172.6	1 171.6	1 170.6	1 161.9	1 124.4

定义 7.1　凸度是用来衡量债券价格收益率曲线的曲度。数学上讲，凸度是债券价格对到期收益率二次微分，再除以债券价格。它可以用来刻画收益率变化1%所引起的久期的变化。

从数据中可以看出，随着收益率的增加，债券的价格不断下跌。收益率和价格的这种关系从图 7-1 中也可以看出,同时还发现收益率和价格并不是线性关系,而是一种非线性的关系,一般称这种非线性关系为凸度(Convex)。

一般可以用价格变化的百分比来表示债券价格的波动性。以收益率为 10% 的债券价格为基准价格,考察收益率变动一个基点时(一个基点为 0.01%)债券价格变化的数值以及变化的百分比(和基准价格相比较)。数据如表 7-3 和表 7-4 所示。

表 7-3 债券每 1 000 元面值价格变动数值 单位:元

票面利率/%	期限/年	收益率相对于 10% 变动的基点数						
		−50	−10	−1	0	1	10	50
0.00	5	14.80	2.90	0.30	0.00	−0.30	−2.90	−14.40
0.00	10	18.40	3.60	0.40	0.00	−0.40	−3.60	−17.50
0.00	20	14.30	2.80	0.30	0.00	−0.20	−2.60	−12.80
7.00	5	18.10	3.60	0.30	0.00	−0.40	−3.60	−17.70
7.00	10	27.80	5.10	0.50	0.00	−0.60	−5.40	−26.60
7.00	20	35.40	6.90	0.70	0.00	−0.70	−6.80	−32.90
9.00	5	19.10	3.80	0.40	0.00	−0.40	−3.80	−18.60
9.00	10	30.50	6.00	0.60	0.00	−0.60	−6.00	−29.20
9.00	20	41.40	8.10	0.80	0.00	−0.80	−7.90	−38.60
12.00	5	20.50	4.10	0.40	0.00	−0.40	−4.00	−20.00
12.00	10	34.50	6.80	0.70	0.00	−0.70	−6.70	−33.10
12.00	20	50.40	9.80	1.00	0.00	−1.00	−9.70	−47.20

表 7-4 债券每 1 000 元面值价格变动百分比 单位:%

票面利率/%	期限/年	收益率相对于 10% 变动的基点数						
		−50	−10	−1	0	1	10	50
0.00	5	2.41	0.48	0.05	0	−0.05	−0.47	−2.35
0.00	10	4.88	0.96	0.10	0	−0.10	−0.95	−4.64
0.00	20	10.00	1.92	0.19	0	−0.19	−1.89	−9.07
7.00	5	2.05	0.41	0.04	0	−0.04	−0.40	−2.00
7.00	10	3.42	0.67	0.07	0	−0.07	−0.67	−3.27
7.00	20	4.76	0.92	0.09	0	−0.09	−0.91	−4.43

续表

票面利率/%	期限/年	收益率相对于10%变动的基点数						
		−50	−10	−1	0	1	10	50
9.00	5	1.98	0.39	0.04	0	−0.04	−0.39	−1.94
9.00	10	3.25	0.64	0.06	0	−0.06	−0.63	−3.11
9.00	20	4.53	0.88	0.09	0	−0.09	−0.87	−4.22
12.00	5	1.90	0.38	0.04	0	−0.04	−0.37	−1.86
12.00	10	3.07	0.60	0.06	0	−0.06	−0.60	−2.94
12.00	20	4.31	0.84	0.08	0	−0.08	−0.83	−4.03

从表 7-3 和表 7-4 可以看出，债券的价格波动有以下几个特点。

①不同债券的价格波动性是不一样的，也就是说，即使收益率的变化相同，但不同的债券价格的波动性是不相同的。

②在收益率变动很小的情况下，债券价格的波动性是对称的，即当收益率增大或减小相同的幅度时，债券价格波动的绝对值也是相同的。例如，当 5 年期零息债券的收益率增加一个基点时，价格减少 0.3 元；收益率减少一个基点时，价格增加 0.3 元。

③在收益率变动比较大的情况下，债券价格的波动性是非对称的。例如，20 年期票面利率为 7% 的债券在收益率增加 50 个基点的时候，价格减少 32.9 元；收益率减少 50 个基点的时候，价格增加 35.3 元。

④收益率同等变化幅度下，债券价格增加的幅度要超过债券价格减少的幅度。这是由收益率价格曲线的凸度所决定的。凸度越大，债券价格的增加与债券价格的减少之间的差距就越大。

⑤债券的票面利率越低，波动性越大：即价格的利率敏感性和票面利率成反向关系。例如，对于票面利率分别为 0%、7%、9%、12% 的 10 年期债券来说，收益率增加 50 个基点，价格下降的百分比分别为 4.64%、3.27%、3.11%、2.94%。

⑥债券的期限越长，波动性越大：即价格的利率敏感性和到期时间成正向关系。且随着到期时间的增加，利率的敏感性增加，但是增加得越来越慢。例如，对于票面利率为 9% 的 5 年期、10 年期、20 年期的债券，收益率减少 50 个基点，价格增加的百分比分别为 1.98%、3.25%、4.53%。

⑦债券的到期收益率越小，波动性越大。即价格的利率敏感性和到期收益率成反向关系。收益率较低时，价格波动性要大于收益率较高时的价格波动性。

例如，有 A、B、C、D 四种债券，它们的相应资料如表 7-5 所示。

表 7-5 四种债券价格的利率敏感性比较

债券	票面利率/%	到期时间/年	到期收益率/%
A	15	10	10
B	15	15	10
C	10	15	10
D	10	15	8

在其他条件相同的情况下，B 比 A 到期时间更长，价格的利率敏感性也更强；C 比 B 票面利率更低，价格的利率敏感性也更强；D 比 C 到期收益率更低，价格的利率敏感性也更强。这四种债券价格的利率敏感性大小关系是 A＜B＜C＜D，如图 7-2 所示。因为收益率上升对价格的影响比收益率下降对价格的影响小，所以图中的曲线是凸状的。

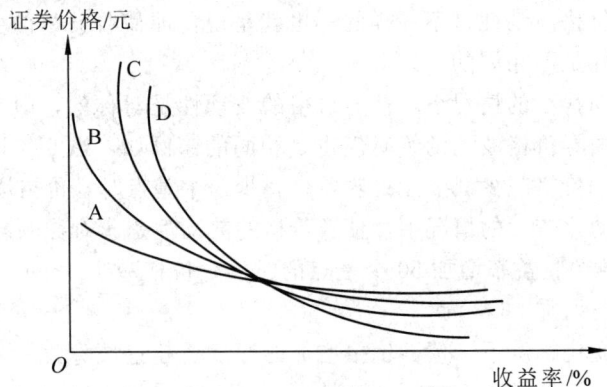

图 7-2 价格的利率敏感性比较

7.2 固定收益证券价格波动的度量

为了有效地规避利率风险，仅仅知道固定收益证券价格波动的特征显然是不够的，还必须掌握如何度量波动性。常用的价格波动性的衡量方法主要包括：基点价格值、价格变化的收益值、久期和凸度。

7.2.1 基点价格值

定义 7.2 基点价格值是指到期收益率变化一个基点，也就是 0.01 个百分点时，债券价格的变动值。

基点价格值是价格变化的绝对值，价格变化的相对值称为价格变动百分比，它是价格变化的绝对值相对于初始价格的百分比，用公式表示为：

价格变动百分比＝基点价格值/初始价格

在表 7-3 中，当收益率相对于 10％上升一个基点，即变为 10.01％时，新债券价格变动分别为 0.3 元、0.4 元、0.2 元、0.4 元、0.6 元、0.7 元、0.4 元、0.6 元、0.8 元、0.4 元、0.7 元、1.00 元。这就是它们的基点价格值。可以看到，收益率上升或下降一个基点时的基点价格值是近似相等的。一般来说，收益率下降引起价格变动幅度比同等的收益率上升引起的价格变动幅度要大一些，但是，这里由于收益率的变动很小（仅为一个基点），收益率上升或下降引起的价格波动是大致相等的。

7.2.2 价格变化的收益值

定义 7.3 价格变化的收益值是度量价格波动的另一种工具，它是债券价格变动一定数量时，对应的收益率的变动值。

价格变化的收益值越小，意味着价格变化一定数量时，收益率变动越小；反过来，收益率变化一个基点时，价格的变动越大，即基点价格值越大。一般债券价格的变动幅度为 1/32 或者 1/8，即债券在进行交易时价格变动的最小单位。

7.2.3 久期和修正久期

定义 7.4 久期是将未来时间发生的现金流，按照目前的收益率折现成现值，再用每笔现值乘其距离债券到期日的年限求和，然后以这个总和除以债券目前的价格得到的数值。

久期也称持续期，是 1938 年由 Macaulay 提出的。1954 年，萨缪尔森（Samuelson）在分析利率变动对保险公司和银行等机构的影响时定义了支付流的加权平均期限的概念，实际上这个概念和久期也是等同的，而且他证明了如果一个机构的资产的久期大于负债的久期，在利率上升时，该机构可能要面临亏损。具体公式如下：

$$D = \frac{\sum_{t=1}^{T} PV(c_t) \times t}{B} = \sum_{t=1}^{T} \left[\frac{PV(c_t)}{P_0} \times t \right] \tag{7-1}$$

式中：D——Macaulay 久期；

B——债券当前的市场价格；

$PV(c_t)$——债券未来第 t 期现金流（利息或资本）的现值；

T——债券的到期时间。

需要指出的是在债券发行时以及发行后，都可以计算 Macaulay 久期。计算发行时的 Macaulay 久期，T（到期时间）等于债券的期限；计算发行后的 Macaulay 久期，T（到期时间）小于债券的期限。任一金融工具的久期公式一般可以表示为：

$$D = \frac{\sum\limits_{t=1}^{n} \dfrac{t \times C_t}{(1+i)^t} + \dfrac{n \times F}{(1+i)^n}}{P} \qquad\qquad (7\text{-}2)$$

式中：D——久期；

t——该金融工具现金流发生的时间；

C_t——第 t 期的现金流；

F——该金融工具的面值或到期日价值；

n——到期期限；

i——当前的市场利率；

P——该金融工具的市场价值或价格。

下面举例来说明久期的计算过程。假设面额为 1 000 元的 3 年期债券，每年支付一次息票，年息票率为 10%，此时市场利率为 12%，则该种债券的久期为：

$$D = \frac{\dfrac{100 \times 1}{(1.12)^1} + \dfrac{100 \times 2}{(1.12)^2} + \dfrac{100 \times 3}{(1.12)^3} + \dfrac{1\,000 \times 3}{(1.12)^3}}{\sum\limits_{t=1}^{3} \dfrac{100}{(1.12)^t} + \dfrac{1\,000}{(1.12)^3}} = \frac{2\,597.\,6}{951.96} = 2.73(年)$$

如果其他条件不变，市场利率下跌至 5%，此时该种债券的久期为：

$$D = \frac{\dfrac{100 \times 1}{(1.05)^1} + \dfrac{100 \times 2}{(1.05)^2} + \dfrac{100 \times 3}{(1.05)^3} + \dfrac{1\,000 \times 3}{(1.05)^3}}{\sum\limits_{t=1}^{3} \dfrac{100}{(1.05)^t} + \dfrac{1\,000}{(1.05)^3}} = \frac{3\,127.31}{1\,136.16} = 2.75(年)$$

同理，如果其他条件不变，市场利率上升至 20%，此时久期为：

$$D = \frac{\dfrac{100 \times 1}{(1.20)^1} + \dfrac{100 \times 2}{(1.20)^2} + \dfrac{100 \times 3}{(1.20)^3} + \dfrac{1\,000 \times 3}{(1.20)^3}}{\sum\limits_{t=1}^{3} \dfrac{100}{(1.20)^t} + \dfrac{1\,000}{(1.20)^3}} = \frac{2\,131.95}{789.35} = 2.70(年)$$

再者，如果其他条件不变，债券息票率为 0，那么：

$$D = \frac{\dfrac{1\,000 \times 3}{(1.12)^3}}{\dfrac{1\,000}{(1.12)^3}} = 3(年)$$

从上面的计算结果可以发现，久期随着市场利率的下降而上升，随着市场利率的上升而下降，这说明两者存在反方向关系。此外，在持有期间不支付利息的金融工具，其久期等于到期期限或偿还期限。分期付息的金融工具，其久期总是短于偿还期限，是由于同等数量的现金流量，早兑付的比晚兑付的现值要高。金融工具到期期限越长其久期也越长；金融工具产生的现金流量越高，其久期越短。

久期最初是用来表示平均还款期限的，但实际上久期表示的是债券价格的波动性，下面对久期的性质进行数学上的推导。根据债券的定价公式：

$$债券价格\ P = \frac{C}{(1+i)^1} + \frac{C}{(1+i)^2} + \cdots + \frac{C}{(1+i)^n} + \frac{M}{(1+i)^n} \tag{7-3}$$

式中：C——每期现金流；

i——市场利率；

M——该金融工具的面值或到期日价值。

对 i 一阶求导，得：

$$\frac{\partial P}{\partial i} = \frac{-C}{(1+i)^2} + \frac{-2C}{(1+i)^3} + \cdots + \frac{-nC}{(1+i)^{n+1}} + \frac{-nM}{(1+i)^{n+1}}$$

$$= \frac{-1}{(1+i)} \left[\frac{C}{(1+i)^1} + \frac{2C}{(1+i)^2} + \cdots + \frac{nC}{(1+i)^n} + \frac{nM}{(1+i)^n} \right] \tag{7-4}$$

久期：$$D = \frac{\dfrac{C}{(1+i)^1} + \dfrac{2C}{(1+i)^2} + \cdots + \dfrac{nC}{(1+i)^n} + \dfrac{nM}{(1+i)^n}}{\left[\dfrac{C}{(1+i)^1} + \dfrac{C}{(1+i)^2} + \cdots + \dfrac{C}{(1+i)^n} + \dfrac{M}{(1+i)^n} \right]}$$

$$= \frac{\dfrac{C}{(1+i)^1} + \dfrac{2C}{(1+i)^2} + \cdots + \dfrac{nC}{(1+i)^n} + \dfrac{nM}{(1+i)^n}}{P} \tag{7-5}$$

于是：$$P \times D = \frac{C}{(1+i)^1} + \frac{2C}{(1+i)^2} + \cdots + \frac{nC}{(1+i)^n} + \frac{nM}{(1+i)^n} \tag{7-6}$$

$$\frac{\partial P}{\partial i} = \frac{-1}{(1+i)}(P \times D) \tag{7-7}$$

变形得：

$$\frac{\partial P/P}{\partial i} = -\frac{Macaulay_{久期}}{1+i} \tag{7-8}$$

定义修正久期：

$$D_{修正久期} = -\frac{Macaulay_{久期}}{1+i} \tag{7-9}$$

定义 7.5 $D^* = -\dfrac{D}{1+i}$，其中 D^* 为修正久期，D 为 Macaulay 久期，i 为收益率。

以后如果不特别指出，久期都指修正久期。式(7-8)左边就是单位收益率变动下债券价格变化的百分比，右边是负的修正久期。修正久期越大，债券的波动性就越大。由式(7-8)可以得到久期和债券价格的关系：

$$债券价格的近似百分比变化 = -修正久期 \times 收益率的变化 \tag{7-10}$$

上面介绍的是单个债券久期的计算，那么债券组合的久期怎么计算呢？债券组合的久期用组合中所有债券的久期的加权平均来计算，权重即为各个债券在组合中所占价值的比率。用公式表示如下：

$$D_p = W_1 D_1 + W_2 D_2 + W_3 D_3 + \cdots + W_i D_i \tag{7-11}$$

式中：D_p——组合的久期；

　　　W_i——债券 i 的价值在组合总价值中所占的比率；

　　　D_i——债券 i 的久期。

修正久期的计算假设市场收益率的变化不会改变债券的现金流，但是如果债券是含权债券，那么由于期权的存在，市场的收益率就可能改变债券的现金流，使得修正久期不再适用了。对于含权债券，我们一般采用一种近似的计算久期的方法。

7.2.4　凸　度

从图 7-3 可以直观地看出，价格—收益率曲线是凸状的，而非线性的。并且在收益率更高时更加平缓，在收益率更低时更加陡峭。因此当收益率上升时，债券价格以更小的幅度下降；当收益率降低时，债券价格以更大的幅度上升。

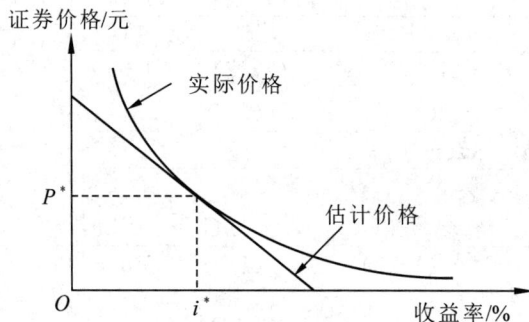

图 7-3　价格—收益率曲线切线

由于，$\partial P / P = -D_{修正久期} \times \partial i$，

所以，$D_{修正久期} = -(\partial P / P) \partial i$。

因此，久期在数学上对应于价格—收益函数的一阶导数的绝对值。修正久期与初始价格的乘积对应于价格—收益曲线在某一点上的线性估计。从前面对于久期的数学推导可以看到，利用久期来估计债券价格的波动性实际是用价格收益率曲线的切线来作为价格收益率曲线的近似。

从图 7-3 可以看到，采用久期来估计债券价格波动的方法在收益率变动很小的时候误差不大，但是如果收益率变化较大的时候误差就会很大，显然这是由价格—收益率曲线的凸性决定的。那么如何来表示这种凸性关系呢？

为了求债券价格的波动性，将债券价格看作收益率的函数进行二阶泰勒展开可以得到：

$$\mathrm{d}P = \frac{\mathrm{d}P}{\mathrm{d}i}\mathrm{d}i + \frac{1}{2}\frac{\mathrm{d}^2 P}{\mathrm{d}i^2}(\mathrm{d}i)^2 + 误差项 \qquad (7\text{-}12)$$

两边同时除以 P：

$$\mathrm{d}P/P = \frac{\mathrm{d}P}{\mathrm{d}i}\frac{1}{P}\mathrm{d}i + \frac{1}{2}\frac{\mathrm{d}^2 P}{\mathrm{d}i^2}\frac{1}{P}(\mathrm{d}i)^2 + 误差项/P \qquad (7\text{-}13)$$

和式(7-8)相比较可以知道：式(7-13)右边第一项是用修正久期来估计价格的百分比变动。第二项就是用来表示价格—收益率曲线的凸性特征的项，我们称 $\dfrac{\mathrm{d}^2 P}{\mathrm{d}i^2}\dfrac{1}{P}$ 为凸度，用 C 来表示。

可见，凸度与价格—收益率函数的二阶导数相对应。凸度与价格的乘积是价格—收益率曲线的曲率，即 $C \times P = \dfrac{\mathrm{d}^2 P}{\mathrm{d}i^2}$。

由式(7-13)可以知道，用凸度和久期共同来估计债券价格的波动性将会更准确。这样，可以得到：

久期解释的债券价格变化百分比＝－久期×收益率变化

凸度解释的债券价格变化百分比＝0.5×凸度×(收益率变化)²

债券价格总的变化百分比＝－久期×收益率变化＋0.5×凸度×(收益率变化)²

为了更准确地计算债券价格的变化，需要计算债券的久期和凸度。对于普通的债券而言，凸度 C 的计算公式是：

$$C = \frac{1}{P \times (1+i)^2} \sum_{t=1}^{T}\left[\frac{CF_t}{(1+i)^t}(t^2 + t)\right] \qquad (7\text{-}14)$$

式中：t——现金流发生的时间；

CF_t——第 t 期的现金流；

i——每期的到期收益率；

T——距离到期日的期数；

P——债券的市场价格。

该式计算出的是以期数为单位的凸度，为了转化成以年度为单位的凸度，还要把它除以每年付息次数的平方值。

对于零息债券，凸度的计算公式还可以进一步简化为：

$$C = (T^2 + T)/(1+i)^2$$

在式(7-14)中，令：

$$W_t = \frac{CF_t}{(1+i)^t \times P}$$

那么：

$$C = \frac{1}{(1+i)^2} \sum_{t=1}^{T} (t^2 + t) \times W_t$$

可以发现，凸度的计算与久期非常相似。应当注意的是，从上式中求出的凸度是以期数为单位的，我们还要将它除以每年付息次数的平方，以转化成以年为单位的凸度。

【例 7.2】面值为 100 元，票面利率为 8% 的 10 年期债券，一年付息一次，下次付息在一年后。如果到期收益率为 6%(价格为 114.68 元)，则其凸度为多少?

解：该债券凸度计算如表 7-6 所示。

表 7-6　某债券的凸度计算

时间	现金流/元	$\dfrac{CF_t}{(1+i)^t}$	$t^2 + t$	$\dfrac{CF_t}{(1+i)^t} \times (t^2+t)$
1	8	7.544	2	15.088
2	8	7.112	6	42.672
3	8	6.712	12	80.544
4	8	6.336	20	126.72
5	8	5.976	30	179.28
6	8	5.632	42	236.544
7	8	5.320	56	297.92
8	8	5.016	72	361.152
9	8	4.728	90	425.52
10	108	60.264	110	6 629.04
总和				8 394.48

$$凸度 = \frac{8\ 394.48}{(1+0.06)^2 \times 114.68} = 65.147$$

7.2.5　凸度的特性

总体来说，凸度有如下几个特性。

①凸度随久期的增加而增加。

②若收益率、久期不变，票面利率越大，凸度越大；若收益率、久期不变，利率下降时，凸度增加。

③久期增加时，凸度以加速度增加。

【专栏7-1】

市场投资者对于久期和凸度的理解和应用（应用讨论）

在债券分析中，久期已经超越了时间的概念，投资者更多地把它用来衡量债券价格变动对利率变化的敏感度，并且经过一定的修正，以使其能精确地量化利率变动给债券价格造成的影响。修正久期越大，债券价格对收益率的变动就越敏感，收益率上升所引起的债券价格下降幅度就越大，而收益率下降所引起的债券价格上升幅度也越大。可见，同等要素条件下，修正久期小的债券比修正久期大的债券抗利率上升风险能力强，但抗利率下降风险能力较弱。

正是久期的上述特征给我们的债券投资提供了参照。当我们判断当前的利率水平存在上升可能，就可以集中投资于短期品种、缩短债券久期；而当我们判断当前的利率水平有可能下降，则拉长债券久期、加大长期债券的投资，这就可以帮助我们在债市的上涨中获得更高的溢价。

需要说明的是，久期的概念不仅广泛应用在个券上，而且广泛应用在债券的投资组合中。一个长久期的债券和一个短久期的债券可以组合一个中等久期的债券投资组合，而增加某一类债券的投资比例又可以使该组合的久期向该类债券的久期倾斜。所以，当投资者在进行大资金运作时，准确判断好未来的利率走势后，然后就是确定债券投资组合的久期，在该久期确定的情况下，灵活调整各类债券的权重，基本上就能达到预期的效果。

久期是一种测度债券发生现金流的平均期限的方法。由于债券价格敏感性会随着到期时间的增长而增加，久期也可用来测度债券对利率变化的敏感性，根据债券的每次息票利息或本金支付时间的加权平均来计算久期。久期的计算就当是在算加权平均数。其中变量是时间，权数是每一期的现金流量，价格就相当于是权数的总和（因为价格是用现金流贴现算出来的）。这样一来，久期的计算公式就是一个加权平均数的公式了，因此，它可以被看成是收回成本的平均时间。

决定久期即影响债券价格对市场利率变化的敏感性包括三要素：到期时间、息票利率和到期收益率。不同债券价格对市场利率变动的敏感性不一样。债券久期是衡量这种敏感性最重要和最主要的标准。久期等于利率变动一个单位所引起的价格变动。如市场利率变动1%，债券的价格变动3%，则久期是3。

实际上，久期在数值上和债券的剩余期限近似，但又有别于债券的剩余期限。在债券投资里，久期被用来衡量债券或者债券组合的利率风险，它对投资者有效把握投资节奏有很大的帮助。一般来说，久期和债券的到期收益率成反比，和债券的剩余年限成正比，和票面利率成反比。一个特殊的情况是，当一个债券是贴现发行的无票面利率债券，那么该债券的剩余年限就是其久期。这也是为什么人们常常把久期和债券的剩余年限相提并论的原因。

利用久期进行免疫。所谓免疫，就是构建这样的一个投资组合，在组合内部，利率变化对债券价格的影响可以互相抵消，因此组合在整体上对利率不具有敏感性。而构建这样组合的基本方法就是通过久期的匹配，使附息债券可以精确地近似于一只零息债券。利用久期进行免疫是一种消极的投资策略，组合管理者并不是通过利率预测去追求超额报酬，而只是通过组合的构建，在回避利率波动风险的条件下实现既定的收益率目标。在组合品种的设计中，除了国债可以选入组合外，部分收益率较高的企业债券及金融债券也能加入投资组合，条件是控制好匹配的久期。

但是，免疫策略本身带有一定的假设条件，比如收益率曲线的变动不是很大，到期收益率的高低与市场利率的变化之间有一个平衡点，一旦收益率确实发生了很大的变动，则投资组合不再具有免疫作用，需要进行再免疫，或是再平衡；其次，免疫严格限定了到期支付日，对于那些支付或终止期不能确定的投资项目而言并不是最优；再次，投资组合的免疫作用仅对于即期利率的平行移动有效，对于其他变动，需要进一步拓展应用。

利用久期优化投资组合。进行免疫后的投资组合，虽然降低了利率波动的风险，但是组合的收益率却会偏低。为了实现在免疫的同时也能增加投资的收益率，可以使用回购放大的办法，来改变某一个债券的久期，然后修改免疫方程式，找到新的免疫组合比例，这样就可以提高组合的收益率。但是，在回购放大操作的同时，投资风险也在同步放大，因此要严格控制放大操作的比例。

各个时段的敏感性权重通常是由假定的利率变动乘该时段头寸的假定平均久期来确定。一般而言，金融工具的到期日或距下一次重新定价日的时间越长，并且在到期日之前支付的金额越小，则久期的绝对值越高，表明利率变动将会对银行的经济价值产生较大的影响。久期分析也是对利率变动进行敏感性分析的方法之一。

银行可以对以上的标准久期分析法进行演变，如可以不采用对每一时段头寸使用平均久期的做法，而是通过计算每项资产、负债和表外头寸的精确久期来计量市场利率变化所产生的影响，从而消除加总头寸/现金流量时可能产生的误差。另外，银行还可以采用有效久期分析法，即对不同的时段运用不同的权重，根据在特定的利率变化情况下，假想金融工具市场价值的实际百分比变化，来设计各时段风险权重，从而更好地反映市场利率的显著变动所导致的价格的非线性变化。

与缺口分析相比较，久期分析是一种更为先进的利率风险计量方法。缺口分析侧重于计量利率变动对银行短期收益的影响，而久期分析则能计量利率风险对银行经济价值的影响，即估算利率变动对所有头寸的未来现金流现值的潜在影响，从而能够对利率变动的长期影响进行评估，更为准确地估算利率风险对银行的影响。但是，久期分析仍然存在一定的局限性。第一，如果在计算敏感性权重时对每一时段使用平均久期，即采用标准久期分析法，久期分析仍然只能反映重新定价风险，不能反映基准风险，以及因利率和支付时间的不同而导致的头寸的实际利率敏感性差异，也不能很好地反映期权性风险。第二，对于利率的大幅变动(大于1%)，由于头寸价格的变化与利率的变动无法近似为线性关系，因此，久期分析的结果就不再准确。

(资料来源：http://blog.sina.com.cn/s/blog_9534dc1c0102x672.html，2020-08-08)

7.2.6 久期和凸度的近似计算

根据久期、凸度与价格的波动关系，我们不仅可以用已知的久期、凸度估计债券的价格波动，还可以利用已知的价格、收益率变动反过来求久期和凸度。为了推导久期与凸度的近似计算公式，我们需要在收益率变动的情况下，观察价格如何变动。设 P_0 是债券的初始价格，Δi 是收益率变化的绝对值，P_+ 是收益率上升一个很小幅度时债券的新价格，P_- 是收益率下降一个很小幅度时债券的新价格，ΔP 是价格波动的绝对值。于是，当收益率下降时：

$$\Delta P/(P\Delta i)=(P_--P_0)/(P_0\Delta i)$$

当收益率上升时：

$$\Delta P/(P\Delta i)=(P_0-P_+)/(P_0\Delta i)$$

由于价格波动具有不对称性，我们取两次结果的平均值作为修正久期的近似值：

$$近似(修正)久期=\frac{P_--P_+}{2P_0\Delta i}$$

$$近似凸度=\frac{P_-+P_+-2P_0}{P_0(\Delta i)^2}$$

实际上，近似久期和近似凸度的计算公式非常实用，适用于计算所有金融工具的久期和凸度。对于附加选择权的特殊债券，其久期和凸度无法根据普通债券的久期和凸度公式进行计算，但是可以根据上述公式计算其近似久期和凸度。

7.3 Excel 在债券久期和凸度计算中的应用

7.3.1 债券久期和修正久期的计算

【例7.3】一种面值为100元的20年期的债券，2020年1月1日发行。票面利率为5%，市场利率为7%，每年付息一次。试计算该债券发行时的久期。

解：第一步：输入基本信息如图7-4所示。

▲	A	B
1	息票率	5%
2	面值（元）	100
3	到期时间（年）	20
4	市场利率	7%
5	开始投资日期	2020-01-01
6	结束投资日期	2040-01-01
7	久期	
8	修正久期	

图 7-4　债券基本信息

第二步：选中久期的数值框（即 B7），插入财务函数 DURATION（ ），如图 7-5 所示。

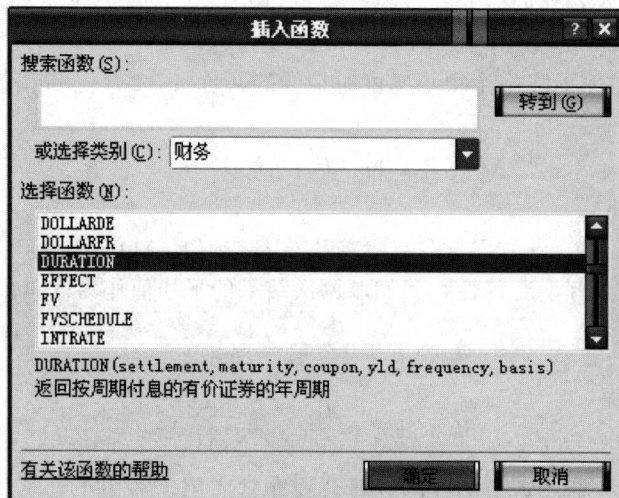

图 7-5　"插入函数"对话框

第三步：单击"确定"按钮，出现如图 7-6 所示"函数参数"对话框，设置参数。

该财务函数 DURATION（ ）共有 5 个自变量 DURATION(Settlement，Maturity，Coupon，Yld，Frequency)，其中：第 1 个自变量结算日 Settlement 是指一开始投资的日期；第 2 个自变量到期日 Maturity 是指最后一笔现金流入的日期；第 3 个自变量息票率 Coupon 是指每次利息与债券面值之比；第 4 个自变量 Yld 是债券的到期收益率；第 5 个自变量频率 Frequency 是指债券每年付息的次数。

根据题意参数设置如图 7-6 所示。

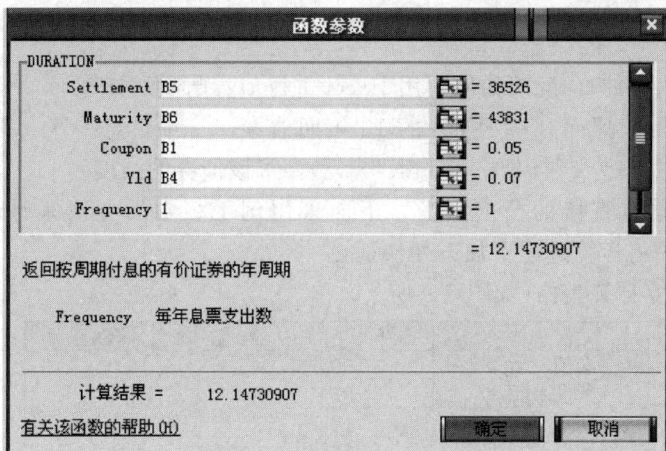

图 7-6 "函数参数"对话框

单击"确定"按钮，得到计算结果(如图 7-7 所示)。

图 7-7 债券久期计算结果

对于修正久期的计算，可以遵循同样的步骤，只需要将插入的函数变成修正久期函数 DURATION( )即可，这里不再赘述，直接给出计算结果(如图 7-8 所示)。

图 7-8 债券修正久期计算结果

7.3.2 债券凸度的计算

下面以例 7.2 为例,说明如何利用 Excel 进行债券凸度的计算。

面值为 100 元,票面利率为 8% 的 10 年期债券,一年付息一次,下次付息在一年后。如果到期收益率为 6%(价格为 114.68 元),求该债券的凸度。

由于 Excel 没有直接的凸度函数,下面采用例 7.2 中的方法来计算该债券凸度,Excel 的运用将使得运算过程更加方便快捷。

第一步:建立计算表格(如图 7-9 所示)。

	A	B	C	D	E
1	面值(元)	100			
2	票面利率	8%			
3	期限(年)	10			
4	到期收益率	6%			
5	市场价格(元)	114.68			
6	时间t	现金流	$\dfrac{CF_i}{(1+i)^t}$	t^2+t	$\dfrac{CF_i}{(1+i)^t}\times(t^2+t)$
7	1				
8	2				
9	3				
10	4				
11	5				
12	6				
13	7				
14	8				
15	9				
16	10				
17	总和				

图 7-9 凸度计算表格

第二步:计算各数值。

在现金流列编辑函数"=B1*B2",注意在 B 列最后一栏应该是"=B1 * B2+B1",利用 Excel 的下拉计算功能计算出各期现金流。现金流的折现值可以利用 Excel 的 PV( )函数计算(详见本书 1.5)。D 列编辑函数"=A:A * A:A+A:A"利用 Excel 列计算功能可以实现。E 列编辑函数"=C:C * D:D"也可以得出。利用求和公式,计算出 E 列的和8 394.48。

这样,得到图 7-10 所示数据。

	A	B	C	D	E
1	面值（元）	100			
2	票面利率	8%			
3	期限（年）	10			
4	到期收益率	6%			
5	市场价格（元）	114.68			
6	时间t	现金流	$\dfrac{CF_t}{(1+i)^t}$	t^2+t	$\dfrac{CF_t}{(1+i)^t}\times(t^2+t)$
7	1	8	7.544	2	15.088
8	2	8	7.112	6	42.672
9	3	8	6.712	12	80.544
10	4	8	6.336	20	126.72
11	5	8	5.976	30	179.28
12	6	8	5.632	42	236.544
13	7	8	5.32	56	297.92
14	8	8	5.016	72	361.152
15	9	8	4.728	90	425.52
16	10	108	60.26	110	6629.04
17	总和				8394.48

图 7-10 凸度计算数据

第三步：利用公式凸度 $C = \dfrac{1}{P \times (1+i)^2} \sum_{t=1}^{T} \left[\dfrac{CF_t}{(1+i)^t}(t^2+t) \right]$ 得出结果，本例中凸度为 65.147。

7.4 Python 在债券久期和凸度计算中的应用

7.4.1 利用 Python 计算债券价格

当我们得到到期收益率时，可以用到期收益率计算得到债券的价格，代码如下，并将代码储存为 price.py：

```
In [1]: def bond_price(par, T, ytm, coup, freq=2):
   ...:     """
   ...:     利用到期收益率计算出债券的价格
   ...:     par    表示面值
   ...:     T     表示到期时间
   ...:     coup    表示息票值
```

```
  ...:         ytm     表示到期收益率
  ...:         """
  ...:     freq=float(freq)
  ...:     periods=T * freq # 付息期间
  ...:     coupon=coup/100. * par/freq
  ...:     dt=[(i+1)/freq for i in range(int(periods))]
  ...:     price=sum([coupon/(1+ytm/freq) * * (freq * t) for t indt])+\
  ...:     par/(1+ytm/freq) * * (freq * T)
  ...:     return price
```

```
In [2]: bond_price(100,1.5,ytm,5.75,2)
```

7.4.2　Python 在修正久期中的运用

修正久期，其衡量债券相对于收益率变化的变动程度，债券的久期越长，其价格对收益率变动越是敏感。相反，敏感程度越弱。

债券的修正久期可以视作价格和收益率的一阶导数，以下代码可以求解修正久期。bond_mod_duration 函数借助前述 bond_ytm 函数求解给定初始值的债券收益率，bond_price 函数根据收益率变化确定债券价格。

```
In [1]: from ytm import bond_ytm
  ...: from price importbond_price
  ...: def bond_mod_duration(price,par,T,coup,freq,dy=0.01):
  ...:     ytm=bond_ytm(price,par,T,coup,freq)
  ...:     """获取债券的到期收益率"""
  ...:
  ...:     ytm_minus=ytm − dy
  ...:     price_minus=bond_price(par,T,ytm_minus,coup,freq)
  ...:     """当到期收益率减少 0.01 时的债券价格"""
  ...:
  ...:     ytm_plus=ytm+dy
  ...:     price_plus=bond_price(par,T,ytm_plus,coup,freq)
  ...:     """当到期收益率增加 0.01 时的债券价格"""
  ...:
```

```
...:     mduration＝(price_minus－price_plus)/(2＊price＊dy)
...:     return mduration
...:     """利用公式计算出债券久期"""
```

试求利率为 5.75％，面值为 100 美元，现价为 95.0428 美元的 1.5 年期债券的修正久期。

```
In [2]: print(bond_mod_duration(95.04,100,1.5,5.75,2,0.01))
```

可得修正久期是 1.392 年。

7.4.3　Python 在凸度中的运用

凸度是衡量债券久期对到期收益率变化敏感度的指标，凸度可以视作价格和收益率的二阶导数，债券久期和收益率不变时，凸度较大的投资组合受利率波动性的影响小于凸度较小的组合，其他条件相同时，高凸度债券比低凸度的债券价格更高。

```
In [1]: from ytm import bond_ytm
...: from price importbond_price
...: def bond_convexity(price,par,T,coup,freq,dy＝0.01):
...:     ytm＝bond_ytm(price,par,T,coup,freq)
...:      """获取债券的到期收益率"""
...:
...:     ytm_minus＝ytm － dy
...:     price_minus＝bond_price(par,T,ytm_minus,coup,freq)
...:      """当到期收益率减少 0.01 时的债券价格"""
...:
...:     ytm_plus＝ytm＋dy
...:     price_plus＝bond_price(par,T,ytm_plus,coup,freq)
...:      """当到期收益率增加 0.01 时的债券价格"""
...:
...:     convexity＝(price_minus＋price_plus－2＊price)/(price＊dy＊＊2)
...:     return convexity
...:      """计算出债券的到期收益率"""
```

试求利率为 5.75％，面值为 100 美元，现价为 95.0428 美元的 1.5 年期债券的凸度。

In [2]：print(bond_convexity(95.0428,100,1.5,5.75,2))

可得到该债券的凸度为 2.63。相同的面值，息票和到期时间的两个债券的凸度是否相同取决于其在收益率曲线的位置。收益率变化相同程度，高凸度的债券价格变化更大。

【本章小结】

本章阐述了固定收益证券价格波动的特征和价格波动的度量，介绍了 Excel 在债券久期和凸度计算中的应用。

1. 影响固定收益证券价格的因素有很多，例如利率风险、违约风险、通货膨胀风险和流动性风险等。但是最主要的是利率风险，特别是利率变化导致证券价格变动的风险。

2. 由于利率变动引起固定收益证券价格的变动称为固定收益证券价格的波动性。

3. 在其他条件不变的前提下，固定收益证券的价格和收益率成反比例关系，即收益率越高，价格越低；收益率越低，价格越高。

4. 在收益率变动很小的情况下，债券价格的波动性是对称的，即当收益率增大和减小相同的幅度时，债券价格的波动的绝对值也是相同的。当收益率变动幅度较大时，债券价格的波动性是非对称的。收益率同等变化幅度下，债券价格增加的幅度要超过债券价格减少的幅度。

5. 债券的票面利率越低、期限越长，到期收益率越小、波动性越大。

6. 通常用来度量固定收益证券价格波动的指标有基点价格值、价格变化的收益值、(修正)久期和凸度。

7. 基点价格值是指到期收益率变化一个基点，也就是 0.01 个百分点时，债券价格的变动值。价格变化的收益值用来度量债券价格变动一定数量时，对应的收益率的变动值。久期是将未来时间发生的现金流，按照目前的收益率折现成现值，再用每笔现值乘其距离债券到期日的年限求和，然后以这个总和除以债券目前的价格得到的数值。凸度是用来衡量债券价格收益率曲线的曲度，从数学上讲，凸度是债券价格对到期收益率的二次微分，再除以债券价格。它可以用来刻画收益率变化 1% 所引起的久期的变化。

【关键词】

利率风险(Interest Rate Risk)

收益率(Rate of Return)

基点价格值(Price Value Basis Point)

久期(Duration)

修正久期（Modified Duration）

凸度（Convex）

【练习题】

1. 现已知一种债券，其面值为 1 000 元，息票率为每年 6%。它离到期还有 3 年，到期收益率为 6%，求该债券的久期。如果到期收益率为 10%，久期又为多少？

2. 甲债券的每年息票利率为 6%，每年付息一次，调整的久期为 10 年，以 800 元的价格售出，按到期收益率 8% 定价。如果到期收益率增至 9%，估计价格会下降多少？

3. 甲债券的息票利率为 6%，每半年付息一次，债券凸性为 120，以面值的 80% 出售，到期收益率为 8%。如果到期收益率增至 9%，估计因凸性而导致的价格变动的百分比为多少？

【思考题】

1. 如何理解债券价格和收益率的关系？

2. 什么是久期？如何理解久期和债券风险的关系？

3. 什么是修正久期？它和 Macaulay 久期有什么区别和联系？

4. 什么是凸度？如何用它来描述收益率变动时债券久期的变化？

5. 久期、修正久期和凸度之间存在什么关系？

【本章参考文献】

1. 叶永刚. 固定收入证券概论[M]. 武汉：武汉大学出版社，2001.

2. 林清泉. 固定收益证券[M]. 武汉：武汉大学出版社，2005.

3. Frank J. Fabozzi. The Handbook of Fixed Income Securities [M]. McGraw-Hill Companies，2005.

4. 安东尼·G. 科因，罗伯特·A. 克兰，杰斯·莱德曼. 利率风险的控制与管理[M]. 唐旭，等，译. 北京：经济科学出版社，1999.

扫码听课

第 8 章
固定收益证券投资组合管理

【学习目标】

- 了解证券组合中使用消极的组合管理策略的方法和应该注意的问题。
- 了解证券组合中使用积极的组合管理策略的方法和应该注意的问题。
- 学会使用免疫策略，使一个投资组合在持有期内不受利率波动的影响。

【引导案例】

王先生一直供职于一家基金管理公司，是一位拥有近 10 年封闭式基金管理经验的基金经理。最近由于工作调动，王先生去了一家养老金机构。该养老金机构为了寻求较为稳定的投资收益，所有资金主要投资于固定收益证券。王先生目前负责这个养老金计划的投资管理工作。然而他在新岗位上工作不到一个月，就遇到了一个问题，让他非常苦恼。

原来，由于王先生之前管理的都是封闭式基金，基金规模在规定期限内固定不变，使他完全可以根据预先设定的投资计划进行长期投资和全额投资，将基金资产投资于流动性相对较弱的证券上，这在一定程度上提高了基金的长期业绩。然而，在如今波动性很强的市场环境中，像养老金这样的机构需要及时弥补资产和负债的缺口，这让王先生在进行投资组合的时候受到了一定的限制，于是他感觉很不适应。

困扰王先生的问题是目前的工作至少要满足以下两方面的需求：一是未来偿还债务时产生的现金流支出的需求；二是规避利率风险的需求。为了同时满足这两个需求，王先生在今后的工作中应该采用何种投资组合管理策略呢？

通过本章的学习，我们就能够帮助王先生解决困扰他的问题。

8.1 固定收益证券投资组合的基本策略

固定收益证券的投资组合管理主要有三个目的：一是规避利率风险，获得稳定的投资收益；二是通过组合管理鉴别出非正确定价的债券，并力求通过对市场利率变化总趋势的预测来选择有利的市场时机以赚取债券市场价格变动带来的资本利得收益；三是为了获取充足的资金流以偿还未来的某笔或多笔债务。为实现第一个目的所采用的组合管理方法是建立在市场极度有效的假设之上的，即在这一市场中债券都被正确地定价，这类组合方法被称为消极组合管理。着眼于第二个目的的债券组合是建立在市场效率并不理想的假设之上的，相应的债券组合管理为积极的组合管理。第三个目的的债券组合是建立在资产管理者自身的具体的资产负债情况之上的。

固定收益证券投资组合策略大体上可以分为积极策略、消极策略和负债管理策略。对所有的积极的组合策略而言，很重要的一点就是要确定可能影响资产组合表现的各种因素的预期。比如，积极的债券组合策略可能包括对未来利率、未来利率的波动性和未来收益率差价的预期。而消极的组合策略所涉及的预期因素则很少。指数化是最常见的消极策略类型，它的目标是复制预先确定的指数的表现。指数化投资策略已经在股票组合管理中被广泛运用，但是对债券组合管理而言还是一种比较新的方法。广义的资产负债管理是金融机构按一定的策略进行资金配置来实现流动性、安全性和营利性的目标组合。狭义的资产负债管理主要是在利率波动的环境中，通过策略性改变利率敏感资金的配置状况，来实现金融机构的目标，或者通过调整总体资产和负债的持续期，来维持金融机构正的净值。本章主要从狭义的资产负债管理角度进行分析。

在债券投资组合管理策略中是采取消极的投资策略还是采取积极的投资策略主要取决于投资者对债券市场有效性的判断。有效债券市场是指债券的当前价格能充分反映所有有关的、可得信息的债券市场。如果债券价格反映了所有的历史信息，债券市场就是弱式有效市场；如果债券价格反映了所有公开信息，包括历史信息和预期到的与未来有关的信息（如财务报表提供的信息），债券市场就是半强式有效市场；如果债券价格反映了所有信息，包括公开和内幕信息，债券市场就是强式有效市场。

如果债券市场是强式有效市场，即债券的价格反映了所有公开、可得的信息，那么通过寻找错误定价的债券和预测利率走势来获得风险调整后的超额回报率就是不可能的。在有效债券市场上最好的投资策略就是消极的投资策略。消极投资策略的目的不是战胜市场，而是控制债券组合的风险，并且获得与承担的风险相适应的回报率。一般而言，消极投资策略追求的目标主要有三个：一是为将来发生的债务提供足额资金；二是获得市场平均回报率，即获得与某种债券指数相同（或相近）的业绩；三是在既定的流动性和风险约束条件下追求最高的预期收益率。与上述三种目标相适应，在债券组合管理的实践中产生了两种主要的消极投资策略：买入并持有策略和指数化策略。

如果债券市场是弱式有效市场，明智的投资者是能够把握机会战胜市场，并获得超过市场平均收益的超额回报。此类投资者认为市场无效主要体现在债券定价错误和市场利率波动的可预测性。基于此，债券管理者进行债券选择，力图识别定价错误的债券或对市场利率作出精确的预测以把握市场时机进行买卖。积极的债券管理一般都是这两种方法的结合使用。

固定收益证券的积极型组合投资是在一定风险范围内，对固定收益证券进行最优选择，以期获取预期报酬最大化。这一类积极型组合投资者的目标是获得高于业内平均水平的回报率，但是其承担的风险也是比较大的。因此投资者选择此类投资组合管理方法时，需要进行更为深入的观察研究，而不应该根据其近来的业绩表现作出判断。由于这个投资目标涉及期望收益，投资者就必须预测影响固定收益证券报酬的因素，如利率水平的变化、长短期利率相对改变、各种类型固定收益证券的利差变化等。因此投资者是否具有预测能力及预测得准确与否，将直接影响到积极型组合投资的绩效；同时，投资者有必要积极寻找价格被错误估计的固定收益证券，抛售价格被高估了的固定收益证券，买进价格被低估了的固定收益证券。固定收益证券的积极型组合投资适用于低效率的市场，投资者寻求被错误定价的债券，积极进行组合调整，在承受一定风险的同时以期获取超额报酬。每个奉行积极型投资组合策略的投资者都有各自的分析方法进行价值分析。绝大多数投资者所关注的共同要素是历史联系、流动性因素和市场细分。这些理论都认为市场细分可以创造投资机会，历史联系则为投资时机提供线索。目前主流的积极型组合管理策略有：利率预期策略、利用收益率曲线策略和收益率价差策略。

如果债券市场是半强式有效市场，则投资者会选择介于积极管理策略和消极管理策略之间的策略。增强型指数化策略或指数化加强策略则兼具了积极管理策略和消极管理策略的特点。比如，在一个投资组合中，投资主体采用的是指数化策略，而其余的部分采用的是消极的管理策略；或者是一个投资组合可能主要采用的是指数化策略，但是也运用低风险策略来增强指数化组合的收益率。这种投资策略需要投资于大样本债券，以达到投资组合的风险因素与指数的风险因素相匹配，这种方法允许风险因素(久期除外)中出现微小的匹配误差，使投资组合更倾向于关注某些诸如部门、质量、期限、结构、赎回风险等特定因素。

综上所述，在不同的市场有效性假设下，投资者会选用不同的投资组合策略。为了更加清晰地描述以上三种投资组合策略之间的关系，通过图8-1可以清楚地比较它们的风险和收益特征。图8-1不仅概括了债券管理的风险范围，还描述了指数化策略、积极管理策略和指数化加强策略相对于特定基准指数组合的风险和预期收益。在指数化组合中，任何相对于基准指数组合的偏离都是代表该组合的风险敞口，由于该组合试图去复制基准指数组合，但在实际应用中，这种完全复制总是面临一定的限制，故会产生较小的偏差。在积极组合管理中，这种相对于基准指数的偏差则被主动地放大，以期战胜基准收益，但同时其面对的风险也是最大的。而在增强型指数化策略中，这种相对于基准指数组合的偏差则是可以控制的。

指数化策略

增强型指数化策略

积极管理策略

风险和预期收益与基准组合之间的比较				
• 指数完全匹配 • 尽可能逐个债券进行匹配 • 无价值判断	• 与主要的指数风险因素匹配 • 久期 • 现金流 • 债券组成 • 可赎回性 • 无价值判断	• 较小的匹配误差 • 现金流 • 债券组成 • 质量 • 可赎回性 • 久期=指数	• 较大的匹配误差 • 现金流 • 债券组成 • 质量 • 可赎回性 • 久期=指数±x%	• 成熟的积极管理策略 • 较大的匹配误差 • 较大的债券组成和信用质量匹配误差

久期匹配　　　　　　久期不匹配

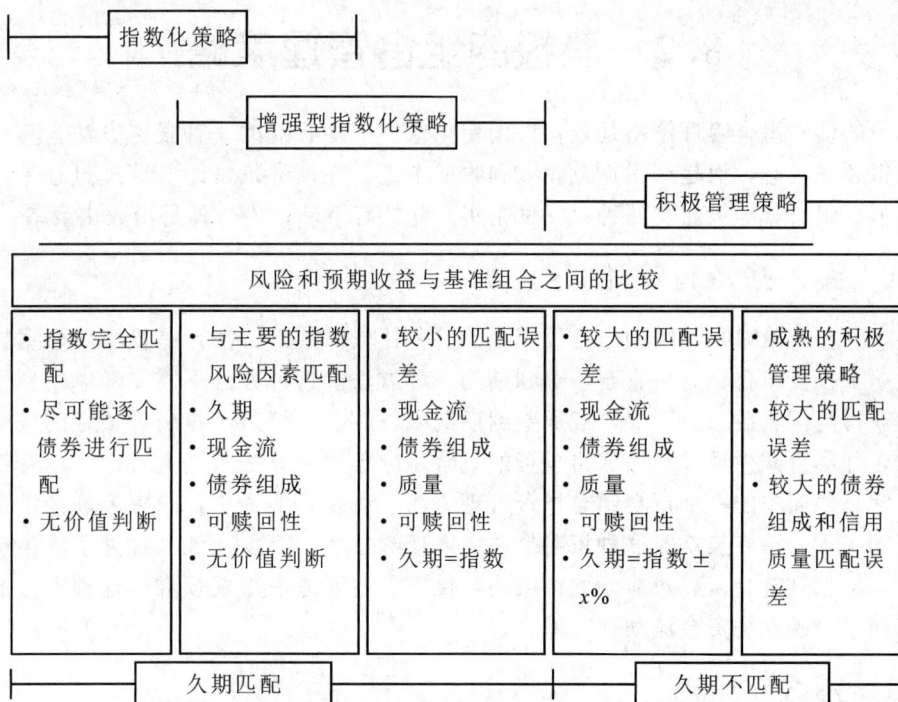

图 8-1　三种固定收益证券组合策略的风险和收益比较

从图 8-1 可看出，指数型组合投资和积极型组合投资的区别在于，资产组合可以在多大程度上背离与债券指数相联系的主要风险因素。与指数相联系的主要风险因素包括：①指数的久期。②现金流的当前现值分布。③不同部门与不同品质债券所占的比重。④久期对部门的贡献度。⑤久期对信用等级的贡献度。⑥部门、息票、剩余期限等因素的权重。⑦债券的可提前赎回性。

在投资者选择组合管理策略时，除了要考虑市场是否有效外，还应结合投资者自身的负债性质考虑适合自身情况的策略。负债管理策略就是这样一种根据投资者自身的资产负债情况而选择的组合管理策略，这种策略广泛应用于存款性金融机构、人寿保险公司和养老基金等机构。目前我国大部分商业银行的利润来源有很大一部分是靠赚取存贷利差获得，即从资产收益与资金成本之间的差额中获取收入。人寿保险公司和银行属于同样的行业，收入来源相似。而养老金则有所不同，主要是这类机构本身不用从市场上筹资。由于资产负债管理是这类机构的核心业务，故以上所列机构都适合选用负债管理策略。主流的负债管理策略包括免疫策略和现金流匹配策略。

8.2 消极的组合管理策略

消极的债券组合管理策略是依赖市场变化保持平均收益的一种投资方法。其目的不在于获得超额收益，而是获得债息收入和收回本金。在债券投资组合管理过程中，通常使用的消极组合管理策略有两种：一种是买入并持有策略；另一种是指数化策略。

8.2.1 买入并持有策略

买入并持有策略是消极型组合投资中的一种比较简单的方法，是投资者根据投资目标构造一个投资组合，并持有至债券到期的一种方法。这种方法不需要考虑用积极的交易策略获得高额收益，只需要寻找那些到期期限(或久期)接近于投资者预定的投资期限的债券，并尽量减少债券价格和再投资的风险。由于这一方法对投资者而言没有特别的要求，它是最简单的一种债券组合投资管理方法。在投资实践中，投资经理经常运用的是修正的买入并持有策略。这种策略是在买入债券之后，当发现该品种处于较为有利的价位时，增加其持仓量。对应于此种策略，投资者主要考虑短期债券。这种方法的优点是操作简单，缺点是资金流动性较差。

8.2.2 指数化策略

指数化策略是指债券管理者构造一个债券资产组合模拟市场上存在的某种债券指数的业绩，由此使债券资产组合的风险回报与相联系的债券市场指数的风险回报状况相当。虽然指数化策略在其他投资领域很早就有广泛的使用，但是在债券领域，指数化策略还是一个相对比较新的方法。债券指数化是指设计一个债券组合，并使该组合的投资业绩与某种债券指数的业绩表现一致。债券指数化组合投资在投资管理中是一种经常运用并且十分重要的方法。因此，本节将着重论述指数化组合投资方法。

债券指数化策略之所以受投资者青睐，主要有三个原因：①经验证据表明，历史上采取积极管理策略的债券组合管理者的总体表现较差。②与积极管理型债券组合相比，指数化管理收取的管理咨询费用较低。③除了咨询费用较低以外，非咨询费用(例如托管费)也较低。积极管理策略收取的咨询费用一般为15~50个基点；而指数化管理策略收取的咨询费用一般为1~20个基点，其上限为增强型和以顾客为中心的基准基金的费率。

然而指数化策略也受到了一些批评。批评者指出，即使指数化策略能够完全跟踪某种指数的市场表现，但是这种指数的表现未必就是最优的业绩表现。并且，对指数的跟踪也不能意味着组合管理者有能力满足客户的目标收益率要求。此外，跟踪指数意味着资金管理者仅限于在指数所涵盖的债券市场上进行投资，然而在指数所涵盖的市场之外可能存在着很多有吸引力的投资机会。从客户的角度看，指数化策略的确存在缺陷，即不能够满足客户的个性化需求。

综合以上两方面的内容可以总结出债券指数化的优缺点。其中债券指数化的优点主要有：①债券指数化不依赖预期，几乎不存在投资业绩低于指数的风险。②降低了咨询费用和其他费用。③基金发起人的控制力更强。债券指数化的缺点主要有：①债券指数没有反映最佳的业绩表现。②债券指数可能与发起人的负债不匹配。③对资金的用途施加了严格的限制，从而忽略了其他更有利的投资机会。

对指数化组合投资策略进行细分，可以分为两种：纯指数化组合策略和增强型指数化组合策略。

1. 纯指数化组合策略

纯指数化组合策略是一种相对于某个特定的基准，使债券组合的风险最低（同时预期收益率也最低）的方法。这种方法的实质是保证债券投资组合的收益与指数的差距为二者之间的成本差额（费用加上交易成本）。纯指数化组合投资试图完全复制指数，使得投资组合中各类债券的权重与债券指数相一致。因此，这种方法也称为"完全复制法"。然而，在债券市场中，这种方法很难实现，并且成本也很高。主要是因为指数中的许多债券是多年前发行的，其流动性通常并不强，发行时的利率又与当前利率存在较大的差别，使得当前的债券持有者可能不愿意出售所持有的债券。对于国债市场，完全复制法是可行的，而对于机构债券、抵押债券或公司债券市场，这种方法则不可行。机构债券或公司债券被锁定在一些机构投资者的长期债券投资组合中，若要从这些投资者手中购买到这些债券，就必须给出较高的价格。因此，即使成功地完全复制了一种广泛的债券指数，其最终的经济效果却并不一定理想。

2. 增强型指数化组合策略

增强型指数化组合策略包括两种类型：一种是采用主要风险因子匹配构建的组合；另一种是采用少量风险因子不匹配构建的组合。第一种方法需要投资于大样本债券，以便使投资组合的风险因素与指数的风险因素相匹配。这种投资组合如果可以完全实现的话，与完全复制法相比，尽管其月平均跟踪差异较高，但其实现和维护的成本较低，因而其净投资绩效将更为接近指数。需要被匹配的风险因素有：久期、现金流分配、部门、信用品质、赎回风险等。通过匹配的风险因子，在市场发生较大的变动时（如企业债券的价差增加、利率水平改变、收益率曲线变形等）能够保持和基准指数同样的变动。通过有效率的构建方法以及在组合中选入被低估的债券，增强型指数化组合策略能够取得比纯指数化组合策略更高的收益率。第二种方法允许在风险因素（除久期外）中出现微小的匹配误差，使组合策略倾向于考虑某些特定因素（如部门、信用品质、期限结构、赎回风险等）。由于匹配误差非常微小，它仍可被视为一种增强型指数化组合策略。这些额外的增强实质上是在保持与指数相同的方向及相同的风险因素暴露的同时，可采用进一步缩小与指数距离的调整策略。为成功地实行增强型指数化组合策略，有很多种增强策略可用来弥补由于交易费用和成本带来的跟踪误差，主要包括：成本增强策略、选择发行人增强策略、收益率曲线增强策略、行业和信用品质增强策略、赎回风险增强策略。

希望采取指数化策略的资金管理者必须确定基准债券指数。而可供选择的基准债券指数又有很多种，因此资金管理者在做决策时需要考虑很多影响因素。一般情况下，选择基准债券指数需要考虑两个因素：第一个因素是投资者的风险容忍度。例如，选择包含公司债券的指数会使投资者面临信用风险，如果这种风险是投资者不能接受的，那么投资者应当避免包含公司债券的指数。第二个因素是投资者的目标。例如，虽然各种指数的总收益率趋向于高度正相关，但是总收益率的波动特性各不相同。因此，当总收益率相同时，投资者将倾向于选择具有较低的波动性的指数。

市场上繁多的债券指数可以划分为两类：综合性市场指数和专业性市场指数。经纪商(交易商)开发和积极销售他们的债券指数的主要动力是为了获取潜在的利润。通常经纪商(交易商)向那些希望建立并重新配置指数化组合的资金管理者提供必要的数据，并收取少量名义上的费用。更重要的原因是经纪商(交易商)希望通过他们的交易席位进行大量的交易。并且，通过保持对已编制指数的专有权，这些经纪商(交易商)试图锁定那些使用他们指数的客户。

如果资金管理者已经决定采取指数化策略并选定了某一种指数，比如综合性债券市场指数、专业性市场指数或以客户为中心的基准指数，下一步则需创建一个跟踪指数的投资组合。指数化组合的表现与指数的表现之间的所有偏离，无论是正向偏离还是负向偏离都被称为跟踪误差。跟踪误差的产生源于3个方面：①构建指数化组合时存在的交易成本。②指数化组合与指数本身在组成上存在差异。③指数编制机构采用的价格与指数化管理者所支付的价格之间存在差异。

构建指数化组合的一种方法是资金管理者根据债券在基准指数中的权重购买指数中的全部债券。但购买全部的债券和现金流(包括到期本金与息票利息)再投资时会产生交易成本和其他费用，这些都会导致很大的跟踪误差。一种综合性市场指数可能包括5 000多只债券，因此高昂的交易成本使得这种指数化组合的构建方法在现实运用中可行性不高。另外，指数中的一些债券根本就不能够按照编制指数时的价格取得。

除了购买指数中的所有债券这种方法以外，资金管理者也可以只购买债券指数的一个样本。尽管这种方法能够降低高昂的交易成本所产生的跟踪误差，但是这种方式会因为指数化组合与指数之间的不匹配而产生跟踪误差。

简而言之，用来复制指数的债券数量越少，因交易成本而导致的跟踪误差就越小，但因指数化组合与指数之间的特征不匹配而产生的跟踪误差就越大。相反，用来复制指数而购买的债券数量越多，因交易成本而导致的跟踪误差就越大，但因指数化组合与指数之间的不匹配而产生的跟踪误差就越小。很明显，债券数量产生的跟踪误差和匹配时产生的跟踪误差之间是一种此消彼长的关系。

8.2.3 指数化组合投资的构建和管理

1. 基准指数的构建和选择

运用指数化组合策略时，选定恰当的债券市场指数十分重要，因为它直接决定着投资者的风险收益情况。因此构建与选择基准债券指数是指数化投资的第一步，也是最重要的一个环节。一般情况下，对指数化投资的研究通常把国债市场指数当作已知的，进而分析指数基金的有效性和执行策略。不过，为了满足投资理财的需要，产生了许多不同类型的债券市场指数。一些债券指数是用来度量整个市场的业绩，而另一些指数的创建主要用于投资基金的业绩评价，还有一些指数的建立是为了给金融产品创新提供基础。作为固定收益证券指数化组合策略的基准指数，需要满足多种需求，这些需求包括但不限于：①准确度量市场的业绩和投资者的情绪。②资产配置。③建立其他的投资工具，有效执行特定的投资策略以及进行风险管理。④评价基金经理的业绩。⑤对共同基金进行风格分析。所以，合理构建和选择基准指数是指数化投资的关键。在构建和选择基准指数时应该遵循一些必要的原则：①要有广泛的市场代表性。②要具有可投资性和可复制性。③采用市场资本化加权。④应该保持方法的透明性和一致性。⑤必须采用持续的、一致的、合理的维护规则。⑥应该被投资者广泛地认可和使用，从而满足投资者多种不同的需要。显然，在基准指数的选择中也存在其他标准，但是以上六条标准是最重要的标准，这些标准是构建一个良好的基准指数的基础。

【专栏 8-1】

中债指数

自 2002 年首批中债指数发布以来，经过不断的完善和改进，中债指数已成为表征境内人民币债券市场的重要参考指标以及债券投资业绩评估、归因分析、挖掘投资价值的首选工具。中债金融估值中心有限公司（简称"中债估值中心"）是中央结算公司的全资子公司，经授权负责中债指数的编制、管理、计算和发布。截至 2019 年 8 月，中债指数已经形成了一个由 10 个指数族构成的完整体系。

1. 中债总指数族

中债总指数族的编制目的是反映全市场债券或某一类债券的整体价格走势情况。中债总指数族以债券的待偿期、发行人类型、流通场所类型、债券付息方式及信用评级等单一或多个要素作为筛选条件确定成分券的范围，且成分券的数量事先不做限定。中债总指数族的指数值及相关指标以债券余额的市值权重进行加权。

目前，中债总指数族可分为综合类指数和分类指数。其中，综合类指数可表征全市场债券价格走势或利率类债券价格整体走势，亦或表征信用类债券价格整体走势。分类指数可按计息方式、发行人类型、流通场所、区域、信用等级、待偿期限、发行期限、中债市场隐含评级和其他方式分为 9 大类。

2. 中债成分指数族

中债成分指数族的编制目的与中债总指数族类似，也是用于表征全市场债券或某一类债券的整体价格走势情况，以债券的待偿期、发行人类型、流通场所类型、债券付息方式及信用评级等单一或多个要素作为筛选条件确定成分券的范围。但与中债总指数族不同的是，中债成分指数事先限定成分券的数量。

3. 中债策略型指数族

中债策略型指数是采用非市值加权方法，辅以权重设定及其他选样条件，来模拟一类投资策略的债券指数。

4. 中债外币计价指数族

中债外币计价指数是通过汇率转换，将人民币计价的债券指数转换为其他币种计价的债券指数，可以选择不同外币品种进行构建，可反映其人民币计价债券指数和外币汇率的整体收益变化情况。

5. 中债 iBoxx 指数族

中债 iBoxx 指数是中债估值中心与 IHS Markit 联合编制的，首批运用中国债市基准价格，遵照 IOSCO 金融市场基准原则(Principles for Financial Benchmarks)和欧盟基准法案(EU Benchmark Regulations)的标准，打造发布的全球品牌人民币指数，旨在为境外投资者提供准确客观的投资基准和有效的投资工具。

6. 中债定制指数族

中债定制指数是根据客户个性化、多样化需求研发的指数。客户可在中债指数的编制原则下，根据自身的投资目标、风险偏好定制特殊的指数。

7. 中债绿色系列债券指数族

中债绿色系列债券指数是全面综合反映中国绿色债券市场发展的代表性指标，指数数据变化可以从整体上反映中国绿债市场的价格波动特征。

8. 中债利率指数族

中债利率指数是反映以某类人民币资产利率进行投资所获收益变化水平的指数，现包括中债—SDR人民币三个月固定期限利率指数和中债—金融机构人民币超额存款准备金利率指数。

9. 中债投资者分类指数族

中债投资者分类指数是以不同类别投资人(例如银行、基金、证券公司等)在中央结算公司托管的债券集合作为指数成分券，剔除美元债和资产支持证券后，以持仓市值进行加权计算。不同投资者可以选取所属分类的投资人指数作为横向比较的业绩评价基准。

10. 中债持仓指数族

中债持仓指数是以托管在中央结算公司的各机构成员债券账户为单位，以各账户中的全部债券（剔除美元债和资产支持证券）为成分券集合。每个账户单独编制持仓指数。与中债总指数族和中债成分指数族不同，中债持仓指数的计算以成员账户中各券的持仓市值权重进行加权。该类指数仅供开户成员内部业绩评估、风险控制使用，不对外公开发布。

（资料来源：中债金融估值中心有限公司：《中债指数通用方法论》，搜狐网，2019-08-26）

2. 构建指数化组合投资的基本方法

（1）完全复制法

构建指数化组合投资最简单的方法就是采用完全复制方法，即按照与基准指数相同的权重持有每一种成分证券，这样指数化组合投资就可以完全复制指数的风险和收益。完全复制方法获得的业绩与基准指数的业绩非常接近，但是并不完全一致。差异主要来自投资组合调整而产生的交易成本。随着时间的变化，基准指数不断调整其组成债券，指数化组合投资也必须随之调整才能与之相适应，每次调整都会产生交易成本。交易成本和管理费用会对指数化组合投资的收益率产生负面影响。尽管这种方法很简单，但投资组合构成上任何微小的差异都会产生跟踪误差，并且不论从概念上还是从计算上看，完全复制方法都存在一定的缺点：①当指数中的成分债券进行调整时，投资组合中的每一种债券都需要进行调整以反映指数新的权重。②当一些组成债券缺乏流动性或者组成债券的流动性高度不平衡时，采用完全复制的指数化组合策略会承受较大的交易成本，产生较大的跟踪误差。因为完全复制方法是一种成本非常高的指数化投资方法，因此，实际操作中就需要构建一个与完全复制方法不同的投资组合，并且确保该组合的交易成本要低于构建完全复制法指数化组合时的成本，但同时要与指数高度相关。

（2）抽样复制法

抽样复制法是指在复制基准指数的业绩的过程中不购买所有的组成债券，而是采用部分有代表性的债券复制指数，采用这种方法的优势在于能够减少交易成本。目前有许多抽样方法，包括随机抽样、大量持有、分层抽样和优化。不论采用何种抽样方法，第一步都要确定构建投资组合所需要债券的数量。很明显，随着债券数目的增多，与基准指数之间的跟踪误差就会下降。这样，组合中债券的数目取决于投资者的风险厌恶程度。风险厌恶程度较高的基金经理偏好较小的跟踪误差，就需要使用更多的债券构建投资组合；而风险厌恶程度较低的基金经理则可能选择持有少量的债券，承担较大的跟踪误差。

（3）大量持有法

大量持有法是比较简单的方法，它根据指数的编制原理选择债券，大量持有对指数影响大的债券。隐含在这种方法背后的逻辑非常简单。大部分指数的收益率可能取决于一些相对数目较少的高权重的债券，所以这种方法可以获得与指数近似的收益率。如果最终的投资组合只是所选债券的资本化加权的投资组合，那么这个投资组合通常不是所选债券的最优组合。因此，在给定跟踪投资组合中债券的数目以后，需要通过优化方法建立跟踪误差最小化的复制投资组合。大量持有方法的主要缺陷在于缺乏风险控制。

(4)分层抽样法

分层抽样方法是一种能够进行部分风险控制的方法。分层抽样方法通过建立与指数具有相同风险暴露的投资组合，以使得跟踪风险最小化。这个过程是将样本分解为许多组，然后在每组中选择投资的债券。跟踪指数的准确程度取决于基准组合与复制组合之间的差异。如果两者之间的差异小，跟踪效果就会较好，残差风险也会很小。分层抽样提供了一定程度的风险控制，但是这种风险控制是不够的。原因在于残差风险由两部分构成：特殊风险和超市场协方差(XMC)。特殊风险是与个别债券相关的风险，这种风险与其他债券的特殊风险是相互独立的。为了对一个投资组合中每个债券的特殊风险进行免疫，投资组合中每个债券的权重应该与其在指数中的权重相一致。此外，残差风险还包括其他成分，即超市场协方差(XMC)，XMC是来自经济中基本因素的风险。当投资组合与指数对这些因素存在不同的风险暴露时，就存在超市场风险。由于抽样方法从发行规模大的债券开始抽样，就会减少发行规模小的债券的持有量、增加对这些因素的风险暴露，不能有效控制 XMC。所以，当投资组合与指数存在差异时，投资组合相对基准指数就会产生残差风险。在这种情况下，抽样方法失败。同样，抽样方法也不能控制指数化组合投资的系统风险。系统风险取决于头寸的大小以及选择债券的范围。抽样方法可能过多地持有发行规模大的债券，从而降低系统风险，但是不能控制系统风险。最后，使用抽样方法不能明确得到增加或减少一只债券所带来的相对利益或成本。在修正投资组合时这个问题显得尤为重要，因为在跟踪指数时，必须比较交易成本和相关利益。因此抽样方法不能说明交易成本是有益的还是无益的。

(5)优化方法

优化方法是一种能够有效控制风险的方法，基本的思路是在给定债券数目的前提下，建立一个具有最小跟踪误差和最低交易成本的投资组合。在优化方法中结合了风险的预测，以期找到一个具有最小跟踪误差的投资组合，同时维持较低的交易成本。优化过程是通过多次反复调整实现的，即在某一时间建立一个投资组合进行一次"交易"，在每次交易之后度量预期跟踪误差，直到预期跟踪误差通过反复调整也不能得到改善，最后完成投资组合的构建。目前，投资组合优化的主要方法是线性规划、二次规划和基于VAR(风险价值)的组合投资优化，每种方法都有其优缺点。

(6)方差最小化法

方差最小化法是最复杂的方法。需要使用历史数据来估计指数中每个债券的跟踪误差的方差。首先为每个债券估计一个价格函数，该价格函数包含两组因素：①以理论的即期利率贴现该债券的现金流。②其他因素，如久期或者部门特征。选取大规模的债券总体及相应的历史数据来估计价格函数。价格函数确定之后，便可以建立跟踪误差方程。接下来是使构建的指数化资产组合的跟踪误差的方差最小。由于该变量是一个二次函数（基准收益与资产组合收益之差的平方），因此以最小化跟踪误差为目标的最优指数化资产组合应该使用二次规划的方法。这种方法相对于以上列举的方法要复杂得多。

8.2.4　指数化组合投资方法选择的基本原则

目前，对于指数化投资方法的选择还没有统一的标准，但有一点是明确的，即所有的指数化组合投资方法都具有可选择性，选择何种方法取决于现实条件。具体来讲，指数化组合投资方法的选择应该服从以下基本原则。

1. 满足特定的投资目标

任何投资方法必须满足特定的投资目标，指数化组合投资也不例外。总体来说，目前主要有两种类型的指数方法：被动管理的指数方法和增强型指数方法。最流行的是被动管理的指数方法，其基本目标是紧密地跟踪特定的基准指数，这种方法基本上都采用完全复制方法，即持有全部的或大部分的组成债券。增强型指数方法则努力获取超过基准的超额收益，因此大部分投资者都使用了"收益提升技术"。一些投资者使用杠杆来提升收益，另一些投资者使用抽样技术，还有一些投资者则利用"倾斜投资"或使用衍生工具。

2. 建立针对特定基准指数的组合投资

选择指数化组合投资方法必须充分考虑基准指数的结构。在理想状态下，如果存在构建良好的指数，那么采用完全复制将是主流的指数化投资方法。对于一些设计不良的市场指数，以及成分债券缺乏流动性的市场指数来说，采用以抽样复制为基础的方法是非常有益的。一般来说，如果一个基准指数中包含的债券较少，而且每一个组成债券具有足够的流动性，交易成本也不高，采用完全复制方法是可行的。与此相反，如果一个基准指数含有太多的债券，而且大部分债券缺乏流动性，那么就应该选择抽样复制的方法。

3. 在跟踪误差和交易成本之间作出适当的平衡

成功的指数化组合投资需要在跟踪误差和交易成本之间作出适当的平衡，有许多方式可以达到这种平衡。在这些方法中，一些方法简便易行，比如选择大量持有一些组成债券；而另一些方法则非常复杂，在优化方法中结合了风险的预测，以期找到一个具有最小跟踪误差的投资组合，同时维持较低的交易成本。

4. 在跟踪误差和超额收益之间作出适当的平衡

从竞争的角度来看，对于指数基金，获取超额收益非常重要。比如所有指数型、债券型基金都采用同样方法跟踪指数，则这些基金竞争的基础便是向投资者收取的费率。

然而，如果某些基金牺牲一定程度的跟踪误差，获得了高于指数的收益，即超额收益为正，则竞争的基础将改变。因此，在选择具体指数化组合策略时，指数基金应该在跟踪误差和超额收益之间作出适当的平衡。如果基金的首要目标是要获取竞争优势，就应该适当放宽对跟踪误差的限制，选择更加灵活的投资方法，比如使用衍生工具和利用杠杆投资。相反，如果基金的首要目标是控制跟踪误差，就应该选择较为保守的投资方法。

8.3 积极的组合管理策略

积极的债券管理者认为债券市场并非那么有效，所以明智的投资人总是能够把握机会战胜市场以获得超过市场平均收益的超额回报。此类投资者认为市场无效主要体现在债券定价错误和市场利率波动的可预测性。基于此，债券管理者进行债券选择，力图识别定价错误的债券或对市场利率作出精确的预测以把握市场时机进行买卖。积极的债券管理一般都是将这两种方法结合起来使用。积极的组合管理策略方法主要有：利率预期策略、收益率曲线策略、债券互换策略和收益率差分析。

8.3.1 利率预期策略

利率预期策略又称为久期策略。由于债券的价格主要受到利率的影响，故在债券投资中，投资者可以通过对利率未来走势的预测来决定债券的买卖。

一个资金管理者若相信自己能够正确预期未来的利率水平，他就会根据预期来改变组合的久期。由于久期是用来衡量利率敏感性的一个指标，那么当预期利率会下降时就应该增加久期，而预期利率上升时则要缩短久期。如果这位资金管理者选取某债券指数为基准指数，那么他将会根据预期利率的上升(下降)而缩短(提高)投资组合相对于基准指数的久期。客户要求可能会限制投资组合的久期相对于基准指数久期的偏离程度。

为实现目标投资组合久期，可以将原组合中的债券换成新的债券，这样就改变了原有投资组合的久期。利用远期利率期货合约是改变债券组合久期的另一种更加有效的方式。买入远期期货合约可以增加投资组合的久期，相应地卖出远期期货合约可以减少久期。使用积极策略最关键的应当是正确预期未来利率变动方向的能力。然而很多学者并不认为利率可以被正确预期从而获得持续的风险调整后的超额回报，并且未来利率能否提供一个持久的超额回报是值得怀疑的。

在债券市场上，可以利用的利率变动有三种：利率总体水平的变动、不同券种之间收益率差的变动以及某些个别因素导致的单个债券品种收益率的变动。

1. 利率总体水平的变动

由于债券的市场价格和利率之间存在着密切的关系，即在一般情况下，利率上升时，债券价格就会下降；利率下降时，债券价格就会上升。如果投资者能够准确地预测利率的走势，就可以在预计利率上升之前卖出债券，在预计利率下降之前买入债券，从而使得投资收益最大化。

2. 不同债券品种之间收益率差的变动

不同债券品种之间存在收益率差，而且这些收益率差会随着某些客观条件的变化而变化，收益率差的变化也会给投资者带来很好的投资机会。投资者首先必须对收益率差的趋向作出预测，在掌握收益率差变动方向之后，才可以据此进行买卖操作。如果预期收益率差将变小，投资者应投资于收益率较低的品种，卖出收益率较高的品种；相反，当预期收益率差将增大时，投资者应投资于收益率较高的品种，卖出收益率较低的品种。

3. 单个债券品种收益率的变动

单个债券品种收益率的变动虽然也会引起该品种与其他品种之间收益率差的变化，但是它们之间是有着本质差别的。单个债券品种收益率的变动指的是由单个债券品种本身基本状况的改变而引起的收益率变化，因而只要对该种债券及其个体环境进行分析就可以了。而不同债券品种之间收益率的变动则是在外在因素作用下不同债券品种之间收益率差的变化，品种本身的基本情况并未改变。运用利率预测策略进行债券投资时风险较大，原因在于利率的变动受各种因素的影响，很难预测这些因素共同作用之后利率的走势。其中预测利率下跌时的风险较预测利率上涨时的风险要大一些。主要是当预测利率上升时，投资者会缩短债券的平均到期日，债券收益变动的幅度缩小。在这个过程中投资者的损失包含如下两方面：一是随着债券平均到期日的缩短，债券利息收入减少；二是如果利率预期错误，实际上利率是下跌时，投资者就丧失了债券价格上升的收益，这种收益就是一种机会成本。反过来，当预期利率下跌时，投资者会延长债券的平均到期日，债券投资中债券本身所带来的利息收入的再投资减少，但更大的损失是，一旦利率预测错误，由于平均到期日更长，损失会更大。对利率进行预期的主要依据是宏观经济周期、资金供求、货币政策和财政政策这四个方面。

8.3.2　收益率曲线策略

收益率曲线策略的使用有两个前提条件：利率收益曲线的斜率为正和预期收益率在债券持有期内不变。该策略是期限分析方法的一种特殊形式。货币市场基金经理广泛采用这种策略。只要同时满足以上两个条件，投资者就可以采用收益率曲线策略获得更高的回报率。收益率曲线向上倾斜意味着长期债券的收益率高于短期债券的收益率。随着时间的流逝，债券的到期期限也会相应的缩短，由于收益率曲线保持不变，所以期限已经变短的债券的到期收益率也就降低了。由于债券价格与利率成反比，收益的下跌会使得债券价格上涨，从而获得资本利得。

收益率曲线策略是根据对国债收益率形状变动的预期来构建投资组合。收益率曲线移动是指收益率相对于各个国债期限的变动。收益率曲线平行移动是指收益率相对于所有期限的变动程度相同。而收益率曲线的非平行移动则意味着收益率相对于期限变动的基点数目不同。

在投资组合中，证券的期限对于投资组合的收益率具有重要影响。假如一个投资组合全部由期限为1年的证券组成，那么该投资组合在1年投资期限内实现的总收益率相对于收益率曲线在从现在开始的一年内的移动情况是不敏感的。然而，若一个投资组合全部是由期限为15年的证券组成，组合的总收益率相对于收益率曲线的移动将变得非常敏感。因为从现在开始，一年后，该投资组合的价值将取决于14年期证券所提供的收益率。因此，当收益率发生变动时，长期债券的价格波动性非常大。

在较短的投资期限内，一个投资组合中债券期限的间隔大小对总收益率具有重要的影响。因此，可以利用收益率曲线策略，根据投资组合中包括的期限范围对投资组合中的债券期限进行设置。

实际操作时，可以根据投资组合所包含的证券的期限集中程度将收益率曲线策略进一步划分，并选用合适的收益率曲线策略。

实际操作中，若投资组合中所包含的证券的期限高度集中在收益率曲线上的某一点，则可以运用收益率曲线策略之子弹策略；若投资组合中所包含的证券的期限集中在收益率曲线上的两个极端期限上，则可以选用收益率曲线策略之杠铃策略；若投资组合中所包含的证券的期限在收益率曲线上比较分散，并且每种期限证券的数量基本相等，则可以选用收益率曲线策略之阶梯策略。

当收益率曲线移动时，收益率曲线移动的类型和幅度将决定实际的业绩，以上每种策略产生的业绩是不同的，这里无法总结出最佳的收益率曲线策略，只有根据实际情况进行不断调整，才能获得相对较好的业绩。

8.3.3 债券互换策略

债券互换就是同时买入和卖出具有相近特性的两个以上债券品种，从而获取收益级差的行为。不同债券品种在利息、违约风险、期限(久期)、流动性、税收特性、可赎回条款等方面是存在差别的，这些差别决定了债券互换的可行性和潜在的获利可能。比如，当债券投资者在观察AAA级和A级的债券收益时，如果发现二者的利差从大约90个基点的历史平均水平值扩大到了目前的120个基点，而投资者判断对这种平均值的偏离只是暂时的，从长期来看，二者的利差水平会回到历史平均水平，那么投资者就应该买入A级债券并卖出AAA级债券，直到两种债券的利差返回到90个基点的历史平均值为止。在进行积极债券组合管理时使用债券互换有多种目的，但其主要目的是通过债券互换提高组合的收益率。

债券互换的估价方法很复杂。其中有一种估价方法是投资期分析法。投资期分析法把债券互换各个方面的回报率分解为四个组成部分，它们所具有的风险不同，并且其中两个组成部分是确定的，另外两个部分是不确定的。两种确定性的组成部分是源于时间成分和息票因素所引起的收益率变化；两种不确定性的组成部分是由于到期收益率变化所带来的资本增值或损失（收益成分）和息票的再投资收益。

$$总回报率＝时间成分＋息票＋收益成分的变化＋息票再投资收益$$

为了更加清楚地了解投资期分析法，这里可以通过一个具体的例子来介绍。某投资者购买了一张面值为 1 000 元，到期期限为 10 年，票面利率为 15％的每半年付一次利息的债券。目前的到期收益率是 14％，一年之后出售的到期收益率是 12％。债券初始买入价格是 1 035.10 元。一年后到期收益率降为 12％，因此债券的价格提高到了 1 093.10元，则相应的资本增值额为 58 元（＝1 093.10－1 035.10）。这项资本增值可以分解为两个部分：确定性的时间成分（假定到期收益率没有变化而仅仅是由于时间变化而带来的收益）和由于到期收益率变化引起的不确定性成分。如果到期收益率不变，9 年后到期的债券价格应该是 1 029.90 元，较买入价格下降 5.20 元（＝1 035.10－1 029.90），这一个数值就是时间成分，而到期收益率变化所导致的不确定新资本增值即是 63.20 元（＝1 093.10－1 029.90）。同时，为了全面评价债券投资回报率，还需要考察票息和票息再投资收益。已知一年的票息总额是 150 元，当再投资收益率为 14％时，前半年的再投资收益是 5.25 元（＝150×1/2×14％×1/2）。这四部分的所有投资回报相加，就得到总的投资回报率为 20.61％。具体计算如下：

确定性成分：时间成分和息票。

由于时间变动引起的债券价格变动：

（1 029.90－1 035.10）/1 035.10×100％＝－0.5％；

息票：150/1 035.10×100％＝14.49％；

不确定性成分：收益成分的变化和股息再投资收益。

由于到期收益率的变化而引起的价格变化：

（1 093.10－1 029.90）/1 035.10×100％＝6.11％；

票息再投资收益：（150×1/2×14％×1/2）/1 035.10×100％＝0.51％；

总回报率：－0.5％＋14.49％＋6.11％＋0.51％＝20.61％。

8.3.4 收益率差分析

收益率差分析是假设不同种类的债券之间存在一定的关系（比如长期国债与短期国债之间、工业债券和公用事业债券之间存在收益率差），因此债券投资者应该具有敏锐的市场洞察力，一旦发现异常情况，就应该立即抓住时机进行调整。不同期限之间的利率差主要通过收益率曲线的形状来体现，收益率曲线上的间断点往往成为投资调整的对象。如果预期收益率曲线基本维持不变，且目前收益率曲线是向上倾斜的，则可以买入期限较长的债券；如果预期收益率曲线变陡，则可以买入短期债券，卖出长期债券；如果预期收益率曲线将变得较为平坦时，则可以买入长期债券，卖出短期债券。如果预期正确，上述投资策略可以为投资者降低风险，提高收益。收益率差价的主要来源包括信用价差和可赎回债券与不可赎回债券之间的价差。

1. 信用价差

信用价差或质量价差的改变受到对经济前景预期的影响。当预期经济将逐步衰退或者经济逐渐紧缩时，国债与公司债券之间的信用价差将扩大，主要是由于在经济衰退时期，这些公司债券的发行人将经历一段时间的收入下降，存货变多，现金流短缺等一系列的困难，于是很难按照合同中的规定履行偿债义务。然而，为了吸引投资者购买这些公司债券，于是这些公司债券发行人将制定相对于国债更高的收益率，此时国债与公司债券之间的收益率价差将被拉大；相反，当经济处于上升时期并逐步扩张时，国债与公司债券之间的信用价差缩小，主要是由于在经济扩张的时期，公司将有更多的发展机会，收入便会增加，同时伴随着现金流的快速增加，这些都有利于债券发行人按照合同的规定来履行偿债义务。

2. 可赎回债券与不可赎回债券之间的价差

可赎回债券与不可赎回债券之间的价差源于可赎回债券与不可赎回债券之间的债券所包含的权利的差异，以及由利率变动方向和利率波动性的预期变动导致的可赎回债券的息票利息的变化。如果预期利率将会下降，那么可赎回债券与不可赎回债券之间的价差将会变大。原理很简单，因为利率的下降将增加发行人执行包含在可赎回债券内的期权的概率。相反，如果预期利率会上升，那么就不难理解可赎回债券与不可赎回债券之间的收益率价差的缩小。预期利率波动性的加剧则会提高可赎回债券内嵌期权的内在价值，进而扩大可赎回债券与不可赎回债券的价差。

8.4 负债管理策略

资产负债管理是银行、保险公司和基金等金融机构的核心业务。这类金融机构之所以需要运用负债管理策略是因为这类机构需要至少满足以下两方面的需求：一是这类金融机构未来偿还债务时产生的现金流支出需要；二是规避利率风险的需要。免疫策略和现金流匹配是应用范围最广的两种负债管理策略，也是被金融机构广泛运用的策略。固定收益证券的免疫型组合投资用于，在确定的投资期限内使再投资风险最小化的同时该组合还可用于偿还负债，其中这个免疫型的组合设计中需要用到的策略主要有免疫策略和或有免疫策略。现金流匹配法则是创造一个专门的组合同负债相匹配的另一种免疫方法，这是一种更加直观的策略，只需要投资者选择正确的证券与负债进行匹配。

8.4.1 免疫策略

由于金融机构会因为将来有偿还某笔债务的需要而出现一笔现金流的支出，因此，无论未来利率如何变动，该机构所构建的债券组合需要能够在未来同样产生足够的现金流以偿还负债。此时该机构在构建债券组合时用到的策略就是免疫策略。使用免疫策略时必须满足以下两个条件：①组合的有效久期必须等于负债的有效久期。②债券（或债券组合）的现金流初始值必须等于负债的现金流初始值。如果债券管理者能够较好地确定持有期，那么就能够找到所有的久期等于持有期的债券，并选择凸性高的债券。使用免疫策略是在尽量减小由于到期收益率变化所产生的负效应的同时还尽可能地从利率变动中获取收益。这里主要介绍两种常用的免疫策略：所得免疫策略和价格免疫策略。

1. 所得免疫策略

所得免疫策略保证投资者有充足的资金以满足预期现金支付的需要。这对于养老基金、社保基金、保险基金等机构投资者具有重要的意义，因为这类投资者对资产的流动性要求很高，其投资成功与否的关键在于投资组合中是否有足够的流动资产可以满足目前的支付。因此，有效的投资策略可以通过构建债券组合，并使获得的利息和收回的本金恰好满足未来的现金需求。这种方法被称为现金配比策略。现金配比策略限制性强、弹性很小，这就可能会排斥许多缺乏良好现金流量特性的债券。另一种可供选择的策略是久期配比策略，这种策略只要求负债流量的久期和组合投资债券的久期相同即可，因而有更多的债券可供选择。但是，这一策略也存在一定的不足之处，例如为了满足负债的需要，债券管理者可能在极低的价格时不得不抛出债券。因此有必要结合两种配比策略的优点而设计出一种新的策略，水平配比策略因此而诞生。按照这一策略要求，投资者可以设计出一种债券投资组合，在短期内运用现金配比策略，在较长的时期内运用久期配比策略，既具有了现金配比策略中的流动性强的优点，又具有久期配比策略中的弹性较大的优点。

2. 价格免疫策略

价格免疫策略由确保特定数量资产的市场价值高于特定数量负债的市场价值的一些策略组成。价格免疫策略使用凸性作为衡量标准，实现资产凸性与负债凸性相匹配。图 8-2 展示了债券投资组合的价格免疫策略。

比如一家保险投资基金有足够的资金支持，可以使债券投资组合的市场价值等于未来负债的现值。只要资产凸性高于负债的凸性，两者间差额的市场价值就将随着利率的变化而增减，而且凸性越大，从利率变化所获得的利得也就越大。因此，在这种情况下，就可以判断这家保险投资基金具有"价格免疫"了。

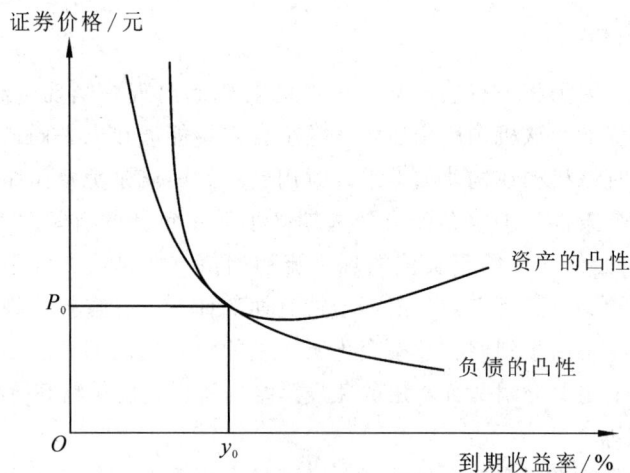

图 8-2 资产凸性与负债凸性的匹配策略

8.4.2 或有免疫策略

或有免疫是一种介于消极策略和积极策略之间的策略,最早由利伯维茨和温伯格提出。该策略中的两个重要的收益率为:确定能够实现的免疫目标收益率和确定能够满足投资者要求的保底收益率。当且仅当市场表现恶化,投资者要求的保底收益率受到威胁时,债券组合的管理者才必须对债券组合实施免疫策略,否则该投资者可以一直实施积极的投资策略。此时投资者要求的保底收益率水平就是一个触发点,只有触及到该触发点时,资金管理者才有义务对投资组合采取完全的免疫策略,并锁定保底收益率水平。不然,只要处于该点上方,资金管理者就可以继续对投资组合采取积极的管理策略。一旦触及触发点,除非或有免疫计划被废止,否则资金管理者不得再次采取积极的管理策略。

为了更加清楚地阐明这种策略,现举例说明:假定王先生投资了 100 万元,他愿意在 2 年的投资期限内接受 12% 的收益率,并且已知在投资期限内该免疫组合的收益率为 15%。12% 的收益率即为保底收益率(触发点)。

根据初始投资组合的价值 100 万元,每半年支付一次利息,通过计算可以得到 2 年年末的应该实现的最低目标价值为 1 262 500 元($=1\,000\,000 \times 1.06^4$)。然而此时的收益率为 15%,故此时实现 1 262 500 元的最低目标价值要求的资产价值应为 945 339 元,具体算法是:

以 15% 的年贴现率对 1 262 500 元每半年进行一次贴现所得到的现值,求得的现值为 945 339 元($=1\,262\,500/1.075^4$)。免疫投资组合的收益率与保底收益率之间的差额被称为安全缓冲利差。在本例中，安全缓冲利差为 300 个基点。因此，300 个基点的安全缓冲利差可以换算为 54 661 元（=1 000 000−945 339）的初始安全限度。

现假定保底收益率为 13%，在原来的基础上提高了一个百分点。那么安全缓冲利差将变为 200 个基点，初始安全限度将下降到 36 668 元，也即是安全缓冲利差越小，安全限度也越小。

表 8-1 说明了如何应用或有免疫策略。

已知初始投资为：息票利率为 15%、按票面价值出售且收益率为 15% 的 10 年期债券 100 万元；

可实现的免疫收益率：15%；

保底收益率：12%；

计划的投资期限：2 年。

表 8-1　或有免疫策略

单位：元

情形	初始利率为 15%	6 个月后下降到 9%	6 个月后上升到 18%
投资期末的最低目标价值	1 262 500	1 262 500	1 262 500
当前的投资组合价值	1 000 000	1 439 800	943 661
最低目标价值的现值	945 339	1 106 324	974 880
安全限度	54 661	333 476	−31 219
管理策略	积极	积极	免疫

最初，资金管理者在或有免疫策略中采取了积极的投资组合策略。现假定资金管理者将资金全部投资于息票利率为 15%、按面值出售且收益率为 15% 的 10 年期债券。如果 6 个月后市场收益率下降到 9%，那么 6 个月后，投资组合的价值将包含：市场收益率为 9%，息票利率为 15% 的 9.5 年期债权的价值；6 个月期的息票利息。债券价格由原来的 100 万元上升到 136.48 万元，息票利息为 7.5 万元（=0.5×0.15×100）。故 6 个月后的投资组合价值为 6 个月后的债券价格与 6 个月期的利息之和 143.98 万元。

如果在 9% 的当前利率水平下对投资组合采取免疫策略，那么，实现 1 262 500 元的最低目标收益需要投资组合价值为多少呢？该价值的计算方法为：要求的投资组合价值等于 1.5 年期以内以 9% 的年贴现率对最低目标收益（1 262 500 元）每半年进行一次贴现所得到的现值。因此，要求的投资组合价值为 1 106 324 元（=1 262 500/1.045³）。由于 1 439 800 元的投资组合价值高于要求的 1 106 324 元的投资组合价值，因此资金管理者可以继续对该投资组合采取积极的管理策略。其中，安全限度为 333 476 元（=1 439 800−1 106 324）。只要安全限度为正值（即投资组合值大于在当前收益率水平下为实现最低目标值所要求的投资组合价值），资金管理者就可以对投资组合采取积极的组合管理策略。

假定 6 个月后利率是上升到 18%，而不是下降到 9%，那么，相应的债券市场价值将下降为 868 661 元。因而投资组合的价值等于 943 661 元(＝868 661＋75 000)。在当前的利率水平(18%)下，为实现 1 262 500 元的最低目标价值所要求的投资组合价值应为 974 880(＝1 262 500/1.09³)。组合投资的实际价值小于所要求的组合投资价值(安全限度为－31 219 元，小于零)。此时，保底收益已经被突破，免疫策略失效了。因此，为了在投资期间内实现最低目标价值(保底收益率)，资金管理者应尽早对投资组合采取免疫策略，以防止跌破保底收益的情况发生。

由此可以总结出实施免疫策略的 3 个关键因素是：确立一个准确的、能够从投资期初持续到投资期末的免疫目标收益率；确定一个适当的和可以免疫的保底收益率(触发点)；设计一个有效的监管程序以确保不跌破保底收益率。

讨论完满足单笔负债要求的投资组合免疫策略，接下来要讨论的是满足多笔负债要求的投资组合免疫策略。因为现实中类似于养老基金这样的机构，在未来必须偿还多笔负债——对养老基金受益人进行支付。同样的，人寿保险公司也必须偿还一组负债现金流，即人寿保险公司出售保单(例如年金保单)，并需要对保单持有人进行多笔负债支付。因此，这里就需要有针对性地构建满足多笔负债要求的投资组合。目前用来偿还负债现金流的策略主要有两种：多期间免疫策略和现金流匹配策略。

8.4.3　积极策略和免疫策略的联合

在对或有免疫策略的讨论中，只要保底收益率没有被打破，资金管理者就可以对投资组合采用积极的管理策略。然而或有免疫策略并不是一种综合性或混合性策略。资金管理者或者选择免疫的模式，或者因保底收益率没有被打破而继续选择积极管理策略。与免疫策略不同，积极—免疫联合策略则是资金管理者在同一时点将这两种策略联合起来使用。这种联合策略中的免疫策略可以是对单笔负债的免疫，也可以是对多笔负债的免疫。在单笔负债免疫的例子中，需要确立一个保证收益率以便稳定投资组合的总收益率。在多笔负债的例子中，则应该在被免疫的负债已经确知时采取免疫策略，并且在重复免疫的过程中要不断地关注新的要求。由于被免疫的负债以初始设定的负债为基础，并随着时间的推移而调整，形成未来负债的变化，比如养老基金中负债的实际变动，因而，这是一种适应性策略。对于给定的某个可接受的风险水平，联合策略中的积极策略将继续可以自由地使用以使得预期收益最大化。

下列公式可以用来确定初始投资组合中采取积极策略的部分：

采取积极策略的组合部分＝(免疫目标收益率－客户确定的最低收益率)/(免疫目标收益率－积极策略部分的预期最差收益率)

其余的部分就是采取免疫策略的组合部分。

在这个公式中，可以假定免疫策略的目标收益率高于客户确定的最低收益率，也高于投资组合中采取积极策略部分的预期最差收益率。根据确定投资组合中采取积极策略部分的份额的计算公式，在给定免疫目标收益率的情况下，客户可接受的最低收益率越低以及采取积极策略部分的预期最差收益率越高，积极管理的比例就越高。由于公式中的收益价值随着时间的推移而不断改变，资金管理者必须对这些价值实施持续监管，并在免疫策略与积极策略之间进行调整和重新平衡以取得适当的均衡。只要实际的收益率没有突破积极策略部分的预期最差收益率水平，客户确定的投资组合最低收益率就可以实现。

8.4.4 多期间免疫策略

在多期间免疫策略下，无论未来利率如何变动，所构建的投资组合需要能够偿还多笔预先确定的未来负债。这里有两种思路来实现多期间免疫策略：一种思路是将每次负债产生的现金流作为一个单期的负债，然后针对每次负债分别构建债券组合，令债券组合的久期和现值与各期负债的久期和现值相等，这种思路相对来说很容易理解，但是真正实施起来则比较烦琐。另一种思路就是通过构建债券组合，令债券组合的久期与负债现金流的久期加权平均值相等，这种思路实施起来比较容易，但是由于精确度不高，故而效果不是太好，并存在一定的风险。比如一家养老基金在7年、8年、9年、10年和11年后需要支付五笔资金，每笔资金的现值都是5 000万元。根据第一种思路可以对这五笔负债逐笔进行免疫，故该基金可以投资于五种债券(组合)，每种债券(组合)的现值都是5 000万元，久期分别是7年、8年、9年、10年和11年。也可以根据第二种思路，也即投资于久期等于9年的债券组合，因为负债的久期加权平均数等于9年。

明显地，第二种方法债券组合构造和管理都相对简单，但是理论研究表明资产和负债的久期相等并不能够保证完全免疫，故第二种方法只是一种粗略的免疫方法。因此，比较而言，较好的多期间免疫策略仍然是第一种方法。

但从理论上讲，只要满足以下三个条件便可成功实施多期间免疫策略：①债券组合和负债的现值相等。②债券组合和负债的久期相等。③债券组合中的资产现金流时间分布范围要比负债现金流时间分布范围更广。实际运用中可以发现免疫策略是有一些局限性的，主要包括以下四点。

①免疫策略是以久期为基础的，而久期只能近似地衡量债券价格的变化，无法精确地衡量利率变化导致的债券价格变化。因而，通过资产负债久期匹配仍然无法完全消除利率风险。

②在整个目标期内，债券组合(资产)和负债的久期会随着市场利率的变化而不断变化，并且两者的久期变化并不一致。而且，即使最初资产负债的久期是匹配的，随着利率的变动，资产负债的久期也会出现不匹配，这样债券组合和负债就无法实现免疫了。

③使用免疫策略存在的另外一个问题就是由于债券组合的久期并不是随着时间的流

逝相应地呈线性递减的。一般而言，债券久期的减少速度慢于期限的减少速度。这样，随着时间的流逝，资产负债久期就会按不同的速度减小，债券组合就不再具有免疫能力。这意味着债券组合需要不断地再平衡以维持资产负债久期的匹配，从而保持免疫能力。这种再平衡是通过出售手中所持有的某些债券，将它们替换成另一些债券，这就是积极的债券组合管理中提到的债券互换策略。通过债券互换策略使新的债券组合的久期与剩余的负债现金流的久期一致。

④在计算久期时，前提是假定收益率曲线是水平的，所有支付都是按照同一贴现率计算现值，当利率发生变动时，整个收益率曲线也只能是平行移动。显然，在现实生活中这些假定太严格了，几乎不能实现。

8.4.5 现金流匹配策略

现金流匹配策略，顾名思义即指通过构造债券组合，使债券组合产生的现金流与负债的现金流在时间上和金额上正好相等，便可完全满足未来负债产生的现金流支出需要，即完全规避利率风险。这种策略是消极管理策略中的一种，主要是因为一旦债券资产组合确定后，组合便没有任何再投资现金流，也就没有任何再投资利率风险。更重要的是债券仅在到期时才出售，所以也没有利率风险了。因此，任何变化因素，甚至是收益率曲线较大的变化也不会影响组合结构，仅仅在债券存在违约风险时，才会改变匹配策略所决定的债券组合构成。作为一个专项债券投资组合方法，现金流匹配策略最典型的表现为纯现金流匹配投资组合。投资组合的目标是建立一个组合，确保在每次按规定支付债务前，该组合能够产生足够的现金流满足支付需求。

同时，现金流匹配法也可以被看作一种多期间免疫策略，还可以叫作投资组合贡献策略，该方法可以简单描述为：选择与最后到期的负债具有相同期限的债券。债券本金加上最后一笔息票支付金额等于该债券的最后一笔负债现金流的金额。然后，将负债现金流中其余各期的偿还额减去债券的息票利息支付额，再选择一只与倒数第二笔负债现金流具有相同期限的新债券。不断重复这一现金流匹配过程，直到所有的负债现金流均与投资组合中债券支付现金流相匹配。在使用现金流匹配策略的时候需要考虑到构建成本，因而可以运用数学规划技术构建每笔成本最低的现金流并使其与由可接受债券组成的投资组合相匹配。

【本章小结】

本章介绍了固定收益证券投资组合的基本策略，即积极的组合管理策略、消极的组合管理策略和负债管理策略。

1. 固定收益证券投资组合策略大体上可以分为积极策略、消极策略和负债管理策略。而负债管理策略则需要考虑投资者自身的资产负债情况，是一种介于积极策略和消极策略之间的一种策略。对市场有效性的判断是选择积极策略或消极策略的一个前提，而对投资者自身负债情况的判断则是负债管理策略的前提。

2. 消极的债券组合管理策略是依赖市场变化保持平均收益的一种投资方法。在债券投资组合管理过程中，通常使用的消极管理策略有两种，一种是买入并持有策略，另一种是指数化策略。买入并持有策略是消极型组合投资的一种比较简单的方法，是投资者根据投资目标构造一个投资组合，并持有至债券到期的一种方法。

3. 积极的债券管理者认为债券市场并非那么有效，并认为能够通过把握机会来战胜市场，并获得超过市场平均收益率的超额回报。积极的债券组合管理策略主要包括：①利率预期策略。②收益率曲线策略。③债券互换策略。④收益率差分析。

4. 资产负债管理是银行、保险公司、养老金等金融机构的核心业务。金融机构的负债管理至少要满足两方面的要求：一是金融机构未来偿还债务时产生的现金流支出需要；二是规避利率风险的需要。针对以上两种需求，免疫策略和现金流匹配应运而生，并且是应用范围较广的两种负债管理策略，可以满足金融机构以上两方面的要求。

【关键词】

市场有效性理论(Efficient Markets Hypothesis Theory)

久期(Duration)

跟踪误差(Tracking Error)

收益率曲线(Yield Curve Strategy)

凸性(Convexity)

免疫策略(Immunization Strategy)

安全缓冲利差(Safty Cushion)

【练习题】

1. 一个债券投资组合的管理人管理着500万的资金，期限为2年，投资人要求2年的总回报率至少达到10%，即要求两年后资金的终值至少达到550万。如果市场上现在有一种2年期的零息债券，到期收益率为10%。试问管理人应购买多少这种零息债券才能满足投资人的要求。

2. 某保险公司向客户出售了面值10 000元的担保投资合约(Guaranteed Investment Contract，GIC)，期限为5年，保证的收益率为7.0%。如果保险公司将每份GIC所收入的10 000元投资于息票利率为7.0%、按面值出售的债券，为了实现到期免疫，应当如何选择债券的期限？(假设市场利率在5年中保持7.0%不变)

【思考题】

1. 消极管理策略和积极管理策略的主要区别是什么?

2. 有效市场理论包括哪些内容?

3. 为什么债券指数化策略会产生跟踪误差?

4. 负债管理策略是积极管理策略还是消极管理策略? 这种策略适合什么样的投资者采用?

5. 免疫策略的局限性有哪些?

【本章参考文献】

1. [美]弗兰克·J. 法博兹. 债券市场分析和策略[M]. 李伟平, 译. 北京: 北京大学出版社, 2007.

2. 林清泉. 固定收益证券[M]. 武汉: 武汉大学出版社, 2005.

扫码听课

第 9 章
内嵌期权债券的价值分析

【学习目标】

- 掌握可赎回债券的定价方法。
- 了解可转换债券的特性如何影响其定价。

【引导案例】

第 5 章介绍了一般债券的定价，即未内嵌期权债券的定价，本章将介绍内嵌期权债券的基本特征和分析思路，重点介绍可赎回债券和可转换债券的定价方法。举个例子，某投资者购买了一种息票率为 5%，面值为 100 元，期限为 5 年的债券，2 年后，发行人要求以某一个价格，比如 110 元来赎回此债券，或者将债券换为该公司的股票，那么此种债券就不是一般的债券，而是内嵌期权的债券。

内嵌期权债券是指债券的发行人或持有人拥有改变债券现金流量的期权，而现金流量的确定是为债券定价的关键所在。对内嵌期权的债券定价比无期权债券定价更为复杂，这主要是由于内嵌期权债券未来的现金流不能完全确定，即内嵌期权的现金流与未来某些或有事件有关。内嵌期权可以从三个方面来影响未来现金流，即大小、方向和时间，三者缺一不可。例如，我们接下来要讨论的可赎回债券，其赎回价格和债券市场价格的不一致，就会影响债券现金流的大小；赎回期和债券到期日的不同，就会影响现金流支付的时间。

在为内嵌期权债券定价时，一般会用到利率模型（以概率对利率可能随时间而变化的情况加以分析和说明的模型，即通过假定短期利率和利率波动性之间的关系，如假定利率和利率的波动值符合正态分布，从而构造出某一时间后利率的变化情况）、单因素模型（仅对短期和长期利率进行预测的模型）、双因素模型（同时对短期和长期利率进行预测的模型），以及三因素模型或多因素模型。

在为未内嵌期权的债券定价时，基本的思路是把将来的现金流按即期利率折现为现值，现值的总和就是债券的价值。内嵌期权债券价值的计算思路也是一样的，只是要对现金流作出调整，所使用的利率可能不是即期利率，而是通过利率模型调整后的利率树中的利率，但是都是在套利价格为零的假设下来为内嵌期权定价的。

本章将重点介绍可赎回债券和可转换债券的定价，以此来加深对内嵌期权债券定价的了解。通过本章的学习，可以对内嵌期权债券有更深入的了解。

9.1 可赎回债券的定价

定义 9.1 可赎回债券，是指这样一类债券：它的发行人有权在特定的时间按照某个价格强制从债券持有人手中将其赎回。

可赎回债券内含可赎回期权，即赋予发行人在到期日之前根据一组预先设定的赎回价格来赎回债券的权利，这种情况一般出现在利率下降、债券价格上升的时候。由此可知，发行人持有的赎回权是一个在标的价格上升的时候购买标的资产的权利，所以它是一个看涨期权。在发行人持有赎回权的情况下，会限制投资者因为债券价格上涨而获得的利润。这种可赎回期权对债券持有人将产生两方面的不利影响。

一方面，可赎回债券的持有人面临再投资风险，因为在债券的市场收益率低于债券的息票利率时，发行人才会提前赎回债券，以便日后以更低的成本来发行新的债券。例如，如果可赎回公司债券的息票利率是10%，当前的市场利率是6%，那么，债券发行人就会发现提前赎回息票利率为10%的债券，并重新发行息票利率为6%的债券是有利可图的。从投资者的角度来说，投资收益必须按较低的利率进行再投资。

另一方面，在利率下降的环境中，可赎回债券的价格的上升潜力会受到限制，因为当市场利率下降时，市场会越来越强烈地预期到债券会按赎回价格被提前赎回，因此可赎回债券会面临价格压制。

那么，在存在这两方面不利影响的背景下，为什么投资者还是愿意购买可赎回债券，这必然是因为在价格方面有一定的补偿或者投资者将以获得潜在的高收益的形式来获得更多的补偿。

9.1.1 可赎回债券价值分析

传统方法对可赎回债券进行定价，使用赎回收益率作为债券潜在收益率衡量指标存在一定的局限性，因为赎回收益率定价中假定所有的现金流量都可以按照计算出的收益率，即赎回收益率进行再投资，这点假设是不切合实际的。

下面我们来讨论可赎回债券的价格和收益率之间的关系。

未附期权债券的价格—收益率曲线表现为凸状，而可赎回债券的价格—收益率曲线形状不规则（如图9-1所示），可赎回债券的价格—收益率曲线形状不规则的原因是：当可比债券当前的市场收益率高于可赎回债券的息票利率时，债券发行人是不可能赎回债券的。例如，如果债券的息票利率是10%，可比债券当前的市场收益率是18%，那么，如果债券发行人此时选择赎回债券，那么发行人再次发行债券，将支付18%的息票利率，远高于之前支付的10%的息票利率，因此债券发行人不会选择此时赎回债券。这对于债券发行人来说由于被赎回的可能性很小，所以当市场收益率高于y^*时，可赎回债券的价格—收益率曲线将和不可赎回债券相同，但是，即使息票利率略低于市场利率，投资者也不会对可赎回债券支付与不可赎回债券相同的价格，因为只要市场收益率继续降低，债券发行人将更可能赎回债券。

同时，随着市场收益率的降低，发行人从赎回债券中获益的可能性将会上升。而投资者认为债券发行人将在哪一个确切的收益率水平开始赎回债券，这个确切的点，我们是不知道的，但是一定存在着那么一个收益率水平。例如，假设某只可赎回债券条款中约定债券可以按105美元的价格被赎回，并且根据市场收益率求出的可比的不可赎回债券的价格为110美元，那么，理性的投资者将不会为这种可赎回债券支付110美元，因为如果投资者支付110美元且债券被发行人赎回，那么，投资者以110美元购买的债券只能获得105美元的赎回价格。

在图9-1中，收益率低于y^*的区域存在价格压制，在收益率低于y^*的区域内，如果收益率大幅波动，债券价格上升的幅度将小于收益率下降的幅度，这种现象被称为负凸性。

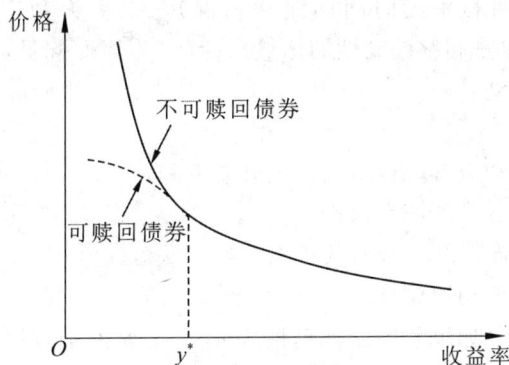

图9-1　不可赎回债券和可赎回债券的价格—收益率曲线

在了解了可赎回债券价格和收益率的关系后，我们将进一步分析内嵌期权债券的价值构成。在定义中提到，可赎回债券是债券持有人向债券发行人出售了一项期权的债券，该期权允许债券发行人在债券的首个可赎回日与到期日之间的期限内回购债券合约规定的现金流量。下面举例来说明可赎回债券价格的构成。

假设有两种债券：①息票利率为8%，6年后可以按110美元的价格赎回的20年期可赎回债券。②息票利率为10%，可以按面值立即赎回的10年期可赎回债券，对于第一种债券而言，债券持有人出售给发行人一项可赎回期权，该期权赋予发行人在6年后以110美元的价格从债券持有人那里赎回14年的现金流量的权利。对于第二种债券，债券持有人出售给发行人一项可赎回期权，该期权赋予债券发行人以面值立即赎回合约规定的10年期现金流量。从这两种可赎回债券的分析中，可以看出，可赎回债券的持有人进行了两笔独立的交易：①他以某个价格从债券发行人那里购买了不可赎回债券。②他又向债券发行人出售了一项可赎回期权，并获得了相应的期权价格。因此，如果从价格的角度来看，可赎回债券的价格构成如下：

可赎回债券的价格＝不可赎回债券的价格－可赎回期权的价格

之所以要将可赎回期权的价格从不可赎回债券的价格中剔除，是因为当债券持有人出售可赎回期权时，他获得了可赎回期权的价格，在任何给定的收益率水平下，不可赎回债券与可赎回债券的价格差就是内嵌可赎回期权的价格。

9.1.2 可赎回债券的定价思路

要对可赎回债券进行定价，关键是要考虑在利率波动时，内嵌期权的价值如何变化，这也是可赎回债券与不可赎回债券定价的区别所在。在这里，我们只介绍内嵌期权只能被执行一次的情况，为了考虑利率波动对内嵌期权价值的影响，我们引入利率树(Interest-Rate Tree)(利率树是以某种利率模型和利率波动假设为基础，以图形的形式描述某个期间的远期利率随时间的变化情况)，也称为利率树状图(Interest-Rate Lattice)，利率的标准差是利率波动性的衡量指标。(为简便起见，我们只考虑两期的利率树，即利率二叉树模型)

模型假定：

①下一期的利率波动只有两种情况：上升或下降。

②各期利率上升或下降的概率保持不变。

③各期利率随机分布，且符合对数正态分布。

④各期利率的利率波动性保持不变。

根据以上4个假定，如果利率的波动性为σ，$r_{1,H}$为1年后较高的1年期远期利率，$r_{1,L}$为1年后较低的1年期远期利率，则：$r_{1,H}=r_{1,L}\times e^{2\sigma}$。(e为自然对数)

第2年，1年期远期利率可能出现以下3种情况。

$r_{2,HH}$＝在第1年取较高的远期利率且第2年取较高的远期利率的假设条件下，第2年的1年期远期利率；

$r_{2,LL}$＝在第1年取较低的远期利率且第2年取较低的远期利率的假设条件下，第2年的1年期远期利率；

$r_{2,HL}$＝在第1年取较高的远期利率且第2年取较低的远期利率，或在第1年取较低的远期利率且第2年取较高的远期利率的假设条件下，第2年的1年期远期利率。

$$r_{2,\mathrm{HH}} = r_{2,\mathrm{LL}} \times \mathrm{e}^{4\sigma}$$

$$r_{2,\mathrm{HL}} = r_{2,\mathrm{LL}} \times \mathrm{e}^{2\sigma}$$

可以用图 9-2 表示上述的二叉树模型。

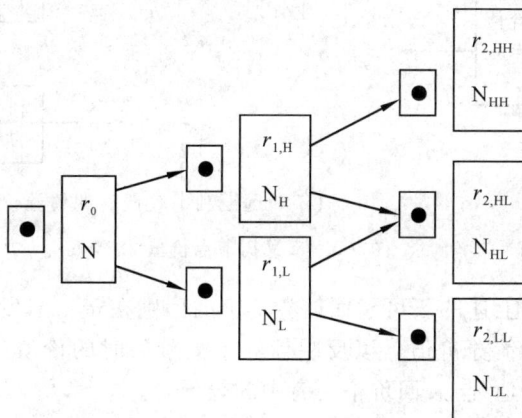

图 9-2　二叉树模型

在确定了利率树中的 1 年期远期利率后，我们接下来求出在每个二叉树的节点上债券的价值，首先我们讨论无内嵌期权债券的情况。

债券在各节点处的价值取决于未来的现金流，而未来的现金流又取决于 1 年后的债券价值以及 1 年后的利息支付。而债券的息票利率是确定的，所以我们只需要考虑 1 年后的债券价值，这取决于我们所选取的是较高的 1 年期利率还是较低的 1 年期利率。债券的价值取决于我们所关注的节点右边两个节点采用的是较高的还是较低的利率。因此，某个节点处的现金流量将是短期利率为较高利率时的债券价值加上利息支付或者是短期利率为较低利率时的债券价值加上利息支付。例如，对于节点 N_H，现金流要么是债券在节点 N_{HH} 处的价值加上利息支付，要么是债券在节点 N_{HL} 处的价值加上利息支付。同时我们要遵循基本的定价原则：债券价值等于预期现金流的现值，适用的贴现率应该是每个节点处的 1 年期远期利率。我们假定用较高利率或较低利率进行贴现的概率相等，然后以两个贴现值的平均值作为节点处债券的价值。并用以下符号来表示：

V_H——1 年期远期利率为较高利率时的债券价值；

V_L——1 年期远期利率为较低利率时的债券价值；

C——利息支付。

那么节点处的现金流要么是 $V_H + C$，要么是 $V_L + C$，将两者贴现后求平均值，求得节点处的债券价值为：

$1/2 \times \left(\dfrac{V_H + C}{1 + r^*} + \dfrac{V_L + C}{1 + r^*} \right)$，可以用图 9-3 来表示。

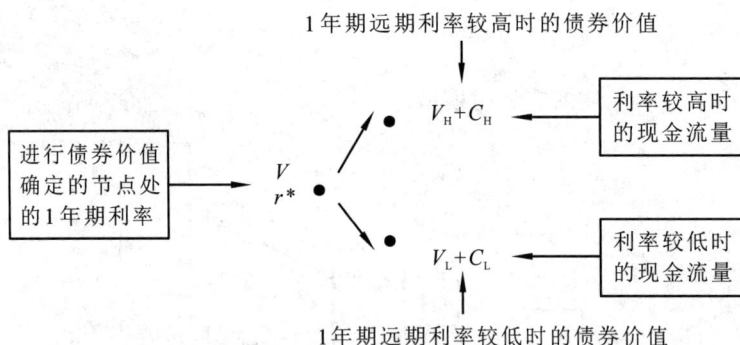

图 9-3　二叉树节点价值

可赎回债券定价与上述的不可赎回债券定价的区别在于：当发行人行使可赎回期权时，必须改变节点处的债券价值，以反映债券未被赎回时的价值（即运用上述不可赎回债券定价得到的债券价值）与赎回价格两者中的较低者。

下面将用一个例子来详细说明如何确定可赎回债券定价中节点处的债券价值。

例如：考虑某息票利率为 6.50%，还有 3 年到期，并且 1 年后可以按 100 美元赎回的公司债券。图 9-4 中给出了利用不可赎回债券定法方法计算出的每个节点处的债券价值，得到 N_L 处的价值为 101.17 美元，N_{LL} 处为 100.03 美元，均高于 100 美元，在这种情况下，债券发行人就会行使可赎回期权，因此，这两个节点处的价值将被换为 103.34 美元。

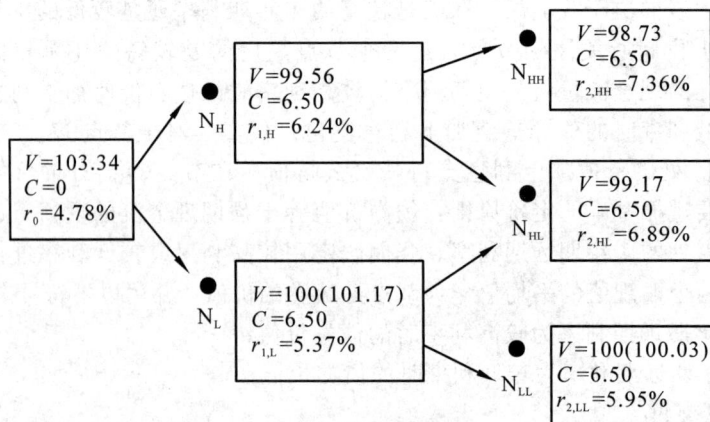

图 9-4　二叉树节点价值

在计算出了可赎回债券的价值后，可以求出可赎回期权的价值：

可赎回期权的价值＝不可赎回债券的价值－可赎回债券的价值

9.1.3 期权调整价差

虽然在前面已经为可赎回期权进行了定价，但是计算出的是理论价格，而理论价格与债券的市场价格之间并不总是相等的，两者之间的价差，既可以通过价格差额的绝对数额表示，也可以表示为利率差。期权调整价差（Option-Adjusted Spread，OAS）就是表示债券的理论收益与市场收益率之间差异的方式之一。期权调整价差是一个衡量收益率价差（用基点表示）的指标，它可以将债券价值与市场价格之间的差额转换为收益率价差。因此，OAS 基本上是用来调节债券价值与市场价格的。但是 OAS 的绝对值大小并不能确定债券到底是贵还是便宜，而需要将债券相互比较来确定。

OAS 是指定价过程中运用的即期利率曲线或基准的价差。

如果从数学的角度来阐述，OAS 的定义就是说将零息债券收益率曲线向上平行移动一个 OAS 距离，就得到了其市场价格。从这个角度看，OAS 可以看作这条曲线的价差。如果从更直观的角度来理解 OAS，OAS 作为收益率曲线的价差，即从赎回和回售条款角度考虑内嵌期权的二元性。例如，可赎回债券一般是在到期收益率或者赎回收益率的基础上来报价的，这取决于利率水平以及它的走势。如果利率水平较高或正在上升，那么债券发行者此时不太可能赎回债券。选择不赎回债券，就意味着发行人更愿意将债券回售给投资者。因此，即使债券是在到期收益率的基础上进行报价的，一个相应的赎回收益率价差也存在。因为 OAS 是对名义收益率的调整，所以 OAS 可以同时看作到期收益率和赎回收益率价差的调整。从这个角度来说，OAS 是针对到期日和赎回日的调整价差。以下的关系式阐述了上述关系：

OAS＝赎回收益率价差－基点的回售价值

另外，如果是美式期权（即期权可以在一段特定时间内的任何时间执行），OAS 可以看作这个赎回阶段的调整价差。

一般认为拥有可比久期的可比债券也拥有可比的 OAS，OAS 越大的债券，价值越大。

另外，在上面用到的二叉树分析法中，OAS 是相对于利率二叉树的价差。此时，OAS 反映的是证券的昂贵或便宜程度以及信用程度的大小。对于特定的 OAS，定价模型也可以用于确定与 OAS 相对应的证券理论价值。预期的利率波动性越高（低），OAS 就越小（大）。在二叉树模型利率树每一个节点加上某个恒定的差值，使新计算的债券价格与该债券的市场价格相等时，这个差值就是期权调整利差。例如，如果计算出的某个节点处的期权调整价差是 50 个基点，那么在上述的例子中，每个节点处债券价值加上 50 个基点，就可以使得债券理论价值与市场价格相等。

产生 OAS 期权调整价差的主要原因是债券的信用风险、流动性风险和期权风险等。要考察究竟属于这三大原因中的哪些原因，则必须首先弄清计算期权调整价差的基准利率是什么。最常用的基准利率是新发国债的收益率或拍卖利率、LIBOR 等。如果基准利率是新发国债，且要分析的也是国债，二者在信用风险上没有差异，则 OAS 主要是因为流动性的差异和期权风险的影响。如果基准利率是新发国债利率，而所讨论的债券是企业债券，则信用风险必然是产生 OAS 的重要原因。所以，在讨论 OAS 的时候，必须首先明确计算 OAS 的基准利率。

9.1.4 实际久期和实际凸度

在前面的章节中，提到了久期和修正久期的概念。久期是债券价格对利率变化的敏感程度。修正久期是假定预期现金流不随利率变化而改变的前提下，衡量债券价格对利率变化的敏感性的指标。而对于预期现金流随着利率变动而改变的内嵌期权债券而言，修正久期就不再是一个合适的度量债券价格对利率敏感程度的一个指标。例如，在利率下降时，可赎回债券的现金流量有可能发生变化，即债券发行人有可能赎回债券，那么此时就不能再用修正久期来衡量了。

当我们将久期应用于内嵌期权的债券时，与较高或较低收益率水平对应的新价格应该能够反应根据定价模型求出的债券价值。用这种方法计算出的久期称为实际久期或期权调整久期。实际久期的计算步骤如下：

①根据债券的市场价格和定价求出的理论价格，计算出债券的期权调整价差。

②将债券的收益率曲线向上或向下各进行微小的移动。

③以移动后的收益率曲线为基础重新计算利率树。

④将 OAS 加到新计算的利率树中，对利率树进行调整。

⑤以调整后的利率树为基础，计算债券的价值。

⑥在分别计算出当收益率曲线向上或向下相同的微小平移后债券新价格的基础上，计算实际久期。

如果对久期、修正久期和实际久期这三种久期进行比较的话，可以看出，久期是用来衡量债券对利率变化反应程度的常用指标；修正久期假定现金流量不随利率的变动而变动；相反，实际久期衡量的正是在内嵌期权导致预期现金流随着利率变动而变化的情况下，债券价格对利率变化的反应程度。对于内嵌期权债券而言，实际久期和修正久期之间的差别可能非常显著。例如，可赎回债券的修正久期可能取值为 4，而实际久期可能取值为 2。对于某些具有高杠杆率的抵押贷款支持证券而言，其修正久期可能取值为 7，而实际久期可能取值为 60。

在讲述了实际久期的概念后，我们引入另外一个指标——实际凸度。标准的凸度指标也不适合于内嵌期权债券，原因也是由于没有考虑利率变动对债券现金流量产生的影响。

在标准凸度的计算公式中，如果价格是在现金流量随着收益率变化而变化的条件下推导出来的，那么我们所得到的就是实际凸度。计算实际凸度的步骤和上述计算实际久期的步骤相似，只是在第六步当中，将计算出的新价格代入标准凸度的公式中，就得到了实际凸度。

9.2 可转换债券的定价

定义 9.2 可转换债券，是指这样一类债券：投资者可以按约定的条件将债券转换为发行人或第三方公司的股票。

可转换债券是约定可按一定条件转换为发行人或第三方公司股票的一种债券，在内嵌转换选择权的同时，这种将债券转换为一定数量股票的权利也可以理解为按一定价格购买公司股票，并同时将债券回售给公司的权利。这种按一定价格或比例将公司发行的债券转换为股票的权利，称为转股权。

由于可转换债券在条件适当的时候，随时都可能被转换成股票，所以存在可转换债券究竟是债券还是股票的问题。可转换债券究竟是债券还是股票，这更多地取决于其转换条件和股票的市场价格。在没有非价格因素限定的条件下，如果目标股票的市场价格较高，可被视为股票相当证券；相反，如果股票价格较低，转换选择权没有实际价值时，可转换债券也就是与普通债券没有差异，可被视为债券相当证券。当股票价格处于以上两种情况之间，即转换选择权既可能被执行也可能不被执行时，可转换债券可被理解为一种混合型债券。

除了转股权外，可转换债券还常常嵌有赎回权、回售权、转股价特别修正权等期权权利。这些期权权利的选择权和转股价特别修正权有些归于债券的发行人，如赎回权；有些归于债券持有人，如回售权和转股权。

我们在这里仅介绍最简单的转股权的问题。

9.2.1 转换比例或转换比率

定义 9.3 转换比率，是指在执行可转换债券或者可交换债券的买入期权时，债券持有人所获得的普通股数。

可转换权利可能在债券存续期的整个期间内或部分期间内存在，并且规定的可转换比率可能随时间的推移而下降。可转换比率总是根据股票分拆和股票派息情况按比例调整。一般来说，可转换债券的转换比率的确定分为以下两种情况：

①在债券发行之初就确定的，比如1：12或其他，其后只因为股票拆股、配股或发行新股等加以调整，而股票的实际购买价格可以由债券转换成股票时的价格除以实际的转股比例得到。

②确定转股价格，比如可以按公布募集说明书之日前30个交易日公司股票的平均收盘价格为基础，在上浮一定百分比的区间内确定初始转股价格，再根据公司配股、发

新股或拆股等情况而调整转股价格。当然，根据债券的价格和转股价，也可以计算出实际的转股比例。

在债券转换为普通股时，债券持有人通常会从发行人手中得到标的股票，这称为实物结算(Physical Settlement)。发行人也可以选择向债券持有人支付与股票价值相当的现金，这被称为现金结算(Cash Settlement)。

$$转股价格 = \frac{可转换债券的票面价值}{转换比率} \tag{9-1}$$

9.2.2　可转换债券价值分析

可转换债券的价值是指债券被转换时即时的价值，即：

$$转换价值 = 普通股的市场价格 \times 转换比率$$

传统上对可转换债券价值的分析是根据无套利定价原理，通过比较债券的转换价值(Conversion Value)和无转换权同等的直接债券价值(Straight Value)（在给定的必要收益率后，直接债券价值就等于运用该收益率对债券现金流进行贴现所得到的现值），取二者中较大的一个作为可转换债券的价值。这一思路背后的假设是：如果债券不是按二者中较大的价值定价，就可能出现购买股票或购买债券并将其转化为另一种形式的套利。

为什么可转换债券的价值是两者中较大的那个？我们可以从反面来解释。

例如，假设可转换债券的转换价值高于直接价值，并且债券以直接价值交易，投资者可以按照直接价值购买可转换债券，然后将其转换为普通股，通过上述交易，投资者可以从中获益，获益金额等于转换价值与直接价值之间的差额。反之，假设直接价值高于转换价值，且债券以转换价值交易，通过以转换价值购买可转换债券，投资者实现的收益率将高于可比直接债券的收益率。下面将用一个例子来说明。

假设 ABC 公司的可转换债券面值为 100 美元，公司股票目前价格为 20 美元/股，转换比例是 1∶4，同时假定公司无转换权同等债券的价格为 97.80 美元，由于股票的转换价为 20×4＝80 美元＜97.80 美元，所以，目前公司可转换债券的价值应为 97.80 美元。

9.2.3　市场转换价格

如果投资者购买可转换债券并将其转换为普通股，那么投资者为获得普通股而实际支付的价格被称为市场转换价格(Market Conversion Price)，计算公式如下：

$$市场转换价格 = 可转换债券的市场价格 \times 转化比率 \tag{9-2}$$

市场转换价格是一个很有价值的指标，因为当股票的实际市场价格上升并高于市场转换价格时，股票价格的进一步上涨至少会引起可转换债券价值的同比上升。因此，市场转换价格可以看作一个盈亏平衡点。如果投资者购买了可转换债券而非股票，那么，投资者通常要支付高于当前股票市场价格的一个溢价，每股溢价等于市场转换价格与当前的普通股市场价格之间的差额，即：

$$每股市场转换溢价 = 市场转换价格 - 当前股票市场价格 \tag{9-3}$$

同时也可以用当前市场价格的百分比来表示每股市场转换溢价率：

$$市场转换溢价率 = 每股市场转换溢价 / 普通股的市场价格 \tag{9-4}$$

可转换债券的最低价格是转换价值和直接价值中的较高者，当股票价格下降时，可转换债券的价格不会降到直接价值之下，从而，直接价值可以看作可转换债券价格的底线。那么，可转换债券的价值最低为未附有转股权的债券价值，因此存在溢价。

同时，每股市场转换溢价可以视为买入期权的价格，买入期权限制了期权价格的下跌风险，在可转换债券的情况下，债券持有人通过溢价限制了直接价值的损失风险。买入期权的购买者与可转换债券的购买者之间的区别就在于：买入期权的购买者把握了损失风险的货币金额；而可转换债券的购买者只知道损失最高不超过可转换债券与直接价值之间的差额，但是，直接价值是有可能变化的，比如会随着利率的上升而降低。

例如：ABC 公司可转换债券目前的市场价格是 104.5 美元，可按 1∶5 的比例转换为公司股票，且股票的当前市场价格为 20 美元，则：

$$市场转换价 = 104.5 \div 5 = 20.9(美元)$$
$$每股市场转换溢价 = 20.9 - 20 = 0.9(美元)$$
$$市场转换溢价率 = 0.9 / 20 \times 100\% = 4.5\%$$

即如果投资者现在就用债券转化为股票，将付出比直接从市场购买股票高出 4.5% 的成本。即投资者认为目前债券的价值比股票高 4.5%，当前不宜执行其转换权。

9.2.4 可转换债券与股票之间的收益差额

投资者在选择投资于债券或将债券转化为股票的另外一个重要的因素是二者之间的收益差额。如果投资者选择投资可转换债券而不是直接购买股票，那么意味着从实现的当期收益的角度看，投资者从可转换债券中获得的息票利息高于从与转换比率相对应的股票中获得的股利，两者之间的差额是对每股市场转换溢价的抵消。下面用每股收益差来表示从债券获得的息票收入与从股票获得的股息收入两者之间的差异：

$$每股收益差 = \frac{息票收入 - 转换比例 \times 每股股息收入}{转换比例} \tag{9-5}$$

根据上面的每股转换溢价和上面的每股收益差，可以计算出需要多少时间才能收回转换溢价：

$$转换溢价实现时间 = \frac{市场转换溢价}{每股收益差} \tag{9-6}$$

例如：ABC 公司股票的息票收入为每年每股 0.3 美元，而息票利率为 3.0%，即每年 3.0 美元，转换比例为 1∶5，则：

$$每股收益差 = (3 - 0.3 \times 5)/5 = 0.3(美元)$$

$$转换溢价实现时间 = 0.9/0.3 = 3(年)$$

上述结果的含义是：如果市场股利保持不变，投资者如果将债券转换成股票，则需要 3 年才能收回转换所导致的收益差额。

另外，还可以运用相对于同等直接债券的溢价比来衡量可转换债券的期权溢价：

$$相对于同等直接债券的溢价比 = \frac{可转换债券的市场价格}{同等直接债券的价值} - 1 \tag{9-7}$$

还可以用初始溢价或折价来反映可转换债券的价值：

$$初始折价 = 初始转股价 \times 转股比例 - 债券市值 \tag{9-8}$$

$$初始溢价 = 债券市值 - 初始转股价 \times 转股比例 \tag{9-9}$$

当转股价值大于债券市值时，即债券的发行价格低于债券按发行时的转股比例和当时的股票价格所获得的价值，则债券属于折价发行的；反之，则属于溢价发行的。对于折价发行的债券，只要将购得的可转换债券换成股票并出售，就可以获得折扣的价值。即折价发行可以促使投资者尽早转股，特别是当存在向上修正转股价的条款时，这种可能性就越大。反之，如果是溢价发行，则会限制投资者尽早转股。

9.2.5 可转换债券的特点

可转换债券的投资特征取决于股票价格。如果股票价格过低，从而直接价值高于转换价值，那么，债券将像直接债券一样交易。在这种情况下，可转换债券被称为债券等价类可转换债券或不良可转换债券。当股票价格导致转换价值高于直接价值时，可转换债券将如同股权工具来进行交易，此时可转换债券被称为股票等价类可转换债券。介于债券等价类可转换债券与股票等价类可转换债券这两种情况之间的，可转换债券作为一种混合债券来交易，此类债券具有债券和股票工具的双重特征。

从以上可转换债券投资的特点来看，投资可转换债券有利也有弊，不利之处是必须支付每股溢价而牺牲了价格上升潜力；有利之处是减少了损失风险，并有机会通过持有可转换债券获取更高的当前收入来弥补每股溢价。同时投资可转换债券还会涉及赎回风险和兼并风险等。赎回风险是相对于投资者来说的，而对于债券发行人来说，这是一个有价值的债券特征。如果发行人认为当前的股票市场价格被严重低估，那么直接卖出股票就可以稀释现有股东的股权。公司更愿意以股权而不是债权融资，所以公司发行可转换债券，并根据可接受的股票价格来设定转换比率。当市场价格达到转换的临界点时，公司希望进行转换以避免未来价格下跌的风险。这促使公司对强制性转换非常感兴趣，但是这对投资者很不利，因为赎回行为可能对债券价格产生不利影响。另外，兼并也是投资可转换债券的另一种风险,如果债券发行人被另一家公司或本公司内部收购,那么,股票价格上升可能不足以使可转换债券的持有人从债券的可转换特征中获益。被收购公司的股票在兼并活动完成后可能不再进行交易,这时留给投资者的只是息票利率比具有同样风险的公司债券低很多的债券。

可转换债券可以用将其拆分成同等直接债券、赎回期权、回售期权和以股票为标的看涨期权来估计其价值。可转换债券的投资者有权按约定的价格购买股票,而直接购买股票的投资者没有这一权利。可转换债券的价值可用下式表示:

$$可转换债券的价值=同等直接债券的价值+股票看涨期权价值+$$
$$回售期权的价值-赎回期权的价值 \tag{9-10}$$

下面对于可转换债券所包含的期权性质逐一进行分析。

1. 转股权

可转换债券的持有人有权在规定的日期内,将持有的债券转换为公司股票。这是可转换债券的基本期权特性。

2. 回售权

通常发行人承诺在正股股价持续若干天低于转股价格或非上市公司股票未能在规定期限内发行上市,发行人以一定的溢价(高于面值)收回持有人持有的可转换债券。回售条款是为投资者提供的一项安全性保障,当可转换公司债券的转换价值远低于债券面值时,持有人必定不会执行转换权利,此时投资人依据一定的条件可以要求发行公司以面额加计利息补偿金的价格收回可转换公司债券。回售条款设置是为了保护投资者的利益,是投资者的权利。有些回售条款中规定在公司股票价格在未来某个时间低于某一程度时,则可履行回售条款。有的则承诺某个条件,比如公司股票在未来某个时间要达到上市目标,一旦达不到,则可履行回售条款。通过回售条款的设计,投资者可以在因股票价格下跌而转股受阻并且在股价跌到回售条款规定价格以内时,通过回售可转换债券来获得较好的利益回报。对于发行公司而言,其并不会经常使用回售条款。如果发行公司承诺回售,那么公司财务上需要支付较大的资金成本。因此,发行公司更倾向于使用对未来判断准确、融资成本确定、不需要回售条款的发行方案。

3. 转股价格修正权

转股价格向下修正条款是指在股价下跌一定幅度后或者在未来某一时点股票价格满足发行时设定的相应条件时,转股价格可以随之向下修正,以此来增加可转换债券的吸引力。向下修正条款实质是保护发行人和投资人的双向条款。一方面,对于发行公司而言,减少了回售风险。向下修正条款可以使发行公司在市场不利于转股的条件下,避免其面临较大回售压力而带来财务压力。与回售成本比起来因发行公司向下修正转股价格而出让更多股票的成本要相对小得多。另一方面,向下修正条款调整了转股价格,使得转股可能性提高。投资者可以获得股权投资收益,在市场低迷条件下,投资者获得了公司出让的收益。

4. 赎回权

可转换债券的赎回权指的是公司发行人可以在可转债期满，以可转债票面的一定溢价比赎回全部未转股的可转债，或者有条件赎回。可赎回条款是指在一定条件下公司按事先约定的价格在可转换债券到期前买回未转股的可转换公司债券。可转换债券一般分为到期偿还或者到期前偿还两类。然而到期前偿还又按其条件分为一般到期偿还、投资者回售条件下偿还、赎回条件下偿还三种方法。因此赎回和回售是两种具有强制性的到期前偿还方式。发行公司设立赎回条款的主要目的是降低发行公司的发行成本，减少因市场利率下降而给公司造成的利率损失，同时可以加速转股过程、减轻公司财务压力。通常该条款可以起到保护发行公司和原有股东的权益的作用。赎回条款在一定程度上限制了投资者可能取得的收益。例如在市场利率下降、牛市过程中等情况下，发行者行使赎回权削减了投资者的潜在收益。赎回条款具有加速投资者的转换过程、避免转换受阻的风险的作用。赎回条款的制定通常是不利于投资者的，当赎回条件出现时，发行人按照事先约定发布公告，迫使投资者在赎回前的转换期内转换。

【专栏 9-1】

"雨虹转债"的主要条款

"雨虹转债"是深交所上市公司北京东方雨虹防水技术股份有限公司于 2017 年 9 月发行的可转换债券，其条款设置在 A 股上市公司发行的可转换债券中具有代表性。

1. 转股条款

(1)初始转股价格：38.48 元/股(不低于募集说明书公告日前 20 个交易日公司股票交易均价和前一个交易日公司股票交易均价)。

(2)转股起止日期：本次发行的可转债转股期自可转债发行结束之日起满 6 个月后的第一个交易日起至可转债到期日止，即 2018 年 3 月 29 日至 2023 年 9 月 25 日。

2. 转股价格向下修正条款

在本次发行的可转换公司债券存续期间，当公司股票在任意连续 30 个交易日中至少有 15 个交易日的收盘价低于当期转股价格的 80% 时，公司董事会有权提出转股价格向下修正方案并提交公司股东大会表决。

上述方案须经出席会议的股东所持表决权的三分之二以上通过方可实施。股东大会进行表决时，持有本次发行的可转换公司债券的股东应当回避。修正后的转股价格应不低于本次股东大会召开日前 20 个交易日公司股票交易均价和前一交易日均价之间的较高者。

3. 持有人回售条款

(1)有条件回售条款

在本次发行的可转换公司债券最后两个计息年度，如果公司股票在任何连续 30 个交易日的收盘价格低于当期转股价格的70%时，可转换公司债券持有人有权将其持有的可转换公司债券全部或部分按面值加上当期应计利息的价格回售给公司。若在上述交易日内发生过转股价格因发生送红股、转增股本、增发新股（不包括因本次发行的可转换公司债券转股而增加的股本）、配股以及派发现金股利等情况而调整的情形，则在调整前的交易日按调整前的转股价格和收盘价格计算，在调整后的交易日按调整后的转股价格和收盘价格计算。如果出现转股价格向下修正的情况，则上述"连续30个交易日"须从转股价格调整之后的第一个交易日起重新计算。

最后两个计息年度可转换公司债券持有人在每年回售条件首次满足后可按上述约定条件行使回售权一次，若在首次满足回售条件而可转换公司债券持有人未在公司届时公告的回售申报期内申报并实施回售的，该计息年度不能再行使回售权，可转换公司债券持有人不能多次行使部分回售权。

（2）附加回售条款

若公司本次发行的可转换公司债券募集资金投资项目的实施情况与公司在募集说明书中的承诺情况相比出现重大变化，且该变化被中国证监会认定为改变募集资金用途的，可转换公司债券持有人享有一次回售的权利。可转换公司债券持有人有权将其持有的可转换公司债券全部或部分按债券面值加上当期应计利息价格回售给公司。持有人在附加回售条件满足后，可以在公司公告后的附加回售申报期内进行回售，该次附加回售申报期内不实施回售的，不应再行使附加回售权。

4. 发行人提前赎回条款

转股期内，当下述两种情形的任意一种出现时，公司有权决定按照债券面值加当期应计利息的价格赎回全部或部分未转股的可转换公司债券：

（1）在转股期内，如果公司股票在任何连续30个交易日中至少15个交易日的收盘价格不低于当期转股价格的130%（含130%）；

（2）当本次发行的可转换公司债券未转股余额不足3 000万元时。

（资料来源：《北京东方雨虹防水技术股份有限公司公开发行可转换公司债券募集说明书》，中财网，2020-12-26）

9.2.6 可转换债券的定价思路

1. Black-Scholes 模型

一般来说，对可转换债券的定价模型都是以 Black-Scholes 模型为基础而建立的，不同之处在于模型中随机变量的个数不同。单因素模型假定股票价格是随机的，即股票的现金回报是唯一的潜在随机变量，因此在单因素模型中，除了股票价格以外，影响可转换债券价格的因素就只有描述性统计量和其他变量。而在更复杂的二因素模型或多因素模型中，股票现金回报和市场利率都被假定是随机的。

(1)影响可转换债券价格的描述性统计量和变量

描述性统计量指的是债券的确定性属性，比如到期日、息票率、赎回程序等。变量是可估计的，并且伴随着统计误差。下面将介绍影响可转换债券价格的描述性统计量和变量。

①股票的现价。股票的价格越高，那么转换期权的价值越高。

②股票的红利率。股票的分红率越高，转换期权的价值越低。

③息票利率。投资者从转换中得到的收益越高，转换期权的价值越大。

④到期期限。

⑤债券的流动性和对冲成本。

同时在对可转换债券定价时将一些变量随机化，如股票回报、市场利率、收益率价差等。

(2)模型选择

由于可转换债券的复杂性，在前面提到的以 Black-Scholes 模型为基础，设定边界条件的情况下，计算偏微分方程的封闭解非常困难。有限差分的方法，会设定较多的边界条件，并且需要用数值方法来求解。随机变量越多，方程式越多，求解难度越大。因此，即使是对不存在可转换期权的债券定价，短期利率和长期利率也是两个随机游走变量，所以许多学者都使用短期利率的单因素模型，并且将长期利率与短期利率进行转化。不管引不引入随机变量，由于模型固有的缺陷或计算的不精确，都会存在误差。同时，估计误差会降低引入随机变量所带来的定价的精确度，因此大家约定俗成地认为，改善模型变量以及采用一个简单的模型更有利于对可转换债券的定价。

在单因素模型中，将股票回报作为随机变量引入，是常用的为可转换债券定价的模型。对于二因素模型，将股票回报和市场利率都随机化，比单因素模型更为常用。实际上，出于计算精度的考虑，模型中都不再引入第三个或第四个随机变量。并且，收益率价差和利率是联系在一起的，两者被认为是服从同一个随机过程的。

另外，汇率对于债券价格的影响可以通过产生价格序列来表示。

在不考虑模型的理论缺陷的情况下，利用单因素模型或多因素模型来为可转换债券定价是可行的。

(3)模型分析

在二因素模型中，假定利率在一个很短的时间内，服从随机过程，利率变化可以用下式表示：

$$\Delta r = \alpha(\mu_r - r) + r\sigma_r Z_r, \quad \alpha > 0 \tag{9-11}$$

式中：Z_r——服从标准正态分布；

$\alpha(\mu_r - r)$——利率偏离均值的程度；

α——利率回复均值的速度；

$r\sigma_r Z_r$——利率的随机改变；

$r\sigma_r$——扩散系数。

公司价值的改变 Δv 用下式来衡量：

$$\Delta v = [v\mu_v - Q(v, t)] + v\sigma_v Z_v \tag{9-12}$$

式中：μ_v——公司价值的期望回报；

$Q(v, t)$——关于公司价值和时间的现金分派函数；

$\sigma_v v$——随机部分的标准差；

Z_v——服从标准正态分布。

在 Brennan-Schwartz 的二因素模型中，假定：

$$\mathrm{d}Z_r^2 = \mathrm{d}t, \quad \mathrm{d}Z_v^2 = \mathrm{d}t, \quad \mathrm{d}Z_r \mathrm{d}Z_v = \rho \mathrm{d}t \tag{9-13}$$

式中：ρ——$\mathrm{d}Z_r$ 与 $\mathrm{d}Z_v$ 的相关系数。

运用 Ito 引理和风险中性定价法，可转换债券的定价公式如下：

$$0.5v^2\sigma_v^2 C_{vv} + r\rho\sigma_v\sigma_r C_{vr} + 0.5r^2\sigma_r^2 C_{rr} + C_r[\alpha(\mu_r - r) - \lambda r\sigma_r] + \\ C_v[rv - Q(v, t)] - rC + CF + C_t = 0 \tag{9-14}$$

式中：$C(v, r, t)$——可转换债券的价值；

C——v, r, t 的函数；

F——转换债券的面值；

C——息票率；

λ——利率风险的市场价格。

λ 衡量的是由于利率的变化所带来投资组合增加风险的价格。

单因素模型同样也是建立在公司价值的基础上的。对于一个只有股票和可转换债券的公司来说，并且在不分红的情况下，可转换债券的定价公式简化为：

$$0.5v^2\sigma_v^2 C_{vv} + Cv[rv - Q(v, t)] - rC + CF + C_t = 0 \tag{9-15}$$

在很多可转换债券定价模型中，会用基础股票的价格来代替公司价值，这是因为在股票交易频繁以及数据准确的情况下，股票的价格可以反映公司价值。所以上式变为：

$$0.5S^2\sigma_s^2 C_{ss} + r\rho S\sigma_s\sigma_r C_{sr} + 0.5r^2\sigma_r^2 C_{rr} + C_r[\alpha(\mu_r - r) - \lambda r\sigma_r] + \\ C_s(rS - CF) - rC + CF + C_t = 0 \tag{9-16}$$

那么，在单因素模型中，上式将进一步简化为：

$$0.5S^2\sigma_s^2 C_{ss} + C_s(rS - CF) - rC + CF + C_t = 0 \tag{9-17}$$

因此，通过求解上式可以得出可转换债券的价格。

2. 二叉树期权定价模型

可转换债券的价格可以分离为债券价值加上期权价值，债券价值通过下式来求解：

$$B = \sum_{j=1}^{n} \frac{y_j}{(1+r)^j} + \frac{P}{(1+r)^n} \tag{9-18}$$

式中：B——债券部分价值；

y_j——可转换债券每年获得的利息；

P——可转换债券的本金；

r——贴现率；

n——从现在起至到期日的剩余年限的整数年数。

期权部分的价值，我们通过二叉树方法来解析。

1979年，Cox等人首先提出了二叉树定价模型，从此之后被广泛地用于期权定价。我们用简单的无收益资产期权定价来表述二叉树模型对期权定价的原理。二叉树模型同布莱克—斯科尔斯模型一样可以运用风险中性定价原理，首先确定参数 p、u 和 d，然后为期权定价。

在风险中性世界里：①所有可交易证券的期望收益都是无风险利率。②未来现金流可以用其期望值按无风险利率贴现。

在风险中性的条件下，标的证券的预期收益率应等于无风险利率 r，因此若期初的证券价格为 S，则在很短的时间间隔 Δt 末的证券价格期望值应为 $se^{r\Delta t}$。因此，参数 p、u 和 d 的值必须满足这个要求，即：

$$se^{r\Delta t} = pSu + (1-p)Sd$$
$$e^{r\Delta t} = pu + (1-p)d \tag{9-19}$$

二叉树模型假设证券价格遵循几何布朗运动，在一个小时间段 Δt 内证券价格变化的方差是：

$$s^2\sigma^2\Delta t = ps^2u^2 + (1-p)s^2d^2 - s^2[pu + (1-p)d]^2$$
$$\sigma^2\Delta t = pu^2 + (1-p)d^2 - [pu + (1-p)d]^2 \tag{9-20}$$

对于 u，d 和 p 的关系，Cox、Ross 和 Rubinstein 所用的条件是：

$$u = \frac{1}{d} \tag{9-21}$$

从以上条件可以得到 p，u 和 d，当 Δt 很小时：

$$p = \frac{e^{r\Delta t} - d}{u - d}$$
$$u = e^{\sigma\sqrt{\Delta t}} \tag{9-22}$$
$$d = e^{-\sigma\sqrt{\Delta t}}$$

从而：
$$f = e^{-r\Delta t}[pf_u + (1-p)f_d] \tag{9-23}$$

在风险中性定价过程中，无须考虑资产价格上升或者下降的概率，即资产预期收益具有无关性，这正好符合风险中性的概念。但是在最后的期权公式中，包含了概率 p，这里的概率是风险中性世界中的概率，参数 p、u 和 d 实际上都隐含在给定的条件中。

在 $i\Delta t$ 时刻，证券价格有 $i+1$ 种可能，可用符号表示如下：

$$su^j d^{i-j} \qquad\qquad j=0,1,\cdots,i$$

由于 $u=\dfrac{1}{d}$，使得许多节点都是重合的，从而大大简化了树图。

得到每个节点的资产价格之后，就可以在二叉树模型中运用倒推定价法，从树型结构图的末尾 T 时刻开始往回推，为期权定价。由于在到期 T 时刻的预期期权价值是已知的，所以在风险中性条件下在求解 $T-\Delta t$ 时刻的每一节点上的期权价值时，都可以通过将 T 时刻的期权价值的预期值在 Δt 时间长度内以无风险利率贴现求出。以此类推，要求解 $T-2\Delta t$ 时的每一节点的期权价值时，可以将 $T-\Delta t$ 时的期权价值预期值在时间 Δt 内以无风险利率 r 贴现求出。最终可以求出零时刻的期权价值。

以上是欧式期权的情况，如果是美式期权，就要在树型结构的每一个节点上，比较在本时刻提前执行期权和继续再持有 Δt 时间，到下一个时刻再执行期权，选择其中较大者作为本节点的期权价值。若标的资产在未来某一确定日期将支付一个确定数额的红利而不是一个确定的比率，则除权后二叉树的分支将不再重合，这意味着所要估算节点的数量可能变得很大，特别是如果支付多次已知数额红利的情况将更为复杂。为了简化这个问题，可以把证券价格分为两部分：一部分是不确定的；另一部分是期权有效期内所有未来红利的现值。假设在期权有效期内只有一次红利，出息日 λ 在 $k\Delta t$ 到 $(k+1)\Delta t$ 之间，则在 $i\Delta t$ 时刻不确定部分的价值 S^* 为：

当 $i\Delta t \leqslant k$ 时，$S^*(i\Delta t)=S(i\Delta t)-De^{-r(k-i\Delta t)}$；

当 $i\Delta t > k$ 时，$S^*(i\Delta t)=S(i\Delta t)$。

其中 D 表示红利。设 σ^* 为 S^* 的标准差，假设 σ^* 是常数，用 σ^* 代替 σ，就可以计算出 p、u 和 d，这样就可用通常的方法构造出 S^* 的二叉树。假设零时刻 S^* 的值为 S_0^*，则在 $i\Delta t$ 时刻：

当 $i\Delta t \leqslant k$ 时，二叉树上每个节点对应的证券价格为：

$$S_0^* u^j d^{i-j}+De^{-r(k-\Delta t)} \qquad\qquad j=0,1,\cdots,i$$

当 $i\Delta t > k$ 时，二叉树上每个节点对应的证券价格为：

$$S_0^* u^j d^{i-j} \qquad\qquad j=0,1,\cdots,i$$

这种方法可以重新得到重合分支，减少节点数量，简化了定价过程。同时，这种方法还可以直接推广到处理多个红利的情况。

【本章小结】

本章介绍了可赎回债券和可转换债券的定价，以此来加深对内嵌期权债券定价的了解。

1. 可赎回债券的潜在投资者必须对所承担的发行人在到期日之前赎回债券的风险获得补偿。

2. 可赎回债券的潜在投资者面临两种风险：再投资风险和收益率下降时债券价格的上升潜力被压制的风险。

3. 内嵌期权债券的价值可以被分解为未内嵌期权债券的价值和内嵌期权的价值。

4. 利率二叉树模型提供了与波动性相关的某一期间的适当远期利率，该利率可以用来贴现债券的预期现金流量。

5. 期权调整价差(OAS)将债券的昂贵或便宜程度转化为相对于未来可能的即期利率曲线的价差。由于这种价差考虑到了未来的利率波动对现金流量的影响，因此被称为期权调整价差。

6. 修正久期和标准凸度可以用来衡量未内嵌期权债券的利率敏感性。但是并不适用于衡量内嵌期权债券的利率敏感性，因此引入实际久期和实际凸度，两者考虑了现金流量随利率变化而变化的情况，更适合用于衡量内嵌期权债券的利率敏感性。

7. 可转换债券是约定可按一定条件转换为发行人或第三方公司股票的一种债券。

8. 直接价值的溢价可以用来估计可转换债券的损失风险。

9. 在执行可转换债券或者可交换债券的买入期权时，债券持有人所获得的普通股数被称为转换比率。

10. 如果投资者购买可转换债券并将其转换为普通股，那么投资者为获得普通股而实际支付的价格被称为市场转换价格。

11. 单因素和二因素模型是为可转换债券定价的常用模型。

【关键词】

可赎回债券(Callable Bonds)

利率树(Interest-Rate Tree)

利率二叉树(Binomial Interest-Rate Tree)

期权调整价差(Option-Adjusted Spread，OAS)

有效久期(Effective Duration)

期权调整久期(Option-Adjusted Duration)

可转换债券(Convertible Bonds)

转换比率(Conversion Ratio)

市场转换价格(Market Conversion Price)

【练习题】

1. 某可转换债券的转换价格为 20 元，票面价值为 100 元，求该可转换债券的转换比率。

2. 某上市公司的每股股息收入为 0.2 元，而该公司发行的可转换债券息票利率为

3%，票面价值为 100 元，转换比率为 1∶5。求每股收益差。

【思考题】

试论述可转换债券的债性和股性，分析其两面性。

【本章参考文献】

1. 布鲁斯·塔克曼. 固定收益证券[M]. 北京：宇航出版社，1999.

2. 类承曜. 固定收益证券[M]. 北京：中国人民大学出版社，2008.

3. 林清泉. 固定收益证券[M]. 武汉：武汉大学出版社，2005.

4. 周琳. 可转换债券的定价及其影响因素的实证分析[J]. 同济大学学报（社会科学版），2003(2).

5. Frank J. Poozzi. The Handbook of Fixed Income Securities[M]. 5th ed. Chicago Irwin Professional Publishing，1997.

6. Thomas S. Y. Ho，David M. Pfeffer. Convertibel Bonds：Model，Value Attribution and Analytics[J]. Financial Analysts Journal，1996.

扫码听课

附　录

附录 1：复利终值系数表

计算公式：$f=(1+i)^n$

期数	1%	2%	3%	4%	5%	6%	7%	8%	9%	10%	11%	12%	13%	14%	15%
1	1.010 0	1.020 0	1.030 0	1.040 0	1.050 0	1.060 0	1.070 0	1.080 0	1.090 0	1.100 0	1.110 0	1.120 0	1.130 0	1.140 0	1.150 0
2	1.020 1	1.040 4	1.060 9	1.081 6	1.102 5	1.123 6	1.144 9	1.166 4	1.188 1	1.210 0	1.232 1	1.254 4	1.276 9	1.299 6	1.322 5
3	1.030 3	1.061 2	1.092 7	1.124 9	1.157 6	1.191 0	1.225 0	1.259 7	1.295 0	1.331 0	1.367 6	1.404 9	1.442 9	1.481 5	1.520 9
4	1.040 6	1.082 4	1.125 5	1.169 9	1.215 5	1.262 5	1.310 8	1.360 5	1.411 6	1.464 1	1.518 1	1.573 5	1.630 5	1.689 0	1.749 0
5	1.051 0	1.104 1	1.159 3	1.216 7	1.276 3	1.338 2	1.402 6	1.469 3	1.538 6	1.610 5	1.685 1	1.762 3	1.842 4	1.925 4	2.011 4
6	1.061 5	1.126 2	1.194 1	1.265 3	1.340 1	1.418 5	1.500 7	1.586 9	1.677 1	1.771 6	1.870 4	1.973 8	2.082 0	2.195 0	2.313 1
7	1.072 1	1.148 7	1.229 9	1.315 9	1.407 1	1.503 6	1.605 8	1.713 8	1.828 0	1.948 7	2.076 2	2.210 7	2.352 6	2.502 3	2.660 0
8	1.082 9	1.171 7	1.266 8	1.368 6	1.477 5	1.593 8	1.718 2	1.850 9	1.992 6	2.143 6	2.304 5	2.476 0	2.658 4	2.852 6	3.059 0
9	1.093 7	1.195 1	1.304 8	1.423 3	1.551 3	1.689 5	1.838 5	1.999 0	2.171 9	2.357 9	2.558 0	2.773 1	3.004 0	3.251 9	3.517 9
10	1.104 6	1.219 0	1.343 9	1.480 2	1.628 9	1.790 8	1.967 2	2.158 9	2.367 4	2.593 7	2.839 4	3.105 8	3.394 6	3.707 2	4.045 6
11	1.115 7	1.243 4	1.384 2	1.539 5	1.710 3	1.898 3	2.104 9	2.331 6	2.580 4	2.853 1	3.151 8	3.478 5	3.835 9	4.226 2	4.652 4
12	1.126 8	1.268 2	1.425 8	1.601 0	1.795 9	2.012 2	2.252 2	2.518 2	2.812 7	3.138 4	3.498 5	3.896 0	4.334 5	4.817 9	5.350 3
13	1.138 1	1.293 6	1.468 5	1.665 1	1.885 6	2.132 9	2.409 8	2.719 6	3.065 8	3.452 3	3.883 3	4.363 5	4.898 0	5.492 4	6.152 8
14	1.149 5	1.319 5	1.512 6	1.731 7	1.979 9	2.260 9	2.578 5	2.937 2	3.341 7	3.797 5	4.310 4	4.887 1	5.534 8	6.261 3	7.075 7
15	1.161 0	1.345 9	1.558 0	1.800 9	2.078 9	2.396 6	2.759 0	3.172 2	3.642 5	4.177 2	4.784 6	5.473 6	6.254 3	7.137 9	8.137 1
16	1.172 6	1.372 8	1.604 7	1.873 0	2.182 9	2.540 4	2.952 2	3.425 9	3.970 3	4.595 0	5.310 9	6.130 4	7.067 3	8.137 2	9.357 6
17	1.184 3	1.400 2	1.652 8	1.947 9	2.292 0	2.692 8	3.158 8	3.700 0	4.327 6	5.054 5	5.895 1	6.866 0	7.986 1	9.276 5	10.761 3
18	1.196 1	1.428 2	1.702 4	2.025 8	2.406 6	2.854 3	3.379 9	3.996 0	4.717 1	5.559 9	6.543 6	7.690 0	9.024 3	10.575 2	12.375 5
19	1.208 1	1.456 8	1.753 5	2.106 8	2.527 0	3.025 6	3.616 5	4.315 7	5.141 7	6.115 9	7.263 3	8.612 8	10.197 4	12.055 7	14.231 8
20	1.220 2	1.485 9	1.806 1	2.191 1	2.653 3	3.207 1	3.869 7	4.661 0	5.604 4	6.727 5	8.062 3	9.646 3	11.523 1	13.743 5	16.366 5

续表

期数	1%	2%	3%	4%	5%	6%	7%	8%	9%	10%	11%	12%	13%	14%	15%
21	1.232 4	1.515 7	1.860 3	2.278 8	2.786 0	3.399 6	4.140 6	5.033 8	6.108 8	7.400 2	8.949 2	10.803 8	13.021 1	15.667 6	18.821 5
22	1.244 7	1.546 0	1.916 1	2.369 9	2.925 3	3.603 5	4.430 4	5.436 5	6.658 6	8.140 3	9.933 6	12.100 3	14.713 8	17.861 0	21.644 7
23	1.257 2	1.576 9	1.973 6	2.464 7	3.071 5	3.819 7	4.740 5	5.871 5	7.257 9	8.954 3	11.026 3	13.552 3	16.626 6	20.361 6	24.891 5
24	1.269 7	1.608 4	2.032 8	2.563 3	3.225 1	4.048 9	5.072 4	6.341 2	7.911 1	9.849 7	12.239 2	15.178 6	18.788 1	23.212 2	28.625 2
25	1.282 4	1.640 6	2.093 8	2.665 8	3.386 4	4.291 9	5.427 4	6.848 5	8.623 1	10.834 7	13.585 5	17.000 1	21.230 5	26.461 9	32.919 0
26	1.295 3	1.673 4	2.156 6	2.772 5	3.555 7	4.549 4	5.807 4	7.396 4	9.399 2	11.918 2	15.079 9	19.040 1	23.990 5	30.166 6	37.856 8
27	1.308 2	1.706 9	2.221 3	2.883 4	3.733 5	4.822 3	6.213 9	7.988 1	10.245 1	13.110 0	16.738 7	21.324 9	27.109 3	34.389 9	43.535 3
28	1.321 3	1.741 0	2.287 9	2.998 7	3.920 1	5.111 7	6.648 8	8.627 1	11.167 1	14.421 0	18.579 9	23.883 9	30.633 5	39.204 5	50.065 6
29	1.334 5	1.775 8	2.356 6	3.118 7	4.116 1	5.418 4	7.114 3	9.317 3	12.172 2	15.863 1	20.623 7	26.749 9	34.615 8	44.693 1	57.575 5
30	1.347 8	1.811 4	2.427 3	3.243 4	4.321 9	5.743 5	7.612 3	10.062 7	13.267 7	17.449 4	22.892 3	29.959 9	39.115 9	50.950 2	66.211 8

期数	16%	17%	18%	19%	20%	21%	22%	23%	24%	25%	26%	27%	28%	29%	30%
1	1.160 0	1.170 0	1.180 0	1.190 0	1.200 0	1.210 0	1.220 0	1.230 0	1.240 0	1.250 0	1.260 0	1.270 0	1.280 0	1.290 0	1.300 0
2	1.345 6	1.368 9	1.392 4	1.416 1	1.440 0	1.464 1	1.488 4	1.512 9	1.537 6	1.562 5	1.587 6	1.612 9	1.638 4	1.664 1	1.690 0
3	1.560 9	1.601 6	1.643 0	1.685 2	1.728 0	1.771 6	1.815 8	1.860 9	1.906 6	1.953 1	2.000 4	2.048 4	2.097 2	2.146 7	2.197 0
4	1.810 6	1.873 9	1.938 8	2.005 3	2.073 6	2.143 6	2.215 3	2.288 9	2.364 2	2.441 4	2.520 5	2.601 4	2.684 4	2.769 2	2.856 1
5	2.100 3	2.192 4	2.287 8	2.386 4	2.488 3	2.593 7	2.702 7	2.815 3	2.931 6	3.051 8	3.175 8	3.303 8	3.436 0	3.572 3	3.712 9
6	2.436 4	2.565 2	2.699 6	2.839 8	2.986 0	3.138 4	3.297 3	3.462 8	3.635 2	3.814 7	4.001 5	4.195 9	4.398 0	4.608 3	4.826 8
7	2.826 2	3.001 2	3.185 5	3.379 3	3.583 2	3.797 5	4.022 7	4.259 3	4.507 7	4.768 4	5.041 9	5.328 8	5.629 5	5.944 7	6.274 9
8	3.278 4	3.511 5	3.758 9	4.021 4	4.299 8	4.595 0	4.907 7	5.238 9	5.589 5	5.960 5	6.352 8	6.767 5	7.205 8	7.668 6	8.157 3
9	3.803 0	4.108 4	4.435 5	4.785 4	5.159 8	5.559 9	5.987 4	6.443 9	6.931 0	7.450 6	8.004 5	8.594 4	9.223 4	9.892 5	10.604 5
10	4.411 4	4.806 8	5.233 8	5.694 7	6.191 7	6.727 5	7.304 6	7.925 9	8.594 4	9.313 2	10.085 7	10.915 3	11.805 9	12.761 4	13.785 8

续表

期数	16%	17%	18%	19%	20%	21%	22%	23%	24%	25%	26%	27%	28%	29%	30%
11	5.117 3	5.624 0	6.175 9	6.776 7	7.430 1	8.140 3	8.911 7	9.748 9	10.657 1	11.641 5	12.708 0	13.862 5	15.111 6	16.462 2	17.921 6
12	5.936 0	6.580 1	7.287 6	8.064 2	8.916 1	9.849 7	10.872 2	11.991 2	13.214 8	14.551 9	16.012 0	17.605 3	19.342 8	21.236 2	23.298 1
13	6.885 8	7.698 7	8.599 4	9.596 4	10.699 3	11.918 2	13.264 1	14.749 1	16.386 1	18.189 9	20.175 2	22.358 8	24.758 5	27.394 7	30.287 5
14	7.987 5	9.007 5	10.147 2	11.419 8	12.839 2	14.421 0	16.182 2	18.141 4	20.319 1	22.737 4	25.420 7	28.395 7	31.691 3	35.339 1	39.373 8
15	9.265 5	10.538 7	11.973 7	13.589 5	15.407 0	17.449 4	19.742 3	22.314 0	25.195 6	28.421 7	32.030 1	36.062 5	40.564 8	45.587 5	51.185 9
16	10.748 0	12.330 3	14.129 0	16.171 5	18.488 4	21.113 8	24.085 6	27.446 2	31.242 6	35.527 1	40.357 9	45.799 4	51.923 0	58.807 9	66.541 7
17	12.467 7	14.426 5	16.672 2	19.244 1	22.186 1	25.547 7	29.384 4	33.758 8	38.740 8	44.408 9	50.851 0	58.165 2	66.461 1	75.862 1	86.504 2
18	14.462 5	16.879 0	19.673 3	22.900 5	26.623 3	30.912 7	35.849 0	41.523 3	48.038 6	55.511 2	64.072 2	73.869 3	85.070 6	97.862 2	112.455 4
19	16.776 5	19.748 4	23.214 4	27.251 6	31.948 0	37.404 3	43.735 8	51.073 7	59.567 9	69.388 9	80.731 0	93.814 7	108.890 4	126.242 2	146.192 0
20	19.460 8	23.105 6	27.393 0	32.429 4	38.337 6	45.259 3	53.357 6	62.820 6	73.864 1	86.736 2	101.721 1	119.144 6	139.379 7	162.852 4	190.049 6
21	22.574 5	27.033 6	32.323 8	38.591 0	46.005 1	54.763 7	65.096 3	77.269 4	91.591 5	108.420 2	128.168 5	151.313 7	178.406 0	210.079 6	247.064 5
22	26.186 4	31.629 3	38.142 1	45.923 3	55.206 1	66.264 1	79.417 5	95.041 3	113.573 5	135.525 3	161.492 4	192.168 3	228.359 6	271.002 7	321.183 9
23	30.376 2	37.006 2	45.007 6	54.648 7	66.247 4	80.179 5	96.889 4	116.900 8	140.831 2	169.406 6	203.480 4	244.053 0	292.300 3	349.593 5	417.539 1
24	35.236 4	43.297 3	53.109 0	65.032 0	79.496 8	97.017 2	118.205 0	143.788 0	174.630 6	211.758 2	256.385 3	309.948 3	374.144 4	450.975 6	542.800 8
25	40.874 2	50.657 8	62.668 6	77.388 1	95.396 2	117.390 9	144.210 1	176.859 3	216.542 0	264.697 8	323.045 4	393.634 4	478.904 9	581.758 5	705.641 0
26	47.414 1	59.269 7	73.949 0	92.091 8	114.475 5	142.042 9	175.936 4	217.536 9	268.512 1	330.872 2	407.037 3	499.915 7	612.998 2	750.468 5	917.333 3
27	55.000 4	69.345 5	87.259 8	109.589 3	137.370 6	171.871 9	214.642 4	267.570 4	332.955 0	413.590 3	512.867 0	634.892 9	784.637 7	968.104 4	1 192.533 3
28	63.800 4	81.134 2	102.966 6	130.411 2	164.844 7	207.965 1	261.863 7	329.111 5	412.864 2	516.987 9	646.212 4	806.314 0	1 004.336 3	1 248.854 6	1 550.293 3
29	74.008 5	94.927 1	121.500 5	155.189 3	197.813 6	251.637 3	319.473 7	404.807 2	511.951 6	646.234 9	814.227 6	1 024.018 7	1 285.550 4	1 611.022 5	2 015.381 3
30	85.849 9	111.064 7	143.370 6	184.675 3	237.376 3	304.481 6	389.757 9	497.912 9	634.819 9	807.793 6	1 025.926 7	1 300.503 8	1 645.504 6	2 078.219 0	2 619.995 6

附录 2：复利现值系数表

计算公式：$f=(1+i)^{-n}$

期数	1%	2%	3%	4%	5%	6%	7%	8%	9%	10%	11%	12%	13%	14%	15%
1	0.990 1	0.980 4	0.970 9	0.961 5	0.952 4	0.943 4	0.934 6	0.925 9	0.917 4	0.909 1	0.900 9	0.892 9	0.885 0	0.877 2	0.869 6
2	0.980 3	0.961 2	0.942 6	0.924 6	0.907 0	0.890 0	0.873 4	0.857 3	0.841 7	0.826 4	0.811 6	0.797 2	0.783 1	0.769 5	0.756 1
3	0.970 6	0.942 3	0.915 1	0.889 0	0.863 8	0.839 6	0.816 3	0.793 8	0.772 2	0.751 3	0.731 2	0.711 8	0.693 1	0.675 0	0.657 5
4	0.961 0	0.923 8	0.888 5	0.854 8	0.822 7	0.792 1	0.762 9	0.735 0	0.708 4	0.683 0	0.658 7	0.635 5	0.613 3	0.592 1	0.571 8
5	0.951 5	0.905 7	0.862 6	0.821 9	0.783 5	0.747 3	0.713 0	0.680 6	0.649 9	0.620 9	0.593 5	0.567 4	0.542 8	0.519 4	0.497 2
6	0.942 0	0.888 0	0.837 5	0.790 3	0.746 2	0.705 0	0.666 3	0.630 2	0.596 3	0.564 5	0.534 6	0.506 6	0.480 3	0.455 6	0.432 3
7	0.932 7	0.870 6	0.813 1	0.759 9	0.710 7	0.665 1	0.622 7	0.583 5	0.547 0	0.513 2	0.481 7	0.452 3	0.425 1	0.399 6	0.375 9
8	0.923 5	0.853 5	0.789 4	0.730 7	0.676 8	0.627 4	0.582 0	0.540 3	0.501 9	0.466 5	0.433 9	0.403 9	0.376 2	0.350 6	0.326 9
9	0.914 3	0.836 8	0.766 4	0.702 6	0.644 6	0.591 9	0.543 9	0.500 2	0.460 4	0.424 1	0.390 9	0.360 6	0.332 9	0.307 5	0.284 3
10	0.905 3	0.820 3	0.744 1	0.675 6	0.613 9	0.558 4	0.508 3	0.463 2	0.422 4	0.385 5	0.352 2	0.322 0	0.294 6	0.269 7	0.247 2
11	0.896 3	0.804 3	0.722 4	0.649 6	0.584 7	0.526 8	0.475 1	0.428 9	0.387 5	0.350 5	0.317 3	0.287 5	0.260 7	0.236 6	0.214 9
12	0.887 4	0.788 5	0.701 4	0.624 6	0.556 8	0.497 0	0.444 0	0.397 1	0.355 5	0.318 6	0.285 8	0.256 7	0.230 7	0.207 6	0.186 9
13	0.878 7	0.773 0	0.681 0	0.600 6	0.530 3	0.468 8	0.415 0	0.367 7	0.326 2	0.289 7	0.257 5	0.229 2	0.204 2	0.182 1	0.162 5
14	0.870 0	0.757 9	0.661 1	0.577 5	0.505 1	0.442 3	0.387 8	0.340 5	0.299 2	0.263 3	0.232 0	0.204 6	0.180 7	0.159 7	0.141 3
15	0.861 3	0.743 0	0.641 9	0.555 3	0.481 0	0.417 3	0.362 4	0.315 2	0.274 5	0.239 4	0.209 0	0.182 7	0.159 9	0.140 1	0.122 9
16	0.852 8	0.728 4	0.623 2	0.533 9	0.458 1	0.393 6	0.338 7	0.291 9	0.251 9	0.217 6	0.188 3	0.163 1	0.141 5	0.122 9	0.106 9
17	0.844 4	0.714 2	0.605 0	0.513 4	0.436 3	0.371 4	0.316 6	0.270 3	0.231 1	0.197 8	0.169 6	0.145 6	0.125 2	0.107 8	0.092 9
18	0.836 0	0.700 2	0.587 4	0.493 6	0.415 5	0.350 3	0.295 9	0.250 2	0.212 0	0.179 9	0.152 8	0.130 0	0.110 8	0.094 6	0.080 8
19	0.827 7	0.686 4	0.570 3	0.474 6	0.395 7	0.330 5	0.276 5	0.231 7	0.194 5	0.163 5	0.137 7	0.116 1	0.098 1	0.082 9	0.070 3
20	0.819 5	0.673 0	0.553 7	0.456 4	0.376 9	0.311 8	0.258 4	0.214 5	0.178 4	0.148 6	0.124 0	0.103 7	0.086 8	0.072 8	0.061 1

续表

期数	1%	2%	3%	4%	5%	6%	7%	8%	9%	10%	11%	12%	13%	14%	15%
21	0.8114	0.6598	0.5375	0.4388	0.3589	0.2942	0.2415	0.1987	0.1637	0.1351	0.1117	0.0926	0.0768	0.0638	0.0531
22	0.8034	0.6468	0.5219	0.4220	0.3418	0.2775	0.2257	0.1839	0.1502	0.1228	0.1007	0.0826	0.0680	0.0560	0.0462
23	0.7954	0.6342	0.5067	0.4057	0.3256	0.2618	0.2109	0.1703	0.1378	0.1117	0.0907	0.0738	0.0601	0.0491	0.0402
24	0.7876	0.6217	0.4919	0.3901	0.3101	0.2470	0.1971	0.1577	0.1264	0.1015	0.0817	0.0659	0.0532	0.0431	0.0349
25	0.7798	0.6095	0.4776	0.3751	0.2953	0.2330	0.1842	0.1460	0.1160	0.0923	0.0736	0.0588	0.0471	0.0378	0.0304
26	0.7720	0.5976	0.4637	0.3607	0.2812	0.2198	0.1722	0.1352	0.1064	0.0839	0.0663	0.0525	0.0417	0.0331	0.0264
27	0.7644	0.5859	0.4502	0.3468	0.2678	0.2074	0.1609	0.1252	0.0976	0.0763	0.0597	0.0469	0.0369	0.0291	0.0230
28	0.7568	0.5744	0.4371	0.3335	0.2551	0.1956	0.1504	0.1159	0.0895	0.0693	0.0538	0.0419	0.0326	0.0255	0.0200
29	0.7493	0.5631	0.4243	0.3207	0.2429	0.1846	0.1406	0.1073	0.0822	0.0630	0.0485	0.0374	0.0289	0.0222	0.0174
30	0.7419	0.5521	0.4120	0.3083	0.2314	0.1741	0.1314	0.0994	0.0754	0.0573	0.0437	0.0334	0.0256	0.0196	0.0151

期数	16%	17%	18%	19%	20%	21%	22%	23%	24%	25%	26%	27%	28%	29%	30%
1	0.8621	0.8547	0.8475	0.8403	0.8333	0.8264	0.8197	0.8130	0.8065	0.8000	0.7937	0.7874	0.7813	0.7752	0.7692
2	0.7432	0.7305	0.7182	0.7062	0.6944	0.6830	0.6719	0.6610	0.6504	0.6400	0.6299	0.6200	0.6104	0.6009	0.5917
3	0.6407	0.6244	0.6086	0.5934	0.5787	0.5645	0.5507	0.5374	0.5245	0.5120	0.4999	0.4882	0.4768	0.4658	0.4552
4	0.5523	0.5337	0.5158	0.4987	0.4823	0.4665	0.4514	0.4369	0.4230	0.4096	0.3968	0.3844	0.3725	0.3611	0.3501
5	0.4761	0.4561	0.4371	0.4190	0.4019	0.3855	0.3700	0.3552	0.3411	0.3277	0.3149	0.3027	0.2910	0.2799	0.2693
6	0.4104	0.3898	0.3704	0.3521	0.3349	0.3186	0.3033	0.2888	0.2751	0.2621	0.2499	0.2383	0.2274	0.2170	0.2072
7	0.3538	0.3332	0.3139	0.2959	0.2791	0.2633	0.2486	0.2348	0.2218	0.2097	0.1983	0.1877	0.1776	0.1682	0.1594
8	0.3050	0.2848	0.2660	0.2487	0.2326	0.2176	0.2038	0.1908	0.1789	0.1678	0.1574	0.1478	0.1388	0.1304	0.1226
9	0.2630	0.2434	0.2255	0.2090	0.1938	0.1799	0.1670	0.1550	0.1443	0.1342	0.1249	0.1164	0.1084	0.1011	0.0943

续表

期数	16%	17%	18%	19%	20%	21%	22%	23%	24%	25%	26%	27%	28%	29%	30%
10	0.226 7	0.208 0	0.191 1	0.175 6	0.161 5	0.148 6	0.136 9	0.126 2	0.116 4	0.107 4	0.099 2	0.091 6	0.084 7	0.078 4	0.072 5
11	0.195 4	0.177 8	0.161 9	0.147 6	0.134 6	0.122 8	0.112 2	0.102 6	0.093 8	0.085 9	0.078 7	0.072 1	0.066 2	0.060 7	0.055 8
12	0.168 5	0.152 0	0.137 2	0.124 0	0.112 2	0.101 5	0.092 0	0.083 4	0.075 7	0.068 7	0.062 5	0.056 8	0.051 7	0.047 1	0.042 9
13	0.145 2	0.129 9	0.116 3	0.104 2	0.093 5	0.083 9	0.075 4	0.067 8	0.061 0	0.055 0	0.049 6	0.044 7	0.040 4	0.036 5	0.033 0
14	0.125 2	0.111 0	0.098 5	0.087 6	0.077 9	0.069 3	0.061 8	0.055 1	0.049 2	0.044 0	0.039 3	0.035 2	0.031 6	0.028 3	0.025 4
15	0.107 9	0.094 9	0.083 5	0.073 6	0.064 9	0.057 3	0.050 7	0.044 8	0.039 7	0.035 2	0.031 2	0.027 7	0.024 7	0.021 9	0.019 5
16	0.093 0	0.081 1	0.070 8	0.061 8	0.054 1	0.047 4	0.041 5	0.036 4	0.032 0	0.028 1	0.024 8	0.021 8	0.019 3	0.017 0	0.015 0
17	0.080 2	0.069 3	0.060 0	0.052 0	0.045 1	0.039 1	0.034 0	0.029 6	0.025 8	0.022 5	0.019 7	0.017 2	0.015 0	0.013 2	0.011 6
18	0.069 1	0.059 2	0.050 8	0.043 7	0.037 6	0.032 3	0.027 9	0.024 1	0.020 8	0.018 0	0.015 6	0.013 5	0.011 8	0.010 2	0.008 9
19	0.059 6	0.050 6	0.043 1	0.036 7	0.031 3	0.026 7	0.022 9	0.019 6	0.016 8	0.014 4	0.012 4	0.010 7	0.009 2	0.007 9	0.006 8
20	0.051 4	0.043 3	0.036 5	0.030 8	0.026 1	0.022 1	0.018 7	0.015 9	0.013 5	0.011 5	0.009 8	0.008 4	0.007 2	0.006 1	0.005 3
21	0.044 3	0.037 0	0.030 9	0.025 9	0.021 7	0.018 3	0.015 4	0.012 9	0.010 9	0.009 2	0.007 8	0.006 6	0.005 6	0.004 8	0.004 0
22	0.038 2	0.031 6	0.026 2	0.021 8	0.018 1	0.015 1	0.012 6	0.010 5	0.008 8	0.007 4	0.006 2	0.005 2	0.004 4	0.003 7	0.003 1
23	0.032 9	0.027 0	0.022 2	0.018 3	0.015 1	0.012 5	0.010 3	0.008 6	0.007 1	0.005 9	0.004 9	0.004 1	0.003 4	0.002 9	0.002 4
24	0.028 4	0.023 1	0.018 8	0.015 4	0.012 6	0.010 3	0.008 5	0.007 0	0.005 7	0.004 7	0.003 9	0.003 2	0.002 7	0.002 2	0.001 8
25	0.024 5	0.019 7	0.016 0	0.012 9	0.010 5	0.008 5	0.006 9	0.005 7	0.004 6	0.003 8	0.003 1	0.002 5	0.002 1	0.001 7	0.001 4
26	0.021 1	0.016 9	0.013 5	0.010 9	0.008 7	0.007 0	0.005 7	0.004 6	0.003 7	0.003 0	0.002 5	0.002 0	0.001 6	0.001 3	0.001 1
27	0.018 2	0.014 4	0.011 5	0.009 1	0.007 3	0.005 8	0.004 7	0.003 7	0.003 0	0.002 4	0.001 9	0.001 6	0.001 3	0.001 0	0.001 1
28	0.015 7	0.012 3	0.009 7	0.007 7	0.006 1	0.004 8	0.003 8	0.003 0	0.002 4	0.001 9	0.001 5	0.001 2	0.001 0	0.000 8	0.000 8
29	0.013 5	0.010 5	0.008 2	0.006 4	0.005 0	0.004 0	0.003 1	0.002 5	0.002 0	0.001 5	0.001 2	0.001 0	0.000 8	0.000 6	0.000 6
30	0.011 6	0.009 0	0.007 0	0.005 4	0.004 2	0.003 3	0.002 6	0.002 0	0.001 6	0.001 2	0.001 0	0.000 8	0.000 6	0.000 5	0.000 4

附录3：年金终值系数表

计算公式：$f = \dfrac{(1+i)^n - 1}{i}$

期数	1%	2%	3%	4%	5%	6%	7%	8%	9%	10%	11%	12%	13%	14%	15%
1	1.000 0	1.000 0	1.000 0	1.000 0	1.000 0	1.000 0	1.000 0	1.000 0	1.000 0	1.000 0	1.000 0	1.000 0	1.000 0	1.000 0	1.000 0
2	2.010 0	2.020 0	2.030 0	2.040 0	2.050 0	2.060 0	2.070 0	2.080 0	2.090 0	2.100 0	2.110 0	2.120 0	2.130 0	2.140 0	2.150 0
3	3.030 1	3.060 4	3.090 9	3.121 6	3.152 5	3.183 6	3.214 9	3.246 4	3.278 1	3.310 0	3.342 1	3.374 4	3.406 9	3.439 6	3.472 5
4	4.060 4	4.121 6	4.183 6	4.246 5	4.310 1	4.374 6	4.439 9	4.506 1	4.573 1	4.641 0	4.709 7	4.779 3	4.849 8	4.921 1	4.993 4
5	5.101 0	5.204 0	5.309 1	5.416 3	5.525 6	5.637 1	5.750 7	5.866 6	5.984 7	6.105 1	6.227 8	6.352 8	6.480 3	6.610 1	6.742 4
6	6.152 0	6.308 1	6.468 4	6.633 0	6.801 9	6.975 3	7.153 3	7.335 9	7.523 3	7.715 6	7.912 9	8.115 2	8.322 7	8.535 5	8.753 7
7	7.213 5	7.434 3	7.662 5	7.898 3	8.142 0	8.393 8	8.654 0	8.922 8	9.200 4	9.487 2	9.783 3	10.089 0	10.404 7	10.730 5	11.066 8
8	8.285 7	8.583 0	8.892 3	9.214 2	9.549 1	9.897 5	10.259 8	10.636 6	11.028 5	11.435 9	11.859 4	12.299 7	12.757 3	13.232 8	13.726 8
9	9.368 5	9.754 6	10.159 1	10.582 8	11.026 6	11.491 3	11.978 0	12.487 6	13.021 0	13.579 5	14.164 0	14.775 7	15.415 7	16.085 3	16.785 8
10	10.462 2	10.949 7	11.463 9	12.006 1	12.577 9	13.180 8	13.816 4	14.486 6	15.192 9	15.937 4	16.722 0	17.548 7	18.419 7	19.337 3	20.303 7
11	11.566 8	12.168 7	12.807 8	13.486 4	14.206 8	14.971 6	15.783 6	16.645 5	17.560 3	18.531 2	19.561 4	20.654 6	21.814 3	23.044 5	24.349 3
12	12.682 5	13.412 1	14.192 0	15.025 8	15.917 1	16.869 9	17.888 5	18.977 1	20.140 7	21.384 3	22.713 2	24.133 1	25.650 2	27.270 7	29.001 7
13	13.809 3	14.680 3	15.617 8	16.626 8	17.713 0	18.882 1	20.140 6	21.495 3	22.953 4	24.522 7	26.211 6	28.029 1	29.984 7	32.088 7	34.351 9
14	14.947 4	15.973 9	17.086 3	18.291 9	19.598 6	21.015 1	22.550 5	24.214 9	26.019 2	27.975 0	30.094 9	32.392 6	34.882 7	37.581 1	40.504 7
15	16.096 9	17.293 4	18.598 9	20.023 6	21.578 6	23.276 0	25.129 0	27.152 1	29.360 9	31.772 5	34.405 4	37.279 7	40.417 5	43.842 4	47.580 4
16	17.257 9	18.639 3	20.156 9	21.824 5	23.657 5	25.672 5	27.888 1	30.324 3	33.003 4	35.949 7	39.189 9	42.753 3	46.671 7	50.980 4	55.717 5
17	18.430 4	20.012 1	21.761 6	23.697 5	25.840 4	28.212 9	30.840 2	33.750 2	36.973 7	40.544 7	44.500 8	48.883 7	53.739 1	59.117 6	65.075 1
18	19.614 7	21.412 3	23.414 4	25.645 4	28.132 4	30.905 7	33.999 0	37.450 2	41.301 3	45.599 2	50.395 9	55.749 7	61.725 1	68.394 1	75.836 4
19	20.810 9	22.840 6	25.116 9	27.671 2	30.539 0	33.760 0	37.379 0	41.446 3	46.018 5	51.159 1	56.939 5	63.439 7	70.749 0	78.969 2	88.211 8

续表

期数	1%	2%	3%	4%	5%	6%	7%	8%	9%	10%	11%	12%	13%	14%	15%
20	22.019 0	24.297 4	26.870 4	29.778 1	33.066 0	36.785 6	40.995 5	45.762 0	51.160 1	57.275 0	64.202 8	72.052 4	80.946 8	91.024 9	102.443 6
21	23.239 2	25.783 3	28.676 5	31.969 2	35.719 3	39.992 7	44.865 2	50.422 9	56.764 5	64.002 5	72.265 1	81.698 7	92.469 9	104.768 4	118.810 1
22	24.471 6	27.299 0	30.536 8	34.248 0	38.505 2	43.392 3	49.005 7	55.456 8	62.873 3	71.402 7	81.214 3	92.502 6	105.491 0	120.436 0	137.631 6
23	25.716 3	28.845 0	32.452 9	36.617 9	41.430 5	46.995 8	53.436 1	60.893 3	69.531 9	79.543 0	91.147 9	104.602 9	120.204 8	138.297 0	159.276 4
24	26.973 5	30.421 9	34.426 5	39.082 6	44.502 0	50.815 6	58.176 7	66.764 8	76.789 8	88.497 3	102.174 2	118.155 2	136.831 5	158.658 6	184.167 8
25	28.243 2	32.030 3	36.459 3	41.645 9	47.727 1	54.864 5	63.249 0	73.105 9	84.700 9	98.347 1	114.413 3	133.333 9	155.619 6	181.870 8	212.793 0
26	29.525 6	33.670 4	38.553 0	44.311 7	51.113 5	59.156 4	68.676 5	79.954 4	93.324 0	109.181 8	127.998 8	150.333 9	176.850 1	208.332 7	245.712 0
27	30.820 9	35.344 3	40.709 6	47.084 2	54.669 1	63.705 8	74.483 8	87.350 8	102.723 1	121.099 9	143.078 6	169.374 0	200.840 6	238.499 3	283.568 8
28	32.129 1	37.051 2	42.930 9	49.967 6	58.402 6	68.528 1	80.697 7	95.338 8	112.968 2	134.209 9	159.817 3	190.698 9	227.949 9	272.889 2	327.104 1
29	33.450 4	38.792 2	45.218 9	52.966 3	62.322 7	73.639 8	87.346 5	103.965 9	124.135 4	148.630 9	178.397 2	214.582 8	258.583 4	312.093 7	377.169 7
30	34.784 9	40.568 1	47.575 4	56.084 9	66.438 8	79.058 2	94.460 8	113.283 2	136.307 5	164.494 0	199.020 9	241.332 7	293.199 2	356.786 8	434.745 1

期数	16%	17%	18%	19%	20%	21%	22%	23%	24%	25%	26%	27%	28%	29%	30%
1	1.000 0	1.000 0	1.000 0	1.000 0	1.000 0	1.000 0	1.000 0	1.000 0	1.000 0	1.000 0	1.000 0	1.000 0	1.000 0	1.000 0	1.000 0
2	2.160 0	2.170 0	2.180 0	2.190 0	2.200 0	2.210 0	2.220 0	2.230 0	2.240 0	2.250 0	2.260 0	2.270 0	2.280 0	2.290 0	2.300 0
3	3.505 6	3.538 9	3.572 4	3.606 1	3.640 0	3.674 1	3.708 4	3.742 9	3.777 6	3.812 5	3.847 6	3.882 9	3.918 4	3.954 1	3.990 0
4	5.066 5	5.140 5	5.215 4	5.291 3	5.368 0	5.445 7	5.524 2	5.603 8	5.684 2	5.765 6	5.848 0	5.931 3	6.015 6	6.100 8	6.187 0
5	6.877 1	7.014 4	7.154 2	7.296 6	7.441 6	7.589 2	7.739 6	7.892 6	8.048 4	8.207 0	8.368 4	8.532 7	8.699 9	8.870 0	9.043 1
6	8.977 5	9.206 8	9.442 0	9.683 0	9.929 9	10.183 0	10.442 3	10.707 9	10.980 1	11.258 8	11.544 2	11.836 6	12.135 9	12.442 3	12.756 0
7	11.413 9	11.772 0	12.141 5	12.522 7	12.915 9	13.321 4	13.739 6	14.170 8	14.615 3	15.073 5	15.545 8	16.032 4	16.533 6	17.050 6	17.582 8

续表

期数	16%	17%	18%	19%	20%	21%	22%	23%	24%	25%	26%	27%	28%	29%	30%
8	14.240 1	14.773 3	15.327 0	15.902 0	16.499 1	17.118 9	17.762 3	18.430 0	19.122 9	19.841 9	20.587 6	21.361 2	22.163 4	22.995 3	23.857 7
9	17.518 5	18.284 7	19.085 9	19.923 4	20.798 9	21.713 9	22.670 0	23.669 0	24.712 5	25.802 3	26.940 4	28.128 7	29.369 2	30.663 9	32.015 0
10	21.321 5	22.393 1	23.521 3	24.708 9	25.958 7	27.273 8	28.657 4	30.112 8	31.643 4	33.252 9	34.944 9	36.723 5	38.592 6	40.556 4	42.619 5
11	25.732 9	27.199 9	28.755 1	30.403 5	32.150 4	34.001 3	35.962 0	38.038 6	40.237 9	42.566 1	45.030 6	47.638 8	50.398 5	53.317 8	56.405 3
12	30.850 2	32.823 9	34.931 1	37.180 2	39.580 5	42.141 6	44.873 7	47.787 1	50.895 0	54.207 7	57.738 6	61.501 3	65.510 0	69.780 0	74.327 0
13	36.786 2	39.404 0	42.218 7	45.244 5	48.496 6	51.991 3	55.745 9	59.778 8	64.109 7	68.759 6	73.750 6	79.106 6	84.852 9	91.016 1	97.625 0
14	43.672 0	47.102 7	50.818 0	54.840 9	59.195 9	63.909 5	69.010 0	74.528 0	80.496 1	86.949 5	93.925 8	101.465 4	109.611 7	118.410 8	127.912 5
15	51.659 5	56.110 1	60.965 3	66.260 7	72.035 1	78.330 5	85.192 2	92.669 4	100.815 1	109.686 8	119.346 5	129.861 3	141.302 9	153.750 0	167.286 3
16	60.925 0	66.648 8	72.939 0	79.850 2	87.442 1	95.779 9	104.934 5	114.983 4	126.010 8	138.108 5	151.376 6	165.923 6	181.867 7	199.337 4	218.472 2
17	71.673 0	78.979 2	87.068 0	96.021 8	105.930 6	116.893 7	129.020 1	142.429 5	157.253 4	173.635 7	191.734 5	211.723 0	233.790 7	258.145 3	285.013 9
18	84.140 7	93.405 6	103.740 3	115.265 9	128.116 7	142.441 3	158.404 5	176.188 3	195.994 2	218.044 6	242.585 5	269.888 2	300.252 1	334.007 4	371.518 0
19	98.603 2	110.284 6	123.413 5	138.166 4	154.740 0	173.354 0	194.253 5	217.711 6	244.032 8	273.555 8	306.657 7	343.758 0	385.322 7	431.869 6	483.973 4
20	115.379 7	130.032 9	146.628 0	165.418 0	186.688 0	210.758 4	237.989 3	268.785 3	303.600 6	342.944 7	387.388 7	437.572 6	494.213 1	558.111 8	630.165 5
21	134.840 5	153.138 5	174.021 0	197.847 4	225.025 6	256.017 6	291.346 9	331.605 9	377.464 8	429.680 9	489.109 8	556.717 3	633.592 7	720.964 2	820.215 1
22	157.415 0	180.172 1	206.344 8	236.438 5	271.030 7	310.781 3	356.443 2	408.875 3	469.056 3	538.101 1	617.278 3	708.030 9	811.998 7	931.043 8	1 067.279 6
23	183.601 4	211.801 3	244.486 8	282.361 8	326.236 9	377.045 4	435.860 7	503.916 6	582.629 8	673.626 4	778.770 7	900.199 3	1 040.358 3	1 202.046 5	1 388.463 5
24	213.977 6	248.807 6	289.494 5	337.010 5	392.484 2	457.224 9	532.750 1	620.817 4	723.461 0	843.032 9	982.251 1	1 144.253 1	1 332.658 6	1 551.640 0	1 806.002 6
25	249.214 0	292.104 9	342.603 5	402.042 5	471.981 1	554.242 2	650.955 1	764.605 4	898.091 6	1 054.791 2	1 238.636 3	1 454.201 4	1 706.803 1	2 002.615 6	2 348.803 3
26	290.088 3	342.762 7	405.272 1	479.430 6	567.377 3	671.633 0	795.165 3	941.464 7	1 114.633 6	1 319.489 0	1 561.681 8	1 847.835 8	2 185.707 9	2 584.374 1	3 054.444 3
27	337.502 4	402.032 3	479.221 1	571.522 4	681.852 8	813.675 9	971.101 6	1 159.001 6	1 383.145 7	1 650.361 2	1 968.719 1	2 347.751 5	2 798.706 1	3 334.842 6	3 971.777 6
28	392.502 8	471.377 8	566.480 9	681.111 6	819.223 3	985.547 9	1 185.744 0	1 426.571 9	1 716.100 7	2 063.951 5	2 481.586 0	2 982.644 3	3 583.343 8	4 302.947 0	5 164.310 9
29	456.303 2	552.512 1	669.447 5	811.522 8	984.068 0	1 193.512 9	1 447.607 7	1 755.683 5	2 128.964 8	2 580.939 4	3 127.798 4	3 788.958 3	4 587.680 1	5 551.801 6	6 714.604 2
30	530.311 7	647.439 1	790.948 0	966.712 2	1 181.881 6	1 445.150 7	1 767.081 3	2 160.490 7	2 640.916 4	3 227.174 3	3 942.026 0	4 812.977 1	5 873.230 0	7 162.824 1	8 729.985 5

附录 4: 年金现值系数表

计算公式: $f = \dfrac{1-(1+i)^{-n}}{i}$

期数	1%	2%	3%	4%	5%	6%	7%	8%	9%	10%	11%	12%	13%	14%	15%
1	0.990 1	0.980 4	0.970 9	0.961 5	0.952 4	0.943 4	0.934 6	0.925 9	0.917 4	0.909 1	0.900 9	0.892 9	0.885 0	0.877 2	0.869 6
2	1.970 4	1.941 6	1.913 5	1.886 1	1.859 4	1.833 4	1.808 0	1.783 3	1.759 1	1.735 5	1.712 5	1.690 1	1.668 1	1.646 7	1.625 7
3	2.941 0	2.883 9	2.828 6	2.775 1	2.723 2	2.673 0	2.624 3	2.577 1	2.531 3	2.486 9	2.443 7	2.401 8	2.361 2	2.321 6	2.283 2
4	3.902 0	3.807 7	3.717 1	3.629 9	3.546 0	3.465 1	3.387 2	3.312 1	3.239 7	3.169 9	3.102 4	3.037 3	2.974 5	2.913 7	2.855 0
5	4.853 4	4.713 5	4.579 7	4.451 8	4.329 5	4.212 4	4.100 2	3.992 7	3.889 7	3.790 8	3.695 9	3.604 8	3.517 2	3.433 1	3.352 2
6	5.795 5	5.601 4	5.417 2	5.242 1	5.075 7	4.917 3	4.766 5	4.622 9	4.485 9	4.355 3	4.230 5	4.111 4	3.997 5	3.888 7	3.784 5
7	6.728 2	6.472 0	6.230 3	6.002 1	5.786 4	5.582 4	5.389 3	5.206 4	5.033 0	4.868 4	4.712 2	4.563 8	4.422 6	4.288 3	4.160 4
8	7.651 7	7.325 5	7.019 7	6.732 7	6.463 2	6.209 8	5.971 3	5.746 6	5.534 8	5.334 9	5.146 1	4.967 6	4.798 8	4.638 9	4.487 3
9	8.566 0	8.162 2	7.786 1	7.435 3	7.107 8	6.801 7	6.515 2	6.246 9	5.995 2	5.759 0	5.537 0	5.328 2	5.131 7	4.946 4	4.771 6
10	9.471 3	8.982 6	8.530 2	8.110 9	7.721 7	7.360 1	7.023 6	6.710 1	6.417 7	6.144 6	5.889 2	5.650 2	5.426 2	5.216 1	5.018 8
11	10.367 6	9.786 8	9.252 6	8.760 5	8.306 4	7.886 9	7.498 7	7.139 0	6.805 2	6.495 1	6.206 5	5.937 7	5.686 9	5.452 7	5.233 7
12	11.255 1	10.575 3	9.954 0	9.385 1	8.863 3	8.383 8	7.942 7	7.536 1	7.160 7	6.813 7	6.492 4	6.194 4	5.917 6	5.660 3	5.420 6
13	12.133 7	11.348 4	10.635 0	9.985 6	9.393 6	8.852 7	8.357 7	7.903 8	7.486 9	7.103 4	6.749 9	6.423 5	6.121 8	5.842 4	5.583 1
14	13.003 7	12.106 2	11.296 1	10.563 1	9.898 6	9.295 0	8.745 5	8.244 2	7.786 2	7.366 7	6.981 9	6.628 2	6.302 5	6.002 1	5.724 5
15	13.865 1	12.849 3	11.937 9	11.118 4	10.379 7	9.712 2	9.107 9	8.559 5	8.060 7	7.606 1	7.190 9	6.810 9	6.462 4	6.142 2	5.847 4
16	14.717 9	13.577 7	12.561 1	11.652 3	10.837 8	10.105 9	9.446 6	8.851 4	8.312 6	7.823 7	7.379 2	6.974 0	6.603 9	6.265 1	5.954 2
17	15.562 3	14.291 9	13.166 1	12.165 7	11.274 1	10.477 3	9.763 2	9.121 6	8.543 6	8.021 6	7.548 8	7.119 6	6.729 1	6.372 9	6.047 2
18	16.398 3	14.992 0	13.753 5	12.659 3	11.689 6	10.827 6	10.059 1	9.371 9	8.755 6	8.201 4	7.701 6	7.249 7	6.839 9	6.467 4	6.128 0
19	17.226 0	15.678 5	14.323 8	13.133 9	12.085 3	11.158 1	10.335 6	9.603 6	8.950 1	8.364 9	7.839 3	7.365 8	6.938 0	6.550 4	6.198 2

续表

期数	1%	2%	3%	4%	5%	6%	7%	8%	9%	10%	11%	12%	13%	14%	15%
20	18.045 6	16.351 4	14.877 5	13.590 3	12.462 2	11.469 9	10.594 0	9.818 1	9.128 5	8.513 6	7.963 3	7.469 4	7.024 8	6.623 1	6.259 3
21	18.857 0	17.011 2	15.415 0	14.029 2	12.821 2	11.764 1	10.835 5	10.016 8	9.292 2	8.648 7	8.075 1	7.562 0	7.101 6	6.687 0	6.312 5
22	19.660 4	17.658 0	15.936 9	14.451 1	13.163 0	12.041 6	11.061 2	10.200 7	9.442 4	8.771 5	8.175 7	7.644 6	7.169 5	6.742 9	6.358 7
23	20.455 8	18.292 2	16.443 6	14.856 8	13.488 6	12.303 4	11.272 2	10.371 1	9.580 2	8.883 2	8.266 4	7.718 4	7.229 7	6.792 1	6.398 8
24	21.243 4	18.913 9	16.935 5	15.247 0	13.798 6	12.550 4	11.469 3	10.528 8	9.706 6	8.984 7	8.348 1	7.784 3	7.282 9	6.835 1	6.433 8
25	22.023 2	19.523 5	17.413 1	15.622 1	14.093 9	12.783 6	11.653 6	10.674 8	9.822 6	9.077 0	8.421 7	7.843 1	7.330 0	6.872 9	6.464 1
26	22.795 2	20.121 0	17.876 8	15.982 8	14.375 2	13.003 2	11.825 8	10.810 0	9.929 0	9.160 9	8.488 1	7.895 7	7.371 7	6.906 1	6.490 6
27	23.559 6	20.706 9	18.327 0	16.329 6	14.643 0	13.210 5	11.986 7	10.935 2	10.026 6	9.237 2	8.547 8	7.942 6	7.408 6	6.935 2	6.513 5
28	24.316 4	21.281 3	18.764 1	16.663 1	14.898 1	13.406 2	12.137 1	11.051 1	10.116 1	9.306 6	8.601 6	7.984 4	7.441 2	6.960 7	6.533 5
29	25.065 8	21.844 4	19.188 5	16.983 7	15.141 1	13.590 7	12.277 7	11.158 4	10.198 3	9.369 6	8.650 1	8.021 8	7.470 1	6.983 0	6.550 9
30	25.807 7	22.396 5	19.600 4	17.292 0	15.372 5	13.764 8	12.409 0	11.257 8	10.273 7	9.426 9	8.693 8	8.055 2	7.495 7	7.002 7	6.566 0

期数	16%	17%	18%	19%	20%	21%	22%	23%	24%	25%	26%	27%	28%	29%	30%
1	0.862 1	0.854 7	0.847 5	0.840 3	0.833 3	0.826 4	0.819 7	0.813 0	0.806 5	0.800 0	0.793 7	0.787 4	0.781 3	0.775 2	0.769 2
2	1.605 2	1.585 2	1.565 6	1.546 5	1.527 8	1.509 5	1.491 5	1.474 0	1.456 8	1.440 0	1.423 5	1.407 4	1.391 6	1.376 1	1.360 9
3	2.245 9	2.209 6	2.174 3	2.139 9	2.106 5	2.073 9	2.042 2	2.011 4	1.981 3	1.952 0	1.923 4	1.895 6	1.868 4	1.842 0	1.816 1
4	2.798 2	2.743 2	2.690 1	2.638 6	2.588 7	2.540 4	2.493 6	2.448 3	2.404 3	2.361 6	2.320 2	2.280 0	2.241 0	2.203 1	2.166 2
5	3.274 3	3.199 3	3.127 2	3.057 6	2.990 6	2.926 0	2.863 6	2.803 5	2.745 4	2.689 3	2.635 1	2.582 7	2.532 0	2.483 0	2.435 6
6	3.684 7	3.589 2	3.497 6	3.409 8	3.325 5	3.244 6	3.166 9	3.092 3	3.020 5	2.951 4	2.885 0	2.821 0	2.759 4	2.700 0	2.642 7
7	4.038 6	3.922 4	3.811 5	3.705 7	3.604 6	3.507 9	3.415 5	3.327 0	3.242 3	3.161 1	3.083 3	3.008 7	2.937 0	2.868 2	2.802 1
8	4.343 6	4.207 2	4.077 6	3.954 4	3.837 2	3.725 6	3.619 3	3.517 9	3.421 2	3.328 9	3.240 7	3.156 4	3.075 8	2.998 6	2.924 7
9	4.606 5	4.450 6	4.303 0	4.163 3	4.031 0	3.905 4	3.786 3	3.673 1	3.565 5	3.463 1	3.365 7	3.272 8	3.184 2	3.099 7	3.019 0

续表

期数	16%	17%	18%	19%	20%	21%	22%	23%	24%	25%	26%	27%	28%	29%	30%
10	4.833 2	4.658 6	4.494 1	4.338 9	4.192 5	4.054 1	3.923 2	3.799 3	3.681 9	3.570 5	3.464 8	3.364 4	3.268 9	3.178 1	3.091 5
11	5.028 6	4.836 4	4.656 0	4.486 5	4.327 1	4.176 9	4.035 4	3.901 8	3.775 7	3.656 6	3.543 5	3.436 5	3.335 1	3.238 8	3.147 3
12	5.197 1	4.988 4	4.793 2	4.610 5	4.439 2	4.278 4	4.127 8	3.985 2	3.851 4	3.725 1	3.605 9	3.493 3	3.386 8	3.285 9	3.190 3
13	5.342 3	5.118 3	4.909 5	4.714 7	4.532 7	4.362 4	4.202 8	4.053 0	3.912 4	3.780 1	3.655 5	3.538 1	3.427 2	3.322 2	3.223 3
14	5.467 5	5.229 3	5.008 1	4.802 3	4.610 6	4.431 7	4.264 6	4.108 2	3.961 6	3.824 1	3.694 9	3.573 3	3.458 7	3.350 7	3.248 7
15	5.575 5	5.324 2	5.091 6	4.875 9	4.675 5	4.489 0	4.315 2	4.153 0	4.001 3	3.859 3	3.726 1	3.601 0	3.483 4	3.372 6	3.268 2
16	5.668 5	5.405 3	5.162 4	4.937 7	4.729 6	4.536 4	4.356 7	4.189 4	4.033 3	3.887 4	3.750 9	3.622 8	3.502 6	3.389 6	3.283 2
17	5.748 7	5.474 6	5.222 3	4.989 7	4.774 6	4.575 5	4.390 8	4.219 0	4.059 1	3.909 9	3.770 5	3.640 0	3.517 7	3.402 8	3.294 8
18	5.817 8	5.533 9	5.273 2	5.033 3	4.812 2	4.607 9	4.418 7	4.243 1	4.079 9	3.927 9	3.786 1	3.653 6	3.529 4	3.413 0	3.303 7
19	5.877 5	5.584 5	5.316 2	5.070 0	4.843 5	4.634 6	4.441 5	4.262 7	4.096 7	3.942 4	3.798 5	3.664 2	3.538 6	3.421 0	3.310 5
20	5.928 8	5.627 8	5.352 7	5.100 9	4.869 6	4.656 7	4.460 3	4.278 6	4.110 3	3.953 9	3.808 3	3.672 6	3.545 8	3.427 1	3.315 8
21	5.973 1	5.664 8	5.383 7	5.126 8	4.891 3	4.675 0	4.475 6	4.291 6	4.121 2	3.963 1	3.816 1	3.679 2	3.551 4	3.431 9	3.319 8
22	6.011 3	5.696 4	5.409 9	5.148 6	4.909 4	4.690 0	4.488 2	4.302 1	4.130 0	3.970 5	3.822 3	3.684 4	3.555 8	3.435 6	3.323 0
23	6.044 2	5.723 4	5.432 1	5.166 8	4.924 5	4.702 5	4.498 5	4.310 6	4.137 1	3.976 4	3.827 3	3.688 5	3.559 2	3.438 4	3.325 4
24	6.072 6	5.746 5	5.450 9	5.182 2	4.937 1	4.712 8	4.507 0	4.317 6	4.142 8	3.981 1	3.831 2	3.691 8	3.561 9	3.440 6	3.327 2
25	6.097 1	5.766 2	5.466 9	5.195 1	4.947 6	4.721 3	4.513 9	4.323 2	4.147 4	3.984 9	3.834 2	3.694 3	3.564 0	3.442 3	3.328 6
26	6.118 2	5.783 1	5.480 4	5.206 0	4.956 3	4.728 4	4.519 6	4.327 8	4.151 1	3.987 9	3.836 7	3.696 3	3.565 6	3.443 7	3.329 7
27	6.136 4	5.797 5	5.491 9	5.215 1	4.963 6	4.734 2	4.524 3	4.331 6	4.154 2	3.990 3	3.838 7	3.697 9	3.566 9	3.444 7	3.330 5
28	6.152 0	5.809 9	5.501 6	5.222 8	4.969 7	4.739 0	4.528 1	4.334 6	4.156 6	3.992 3	3.840 2	3.699 1	3.567 9	3.445 5	3.331 2
29	6.165 6	5.820 4	5.509 8	5.229 2	4.974 7	4.743 0	4.531 2	4.337 1	4.158 5	3.993 8	3.841 4	3.700 1	3.568 7	3.446 1	3.331 7
30	6.177 2	5.829 4	5.516 8	5.234 7	4.978 9	4.746 3	4.533 8	4.339 1	4.160 1	3.995 0	3.842 4	3.700 9	3.569 3	3.446 6	3.332 1